Lao Tseu : Mon Enseignement du Tao

Lao Tseu

Published by Tao Sutras, 2024.

LAO TSEU : MON ENSEIGNEMENT DU TAO

First edition. July 14, 2024.

Copyright © 2024 Lao Tseu.

ISBN: 979-8227579201

Written by Lao Tseu.

Table des Matières

Ne soyez jamais le premier au monde

LAO TSEU DIT :

TOUT LE MONDE LE DIT :

MON ENSEIGNEMENT, LE TAO, RESSEMBLE BEAUCOUP À LA FOLIE. PARCE QU'IL EST GRAND, IL RESSEMBLE DONC À LA FOLIE. S'IL NE RESSEMBLAIT PAS À LA FOLIE, IL SERAIT DEPUIS LONGTEMPS DEVENU MESQUIN EN EFFET !

J'AI TROIS TRÉSORS ; GARDEZ-LES ET PROTÉGEZ-LES.

LE PREMIER EST L'AMOUR.

LA DEUXIÈME EST DE NE JAMAIS EN FAIRE TROP. LA TROISIÈME EST DE NE JAMAIS ÊTRE LE PREMIER DU MONDE. PAR L'AMOUR, ON N'A PAS PEUR ; EN NE FAISANT PAS TROP, ON A DE L'AMPLITUDE DE RÉSERVE ; EN NE PRÉSUMANT PAS ÊTRE LE PREMIER DU MONDE, ON PEUT DÉVELOPPER SON TALENT ET LE LAISSER MÛRIR.

SI L'ON RENONCE À L'AMOUR ET À L'INTRÉPIDITÉ, SI L'ON RENONCE À LA RETENUE ET À LA PUISSANCE DE RÉSERVE, SI L'ON RENONCE À SUIVRE DERRIÈRE ET SI L'ON SE PRÉCIPITE DEVANT, ON EST CONDAMNÉ !

LE plus grand miracle de la vie est l'amour, et c'est aussi le plus grand mystère, plus grand que la vie elle-même, car l'amour est l'essence même de la vie.

L'amour est la source, et l'amour est aussi la fin. Ainsi, celui qui rate l'amour rate tout.

Mais ne vous méprenez pas sur le fait que l'amour est une émotion - ce n'est pas le cas. L'amour n'est pas une émotion, ce n'est pas un sentiment. L'amour est l'énergie la plus subtile, plus subtile que l'électricité. Le substratum même de toutes les énergies est l'amour.

Il se manifeste de nombreuses façons. Essayez d'abord de comprendre l'amour, puis les autres trésors seront faciles à comprendre.

Si vous me demandez quels sont mes trois trésors, je vous répondrai : Premièrement, l'amour ; deuxièmement, l'amour, troisièmement aussi, l'amour. Et en fait, c'est ce que dit Lao Tseu - mais nous allons comprendre.

L'homme est une trinité, comme les chrétiens ont appelé Dieu une trinité. Dieu peut être, peut ne pas être, mais l'homme est une trinité : le corps, l'esprit et l'âme. En fait, en raison de sa profonde compréhension des êtres humains, le Christ en est venu à dire que Dieu est une trinité.

S'il existe un Dieu, il doit être une trinité, car tout ce qui existe a trois couches. Les hindous les appellent trois GUNAS, trois qualités : SATVA, RAJAS, TAMAS. Le Christ les a appelés la trinité.

Lorsque l'amour s'exprime à travers vous, il s'exprime d'abord par le corps. Il devient le sexe. S'il s'exprime à travers l'esprit, qui est plus élevé, plus profond, plus subtil, alors il est appelé amour. S'il s'exprime à travers l'esprit, il devient la prière.

Et il y a aussi quelque chose en vous qui est au-delà de la trinité. Les hindous l'ont appelé "le quatrième", TURIYA. Ils ne lui ont pas donné de nom, car il ne peut être nommé.

Les trois peuvent être nommés ; ils appartiennent au monde manifeste. Le quatrième ne peut être nommé ; il appartient au non-manifeste. Mais il est le substrat de tout. Ils l'ont simplement appelé "le quatrième", TURIYA.

Dans la quatrième, l'amour devient samadhi, nirvana, illumination.

Premièrement, lorsque l'amour - la même énergie - s'exprime à travers le corps, cela devient du sexe. Si tout se passe bien et que le sexe est naturel et fluide, c'est une belle expérience car vous pouvez avoir un aperçu du deuxième à travers lui. Si le sexe est vraiment très profond, de sorte que vous vous oubliez complètement, vous pouvez même avoir un aperçu du troisième. Et si le sexe devient une expérience orgasmique totale, il y a de rares moments où vous pouvez même avoir un aperçu du quatrième, le TURIYA, l'au-delà, à travers lui.

Mais si le sexe échoue, alors de nombreuses perversions se produisent dans l'esprit. Ces perversions s'expriment par la haine. La haine est un échec du sexe, un échec de l'énergie d'amour. La violence, la soif d'argent, les attitudes continuellement conflictuelles des egos : la guerre, la politique - ce sont toutes des perversions sexuelles.

Un homme dont le sexe n'est pas perverti ne peut pas devenir un homme politique. C'est impossible. Tous les politiciens en tant que tels ont besoin d'une thérapie sexuelle profonde, sinon toute leur énergie sera de chercher à obtenir de plus en plus de pouvoir. Quand le sexe est naturel, vous ressentez le pouvoir, vous ne le cherchez pas. Le sexe est une potentialité, un pouvoir. Vous le sentez se déverser sur vous, vous ne le cherchez pas. Mais lorsqu'il vous manque, un grand besoin se fait sentir de rechercher le pouvoir : la politique est née. C'est alors que naissent les guerres, la violence permanente, la haine, la colère et mille et un types de perversions.

Les gens s'attachent trop aux choses lorsque le sexe échoue, parce qu'ils ne peuvent alors pas s'attacher aux personnes. Parce que pour être lié à une personne, il faut être fluide, il faut être ouvert.

Avec les choses, il n'est pas nécessaire de circuler ou d'être ouvert. Les choses peuvent être possédées, les personnes ne peuvent pas être possédées. Les choses sont mortes, les personnes ne sont pas mortes. Les personnes sont libres par essence : vous pouvez les aimer, vous pouvez vous réjouir d'elles, mais vous ne pouvez pas les posséder.

Les personnes dont la fonction naturelle du sexe a échoué deviennent beaucoup trop possessives à l'égard de l'argent, des choses du monde.

La science fait aussi partie de la sexualité, du phénomène corporel. C'est pourquoi la science continue d'insister sur le fait que seul le corps existe : parce que le sexe ne connaît rien d'autre que le corps. La science ne peut pas croire que même l'esprit existe, il n'est pas question de l'esprit ; et bien sûr, "l'au-delà" lui échappe complètement. La science insiste sur le fait que l'homme n'est que le corps - cela montre son penchant.

Et toute l'enquête de la science est basée sur la curiosité sexuelle. Et cela aussi est une perversion.

Si la science est créative, alors elle n'est pas une perversion. Alors le sexe fonctionne bien, alors l'énergie a un flux, elle n'est pas stagnante et pourrie. Mais la science telle qu'elle est aujourd'hui - et elle a été la même dans le passé - est destructrice.

Il est tout simplement incroyable que l'homme puisse atteindre la lune - et bientôt d'autres planètes, et plus tard les étoiles - alors que la moitié de l'humanité meurt de faim. Il est incroyable que l'homme puisse développer une technologie si complexe que la bombe atomique et la bombe à hydrogène deviennent possibles, et qu'il ne puisse même pas trouver un remède au rhume - j'ai souffert pendant deux jours !

Tout simplement, tout semble insensé. Toute la science est orientée vers la guerre, la violence, la destruction. Si tout se passe bien avec le sexe - ce qui est très difficile car toutes les religions sont contre, elles empoisonnent votre esprit. C'est difficile parce que toute la civilisation, toutes les cultures, sont contre - parce qu'elles ont appris à connaître un truc : si vous voulez exploiter un homme, pervertissez son sexe ; alors il ne pourra jamais devenir maître de son être. Il suffit de pervertir son sexe et il restera un automate.

Alors vous pouvez l'envoyer à la guerre, et vous pouvez le sacrifier à des fins insensées.

Un homme qui a connu l'amour ne peut être contraint à la haine. Un homme qui a même entrevu l'amour sera si aimant qu'il lui sera très difficile d'être destructeur. Mais toutes les nations ont besoin de gens destructeurs qui bouillonnent de l'intérieur, qui sont en quelque sorte fous ; sinon, qu'arrivera-t-il aux armées du monde ? Une certaine folie est nécessaire pour qu'un homme devienne un soldat.

Si la vie est belle et que l'amour est une douche, qui se soucie d'aller à la guerre ? Et qui veut devenir un soldat ? Vous n'êtes pas là pour détruire mais pour épanouir. Ainsi, chaque culture, chaque religion, chaque nation, sans aucune exception, essaie de pervertir votre sexualité, ils ne vous permettent pas de vous amuser. Ils ne vous permettent pas d'être naturel. Une fois que vous êtes naturel, vous échappez à leur contrôle. Vous ne pouvez être contrôlé que lorsque vous êtes malade.

C'est pourquoi je dis : Si tout se passe bien, et si le sexe reste naturel, alors - deuxièmement : grâce à un sexe plus profond, l'amour naît.

L'amour n'est pas sexuel mais il découle de la sexualité, il faut le comprendre.

C'est comme une fleur de lotus qui sort de la terre et de la boue. Mais ce n'est pas de la terre, et ce n'est pas de la boue. C'est une transformation totale de celles-ci. Entre le sexe et l'amour, il y a autant de distance qu'entre l'eau boueuse, la boue et une fleur de lotus. Si vous ne l'aviez pas déjà su, vous n'auriez pas pu imaginer que ce lotus est sorti de la boue ordinaire. Impossible à concevoir, à comprendre, car le lotus est un phénomène tellement transformé. Si différent. D'un autre monde. Il ne semble pas faire partie de CETTE terre. Mais il sort de cette terre.

L'amour surgit comme un lotus.

De même que la science - en particulier la science destructrice - la politique, l'argent et la recherche de l'argent, la possessivité, appartiennent au corps et au sexe, de même, l'art, la poésie, la musique, la peinture, la sculpture, appartiennent à la deuxième couche de l'amour. Lorsque votre amour est fluide, lorsque vous avez appris à connaître une certaine EN RAPPORT avec une personne, une certaine unité avec une personne, même si ce n'est que pour quelques instants - cela aussi est suffisant pour changer toute la vie. Si, ne serait-ce qu'un seul instant, vous avez ressenti que deux personnes se sont dissoutes pour ne faire qu'une - dans le sexe, deux corps se dissolvent pour ne faire qu'un ; dans l'amour, deux esprits se dissolvent pour ne faire qu'un - si, pendant un seul instant, vous avez connu cette unité, votre vie deviendra une poésie, votre vie aura une danse, votre vie aura une harmonie et une musique profondes.

La troisième est la prière. Lorsque vous avez regardé l'existence à travers une personne - votre bien-aimé, votre mari, votre femme, votre ami, votre enfant, votre Maître, si vous avez regardé dans une personne et que vous avez vu l'infini, si vous avez regardé par la fenêtre d'une personne et que le ciel entier de l'infini s'est ouvert, vous savez maintenant que l'amour peut aller plus haut - il peut devenir prière.

La prière est une rencontre d'esprit à esprit. Le sexe est très confiné au corps matériel, très limité. L'amour est plus vaste, mais toujours limité à une personne. La prière est illimitée. Vous savez alors que vous pouvez passer de chaque personne à l'infini. Chaque personne devient alors un tremplin. Vous regardez dans les yeux de votre enfant - et Dieu est là. Vous regardez dans les yeux de votre bien-aimé, et soudain le bien-aimé a disparu, elle n'est plus là, il n'est plus là - Dieu est souriant. Vous regardez la fleur et le tout y est entré. C'est cela la prière.

Ce sont les trois couches de l'homme.

Le christianisme, le judaïsme - ils n'ont pu atteindre que le troisième. Ils n'ont aucune conception du quatrième ; mais en Orient, Bouddha, Krishna, Mahavir, Lao Tseu - ils ont regardé dans le quatrième, l'au-delà qui va au-delà de tout. Ce quatrième, le TURIYA, est l'extase, l'exultation, le samadhi, le nirvana, le Tao. Dans ce quatrième, même l'autre disparaît.

D'abord dans le sexe, le corps disparaît mais l'esprit reste. Dans l'amour, l'esprit disparaît mais la pensée demeure. Dans la prière, l'esprit disparaît aussi mais l'autre, le Tao, le Dieu, demeure. Dans la quatrième, même Dieu disparaît. Rien ne reste - ou seulement rien ne reste.

Dans ce vide total où toutes les dualités se dissolvent, l'amour est absolument accompli. L'amour est la clé de tous les trésors. L'amour n'est pas une émotion. L'amour n'est pas un sentiment. L'amour est une énergie, et l'énergie peut s'exprimer sur quatre niveaux. Et n'oubliez jamais que l'énergie doit être transcendée, transformée, conduite vers un rythme plus élevé, un état plus élevé. Mais rien n'est mauvais ; ce n'est que si vous êtes bloqué quelque part que c'est mauvais.

Le sexe est beau, il n'y a rien de mal à cela, mais si vous êtes bloqué, c'est que quelque chose a mal tourné. C'est comme si vous étiez bloqué à la porte et que vous ne pouviez pas entrer dans le palais. Il n'y a rien de mal dans la porte elle-même, c'est une porte, et vous devriez en être reconnaissant ; ce n'est pas un mur. Mais si vous êtes bloqué à la porte, elle est devenue un mur.

C'est à cause de vous que la porte est devenue un mur. Maintenant, tu ne peux plus entrer.

Le sexe est beau. Utilisez cette énergie pour circuler à l'intérieur. Allez de l'avant, permettez-lui de se transformer en amour. Mais ne restez pas bloqué sur l'amour, permettez-lui de devenir prière. Mais ne restez pas bloqué sur la prière. A moins que le néant ne soit atteint, on devrait continuer à bouger et à bouger. Lorsque tout est dissous, vous êtes arrivé à l'ultime floraison du lotus.

C'est pourquoi les Hindous, qui sont les plus profonds chercheurs du monde intérieur, ont dit que lorsque l'énergie atteint son plus haut sommet, c'est une floraison du lotus, SAHASRAR, le lotus aux mille pétales. C'est le dernier CHAKRA de votre corps. Le premier est le sexe, le dernier est le lotus, le SAHASRAR.

Ne restez pas coincés partout ! Il faut toujours s'en souvenir. Si vous pouvez vous en souvenir, alors rien ne peut devenir un obstacle pour vous.

Cela dépend de vous si vous l'utilisez comme une barrière ou comme une échelle. Une pierre est là - un rocher est là sur le chemin. Vous pouvez le considérer comme un obstacle ; mais vous pouvez l'enjamber, et alors il devient une marche et vous vous élevez. C'est pourquoi j'accepte tout. Je ne condamne rien.

Quoi que vous soyez et quoi que vous fassiez, ne restez pas bloqué. Avancez. À moins que vous n'atteigniez le silence absolu total, où vous avez disparu, où l'autre a disparu, et où seul l'amour coule, sans qu'il y ait d'amant ou de bien-aimé - c'est seulement à ce moment-là que l'on peut parler de la floraison ultime du lotus : la floraison de l'amour, sans amant, sans bien-aimé ; les deux rives ont disparu, seule la rivière demeure. Et lorsque les rives disparaissent, la rivière devient l'océan.

Maintenant, essayez de suivre le très puissant sutra de Lao Tseu.

TOUT LE MONDE DIT : MON ENSEIGNEMENT, LE TAO, RESSEMBLE BEAUCOUP À DE LA FOLIE.

L'amour a toujours l'air idiot : idiot pour ceux qui sont coincés quelque part, idiot pour ceux qui n'ont rien connu de plus élevé que leur corps, idiot pour ceux qui n'ont rien connu de précieux que l'argent, idiot pour ceux qui n'ont rien connu de paradoxal, qui, en fait, n'ont rien connu de mystérieux, qui ont vécu avec la logique, qui sont aristotéliciens.

On dit que le maître d'Aristote, Platon, avait l'habitude d'appeler Aristote L'ESPRIT. C'était son nom pour Aristote - L'ESPRIT. Chaque fois qu'il voulait demander : "Où est Aristote ?", il demandait : "Où est l'esprit ?".

Ceux qui ne sont que des esprits - le cœur est une folie pour eux parce que le cœur a ses propres raisons que l'esprit ne peut pas comprendre. Le cœur a sa propre dimension d'être, qui est complètement obscure pour l'esprit. Le cœur est plus haut et plus profond que l'esprit, hors de sa portée. Il semble stupide. L'amour a toujours l'air stupide parce que l'amour n'est pas utilitaire. Le mental est utilitaire. Il utilise tout pour quelque chose d'autre - c'est la signification d'être utilitaire. Il transforme tout en un moyen ; et l'amour ne peut pas être transformé en un moyen - c'est là le problème. L'amour en lui-même est le but.

Si vous aimez une personne, vous ne dites pas pourquoi vous l'aimez. Vous ne pouvez pas répondre à la question "Pourquoi aimez-vous ?". Vous haussez simplement les épaules. Si vous êtes vraiment honnête, vous direz : "Je ne sais pas". Si vous êtes malhonnête, vous pouvez trouver mille et une raisons. Mais aucun amoureux digne de ce nom n'a jamais été capable de montrer une raison quelconque. Il dit simplement : "C'est arrivé. Je suis juste tombé amoureux, je ne sais pas pourquoi ! C'est pourquoi l'esprit dit que c'est insensé. Si vous ne pouvez pas répondre à la question du pourquoi, vous devez être en train d'avancer d'une manière insensée :

Stop ! Revenez ! Soyez raisonnable !

Et je dois vous dire une chose : si vous essayez toujours d'être raisonnable, vous ne pourrez jamais être heureux, car le bonheur a quelque chose de déraisonnable. L'ingrédient même du bonheur est d'être déraisonnable. Si vous pouvez être déraisonnablement heureux, alors seulement vous pourrez être heureux, sinon non.

Si vous essayez de trouver la raison, vous serez simplement malheureux. La misère a des raisons, le bonheur n'en a pas. Vous pouvez répondre : Pourquoi êtes-vous malheureux ? mais vous ne pouvez pas répondre : Pourquoi êtes-vous heureux ?

Toujours vous êtes malheureux à cause de vous. Et vous êtes toujours heureux malgré vous. Il n'y a pas de raison à cela. Le "pourquoi" ne peut pas être répondu. Et le cœur n'est pas de l'arithmétique, c'est de la poésie, du paradoxe ! Il se déplace d'un extrême à l'autre. Il englobe tous les extrêmes. Il est si vaste qu'il contient toutes les contradictions en lui.

DIT LAO TSEU : TOUT LE MONDE DIT : MON ENSEIGNEMENT, LE TAO, RESSEMBLE BEAUCOUP À DE LA FOLIE.

Parce que ce que Lao Tseu dit, il le dit : Vivez ici et maintenant ! C'est de la folie ! Parce qu'un homme raisonnable sacrifie toujours le présent pour le futur. Il dit : "Je vivrai demain. Quand les choses auront été arrangées, quand le moment sera venu, et que j'aurai du temps libre, assez d'argent, un grand palais où vivre, alors je vivrai - maintenant, comment puis-je vivre ?

Chaque parent enseigne à chaque enfant : Sacrifier le présent pour le futur. Sacrifier ce moment pour le prochain. Sacrifie-toi pour quelque chose d'autre.

C'est raisonnable - de reporter la vie. Le cœur dit : Vivez maintenant. C'est ce que Lao Tseu dit - Vivre maintenant. En fait, il n'y a pas d'autre façon de vivre. Soit vous vivez maintenant, soit vous faites semblant de vivre. Vous ne vivez jamais, vous ne faites que reporter. Vous ne faites que mourir, vous ne vivez jamais. Parce que pour vivre, il n'y a pas d'autre moment que le présent. L'existence est toujours dans le présent. Mais la raison pense et planifie toujours pour le futur.

Bien sûr, si quelqu'un vous dit : "Vivez maintenant", vous répondrez : "Comment est-ce possible ? Je dois d'abord prendre des dispositions. Je dois planifier. Quand le bon moment sera venu, je vivrai.

Il ne vient jamais. Des millions et des millions de personnes sont mortes ; il n'est jamais venu pour elles, il ne viendra jamais pour vous.

MON ENSEIGNEMENT RESPIRE GRANDEMENT À LA FOLIE, disent les gens.

Elle doit ressembler à la folie. Toute grande sagesse ressemble à de la folie. Seuls les fous ont l'air raisonnables dans ce monde.

Seuls les imbéciles sont rationnels. Toutes les personnes sages ont l'air un peu excentriques. Ils n'appartiennent pas à la foule. Ils n'appartiennent pas aux notions de la foule. Ils vivent leur être. Ils ressemblent à des idiots - ce mot idiot est magnifique. Il vient d'un mot grec IDIOTI et IDIOTIKI en grec signifie privé. C'est quelque chose ! Un idiot est quelqu'un qui vit sa vie privée ! Pas une vie de foule. Pas une partie d'une masse collective. Celui qui vit sa propre vie à sa manière est un idiot.

Dostoïevski a écrit un très beau roman, L'IDIOT. Si Lao Tseu l'avait lu, il l'aurait apprécié. L'idiot dans le roman de Dostoïevski est exactement l'homme qui sera traité d'idiot, mais qui est sage. Le monde est devenu si stupide que si vous voulez être sage, vous devez être stupide selon les gens qui vous entourent.

LE MONDE ENTIER DIT : MON ENSEIGNEMENT RESSEMBLE BEAUCOUP À DE LA FOLIE. PARCE QU'IL EST GRAND, IL RESSEMBLE DONC À LA FOLIE.

Toute grandeur est tellement au-delà de l'esprit médiocre ! Et le mental est médiocre ! Souvenez-vous-en ; le mental lui-même est médiocre. L'esprit ne peut jamais être grand ; il n'y a jamais eu de grands esprits. Si vous avez entendu parler de grands esprits, vous avez mal entendu. Si vous demandez à tous les grands esprits, ils vous diront que tout ce qu'ils ont atteint est venu d'au-delà du mental, pas du mental ; quelque chose qui filtre à travers le mental mais qui ne fait pas partie du mental.

Demandez à Madame Curie comment elle a résolu son problème et est devenue lauréate du prix Nobel. Elle a essayé pendant des années, pendant trois ans presque, de résoudre un seul problème mathématique dont dépendait toute sa recherche ; elle a échoué, échoué et échoué encore. Frustrée, une nuit, elle a laissé tomber tout le projet, s'est endormie et, dans la nuit, dans un rêve, le problème a été résolu. Elle s'est levée, l'a noté sur son bureau, s'est rendormie et le matin, elle l'avait complètement oublié.

Lorsqu'elle est venue travailler au bureau, elle a été surprise : la réponse était là, miraculeusement là !

Pendant trois ans, elle a travaillé sur ce problème - d'où venait-il ? Et il n'y avait personne d'autre, elle était seule dans la pièce, et personne d'autre n'aurait pu le résoudre, même s'il y avait eu quelqu'un. Personne, aucun domestique, n'aurait pu faire ce tour, elle même y travaillait depuis trois ans. Puis elle s'est souvenue d'un rêve. Dans ce rêve, elle avait vu toute la réponse écrite. Puis elle s'est souvenue qu'elle s'était levée dans la nuit, et elle a regardé l'écriture - c'était la sienne.

Le prix Nobel ne devrait pas être décerné à l'esprit, mais il l'a été. Madame Curie est un grand esprit - et la réponse est venue d'au-delà de l'esprit.

Il en a toujours été ainsi. Il en sera toujours ainsi. L'esprit est médiocre. Il est bon pour les petites choses, les petites choses du marché - vous pouvez gérer une petite entreprise, vous pouvez gagner un peu d'argent, vous pouvez avoir un solde bancaire, là c'est bon. Mais pas au-delà.

PARCE QUE C'EST GRAND, c'est pourquoi ça ressemble à de la folie.

Au fond, si vous cherchez en vous-même, vous verrez aussi que si soudain Mahavir vient et se tient ici nu, vous penserez qu'il est un imbécile, que fait-il ici ? Si Lao Tseu vient ici, tu ne pourras pas le reconnaître, il te sera impossible de le reconnaître. Il aura l'air d'un parfait imbécile !

Bodhidharma a atteint la Chine. Le pays tout entier l'attendait. Le roi lui-même était venu à la frontière du pays pour le recevoir. Un million de personnes s'étaient rassemblées, car un grand Maître allait arriver. Et lorsque le Maître est apparu, les gens se sont mis à ricaner. Il était impossible d'en croire leurs propres yeux. Même l'empereur se sentait très mal à l'aise parce que cet homme, Bodhidharma, avait une chaussure à un pied et portait l'autre sur sa tête. Quelle sorte d'homme était-ce ?

Le roi dit : Excusez-moi, monsieur, mais que faites-vous ? Nous étions venus pour recevoir un homme sain d'esprit ; êtes-vous fou ?

Bodhidharma se mit à rire et dit : Tu as donc échoué à l'examen. Si tu peux comprendre cela, alors seulement tu pourras comprendre les autres choses que j'ai à dire. Si tu ne peux pas tolérer une si petite contradiction, ce n'est pas grand chose, juste porter une chaussure sur la tête, si tu ne peux pas tolérer et comprendre cela, il sera inutile pour moi de rester ici. Il a fait demi-tour. Il a quitté la ville, est allé dans la forêt ; il a dit : Il n'est pas nécessaire de rester, personne ne sera capable de me comprendre ; maintenant, je vais attendre. Ceux qui peuvent me comprendre, qu'ils viennent à moi.

Il n'est plus jamais entré dans la capitale.

Les contradictions sont très difficiles pour l'esprit. L'esprit vit dans une routine. La chaussure doit être sur le pied, c'est la chose acceptée. Elle ne devrait pas être portée sur la tête. Une chose si innocente - il ne faisait de mal à personne. Mais non, impossible.

Nous avons un nivellement de tout.

J'étais en train de lire les mémoires d'un homme. C'était un grand scientifique, et un jour un ami lui a fait une blague. L'ami avait invité de nombreuses personnes à une fête : de grands médecins, des scientifiques, des ingénieurs, des poètes, des artistes, des musiciens, et lorsqu'ils furent tous réunis, l'hôte dit : Je ne vais pas vous présenter les uns aux autres, et s'il vous plaît, ne vous présentez pas les uns aux autres, car je n'aime pas les étiquettes. Vous vous rencontrez donc d'homme à homme - oubliez que vous êtes ingénieur, médecin - je n'ai pas invité de médecins, d'ingénieurs, d'avocats et de défenseurs, juste des gens, des amis.

Ce scientifique qui était là dit : Nous étions si perplexes. Que faire ? Comment se rapprocher les uns des autres ?

Parce que nous ne pouvons pas aborder l'homme en tant qu'homme. S'il est médecin, bien sûr ; ingénieur - alors il y a quelque chose à faire ; mais juste un homme ? On ne peut pas s'accrocher à lui. D'où, comment ?

Juste un homme ou une femme ! Et il a dit que c'était une affaire tellement gênante que les gens sont devenus complètement silencieux. Comment commencer ? Sans étiquettes, l'esprit ne fonctionne tout simplement pas.

Il écrit : "Je n'ai jamais vu un parti aussi silencieux. Les gens ont en quelque sorte fini et se sont échappés, car si vous ne pouvez pas dire que vous êtes un grand écrivain et que vous avez écrit ceci et cela, alors qui êtes-vous ?

L'identité disparaît. Et sans identité, vous n'êtes personne.

TOUT LE MONDE LE DIT : MON ENSEIGNEMENT RESSEMBLE BEAUCOUP À DE LA FOLIE.

Parce que tout l'enseignement de Lao Tseu est de savoir comment perdre son identité, comment oublier les étiquettes que le monde vous a données, comment ne pas être des étiquettes, mais être des êtres authentiques.

PARCE QU'ELLE EST GRANDE (elle est vaste), DONC ELLE RESSEMBLE A LA FOLIE.

La vie est un cercle. Un enfant est un fou, innocemment fou, et c'est la beauté d'un enfant. Tous les enfants sont beaux. Vous ne pouvez pas rencontrer un enfant laid. Mais alors où disparaît toute cette beauté ? Derrière les étiquettes, toute cette beauté disparaît. Il y a alors des masques, pas des visages. Derrière les malhonnêtetés, la réalité disparaît.

Mais chaque enfant est beau, beau et fou ! Et innocent ! Puis on apprend beaucoup, et on perd beaucoup dans son apprentissage. Puis tu entres dans le monde. Vous vous instruisez, vous devenez sage, mais vous perdez votre innocence. Puis des couches et des couches de connaissances du monde, de la soi-disant sagesse du monde, s'accumulent autour de vous. Vous êtes enfermé.

Si vous pouvez comprendre Lao Tseu, vous sortez soudainement de cet emprisonnement - que vous portez vous-même autour de vous. Personne n'insiste, personne ne vous force à le faire - vous laissez simplement tomber toutes les identités et toutes les morts qui se sont accumulées autour de vous. C'est le renoncement. Si vous me demandez, c'est cela les SANNYAS. Vous laissez simplement tomber tout ce que vous avez accumulé, vous vous libérez complètement, et vous redevenez un enfant.

Bien sûr, le monde entier dira que vous êtes devenu un imbécile, parce que le monde ne peut plus vous justifier.

Dans la vie de Jésus, il y a beaucoup de paraboles. Une fois, il est arrivé dans une maison - il y avait été invité ; les hôtes étaient deux sœurs, Marie et Marthe. Marie était assise près de Jésus, ne faisant rien, simplement heureuse d'être près de lui, lui massant les pieds et pleurant, dans une profonde bénédiction, des larmes de bonheur coulant à flots ; et l'autre sœur Marthe travaillait dans la maison, préparant la nourriture pour Jésus - et d'autres invités venaient, et elle devint jalouse. Elle s'est approchée de Jésus et a dit : "Regarde, je travaille seule et elle reste assise ici sans rien faire. Dis-lui de venir m'aider.

Jésus a dit : Tu es orienté vers la fin, elle ne l'est pas. Vous vous préparez pour l'invité et l'invité est là.

Elle apprécie l'invité. Vous faites les choses à votre manière et vous la laissez être elle-même. Bien sûr, d'ordinaire, on ne voit pas pourquoi Jésus dirait une telle chose. Il est en faveur des paresseux. Si le Mahatma Gandhi avait été là, il aurait dit : "Oui, va aider à la cuisine". LE SERVICE EST UNE PRIÈRE. Allez-y et servez ! Mais Jésus a dit : Tu fais les choses à ta façon, laisse-la tranquille. L'un est la raison, l'autre le cœur déraisonnable.

Dans une autre maison où il était invité, une femme est venue et a versé sur ses pieds un parfum coûteux, tout le flacon - c'était très rare. Et Judas était là, qui est devenu plus tard le traître - ce qu'il devait devenir ; il était l'homme d'affaires du coin, il était le Juif parfait. En regardant ça, Judas a dit : Qu'est-ce que c'est ? Et vous le permettez ? (Il devait être le premier communiste, ce Judas.) Arrêtez-la ! Elle gaspille un parfum précieux ! Le parfum peut être vendu, et beaucoup de pauvres gens peuvent être nourris.

Bien sûr, absolument raisonnable. Qui peut trouver un défaut à Judas ? Il a dit : Les gens sont pauvres, et vous lui permettez de gaspiller de l'argent comme ça !

Jésus a dit : Les pauvres seront toujours là, vous pouvez les servir, moi je ne serai pas toujours là.

Difficile à comprendre. Déraisonnable. Absolument déraisonnable ! Cet homme, Jésus, n'était pas du tout un socialiste. C'était une simple question de mathématiques. Mahatma Gandhi aurait soutenu Judas, pas Jésus. Jésus permet aux gens de gaspiller alors que les gens ont faim ! Ça a l'air idiot.

Les chrétiens ne parlent pas beaucoup de ces histoires parce qu'ils se sentent eux-mêmes un peu coupables. Il a l'air coupable quand les gens sont pauvres. Il aurait dû arrêter ça. Rien ne devrait se passer autour de lui comme ça. Mais ce que Jésus a dit est vraiment quelque chose. Il a dit : Je ne serai plus ici. Et je ne serai pas là pour longtemps, Judas. Les pauvres seront toujours là - tu peux les servir. Il n'y a pas d'urgence. Mais laisse-la faire ce qu'elle veut.

La raison n'est pas la question, l'amour est la question.

SI ELLE NE RESSEMBLAIT PAS À LA FOLIE, IL Y A LONGTEMPS QU'ELLE SERAIT DEVENUE MESQUINE !

Et, dit Lao Tseu, s'il ne ressemblait pas à la folie, il serait devenu médiocre, mesquin. Mais mon enseignement ne deviendra jamais médiocre parce que l'esprit ne sera jamais capable de le comprendre et de le transformer en une chose mesquine. Il restera toujours au-delà de l'esprit.

Même un Bouddha peut être compris par l'esprit. Krishna peut être compris par l'esprit.

Avec Lao Tseu, c'est impossible.

On me demande souvent pourquoi, au nom de Lao Tseu, il n'y a pas eu de grande religion organisée. Ce n'était pas possible. L'homme est impossible. L'homme est si sagement stupide qu'il est difficile de créer un établissement autour de lui. Il reste un rebelle solitaire, beau dans sa solitude, mais incompréhensible, très très loin, distant, comme l'Everest - vous pouvez le regarder, mais créer une organisation de masse autour de lui, et conduire la masse vers l'Everest n'est pas possible.

J'AI TROIS TRÉSORS ; GARDEZ-LES ET PROTÉGEZ-LES. LE PREMIER EST L'AMOUR. LE DEUXIÈME EST DE NE JAMAIS EN FAIRE TROP. LE TROISIÈME EST DE NE JAMAIS ÊTRE LE PREMIER AU MONDE.

En fait, la première est suffisante, les deux autres ne sont que des élaborations de la première - essayez de comprendre LA PREMIÈRE EST L'AMOUR. Qu'est-ce que l'amour en fait ? Que se passe-t-il ? Quel est ce phénomène, l'amour ? Première chose : avec l'amour, on fonctionne comme un cœur et on ne fonctionne pas comme un esprit. Vous ne fonctionnez pas comme une raison, vous fonctionnez comme un sentiment. Vous ne pensez pas, vous ressentez. C'est la première chose à comprendre à propos de l'amour : vous devenez un phénomène de sensation et non une entité pensante. Votre centre d'intérêt passe de la tête au cœur. Vous devenez sans tête. Vous ne vous identifiez plus à la tête, vous vous identifiez au cœur - et le cœur est absolument insensé ; insensé aux yeux du monde, sage à sa façon. Vous commencez à ressentir.

C'est devenu très difficile parce qu'à chaque fois que vous ressentez, vous ne faites en fait que penser que vous ressentez. Ce n'est pas direct.

Parfois, les gens viennent me voir et me disent qu'ils sont tombés amoureux, et je leur demande : "En êtes-vous certain ?

On dit que l'on PENSE que l'on est tombé amoureux. Même le sentiment doit d'abord passer par la pensée, puis il vient à vous. Votre coeur doit supplier l'esprit pour avoir un peu de liberté.

C'est absurde. Parce que la pensée est un appareil. Elle est utile, mais elle n'est pas tout votre être. C'est comme un radar, cela vous aide à regarder autour de vous, à avoir un petit aperçu de l'avenir pour pouvoir bien bouger, mais ce n'est pas VOUS.

Et quelle que soit la façon dont vous entraînez votre esprit, vous ne serez jamais heureux avec lui, car le bonheur n'est pas une qualité qui est ressentie par l'esprit. C'est comme si vous essayiez de sentir quelque chose à travers vos yeux. Les yeux ne sont pas faits pour sentir, ils sont faits pour voir. Ou bien c'est comme si vous essayiez de voir quelque chose à travers les oreilles ; ces oreilles ne sont pas faites pour voir, elles sont faites pour entendre.

L'esprit est un bio-ordinateur. Le mécanisme même existe pour vous aider à vous déplacer en toute sécurité dans un monde inconnu, dans un monde étrange. C'est juste un garde-fou. Il n'est pas prévu que vous soyez heureux à travers lui - et c'est ce que vous avez essayé de faire ! Et c'est ainsi que vous avez créé l'enfer autour de vous :

vous essayez d'être heureux par l'esprit, ce qui n'est pas possible !

Les gens de l'esprit sont les plus malheureux du monde, et c'est ainsi que cela doit être. L'esprit doit regarder autour de lui comme un chien de garde, pour sentir le chemin. Chaque fois qu'il est nécessaire, il doit être utilisé. Lorsqu'il n'est pas nécessaire, il doit être mis de côté.

Mais vous êtes devenu si dépendant de l'esclave que l'esclave est devenu le maître. Et le maître s'est complètement perdu. Vous n'êtes même pas capable de sentir où se trouve le maître. Lao Tseu dit : Descendez vers le cœur. Aimez les choses, ne pensez pas aux choses. Aimez les gens, ne pensez pas aux gens. Ressentez plus, pensez moins, et vous serez de plus en plus heureux. Les arbres sont plus heureux que l'homme, les oiseaux sont plus heureux que l'homme, les animaux sont plus heureux que l'homme - c'est incroyable ! Qu'est-il arrivé à l'homme ? Il s'est accroché au mécanisme de l'esprit.

C'est bien que l'esprit soit là ! C'est magnifique si vous pouvez l'utiliser. Mais vous ne devez pas être une tête, plutôt un maître de tête. Vous devez l'utiliser comme on utilise un mécanisme - comme on conduit une voiture.

Ne vous identifiez pas à la voiture. Soyez le conducteur, restez le conducteur. Et quand vous ne voulez pas conduire, ne laissez pas la voiture vous forcer. Si vous en avez besoin, utilisez-la. Si vous n'en avez pas besoin, ne l'utilisez pas.

La tête est un mécanisme subtil autour de vous. Vous êtes comme un conducteur, caché derrière le mécanisme.

Abandonnez l'identité avec le mental, alors seulement vous saurez ce qu'est l'amour - car une fois que vous abandonnez l'identité avec le mental, vous tombez soudainement vers le cœur.

Le cœur est le moteur. Mais comment le faire ? - parce que le simple fait de dire que le premier trésor est l'amour n'apporte rien de clair ; on n'atteint rien en le répétant.

Vous commencez lentement à vous déplacer dans cette direction. Asseyez-vous à côté d'un rocher, fermez les yeux et sentez le rocher.

Ne pensez pas, et ne dites pas que c'est beau - ce sont tous des voyages de l'esprit. Allongez-vous simplement sur le rocher, étendez vos mains et votre corps sur le rocher comme si vous étiez sur le sein de votre mère, sentez le rocher, fermez les yeux, touchez le rocher avec votre langue, embrassez le rocher, et laissez-le vous donner UN SENTIMENT.

Au début, ce ne sera peut-être pas si facile, car les rochers ont peur de l'homme, ils ne le croiront pas : Que fais-tu ? car tu n'as jamais fait une chose aussi stupide ! Au début, ils peuvent avoir de l'appréhension : Il doit y avoir un problème avec cet homme, est-il devenu fou ? Parce que les hommes ne sont pas faits pour faire de si belles choses et il fait cela ; seuls les fous font de telles choses - ou parfois des gens comme Lao Tseu.

Mais laissez le rocher s'habituer à vous et bientôt vous trouverez une montée d'énergie du rocher frappant directement votre cœur.

Allez et embrassez un arbre. Posez votre tête sur un arbre et reposez-vous là, et sentez comment l'énergie de l'arbre commence à circuler en vous, et comment elle vous rajeunit, comment elle vous rend absolument frais et propre, comment soudain au fond de vous des fleurs commencent à s'ouvrir et à fleurir. Écoutez le son d'un oiseau, écoutez simplement, car l'oiseau ne dit rien, il chante simplement.

Écoutez la poésie des eaux.

Écoutez simplement la poésie des arbres et leur couleur, et SENTIEZ.

Au début, ce sera difficile ; vous commencerez à penser encore et encore. Rappelez-vous : ne pensez plus, ressentez à nouveau. Vous finirez par avoir le coup de main.

Une fois que vous aurez le sens de la sensation, vous allez rire ! Comme tu étais absent ! Derrière le mécanisme, tu te cachais. Le conducteur était perdu et la voiture était devenue la totalité. Maintenant le conducteur est séparé, maintenant vous pouvez venir. Vous pouvez arrêter la voiture, ou vous pouvez la mettre en marche, c'est à vous de décider. Le mental est un mécanisme, il peut être éteint et allumé.

Quand je te parle, je dois le mettre, quand tu es parti, j'enlève la clé. Il ne fonctionne pas.

Elle s'arrête. Votre voiture est continuellement allumée, vos moteurs fonctionnent continuellement. Ils créent un tel bruit en vous. Le bavardage intérieur.

LE PREMIER EST L'AMOUR.

Le premier pas vers l'amour est de ressentir davantage. Et le deuxième pas vers l'amour est : Soyez plus. Ne prêtez pas beaucoup d'attention à ce que vous faites, mais plutôt à ce que vous êtes.

Vous pensez toujours en termes de faire : vous êtes ingénieur, vous êtes médecin, vous avez fait ceci et cela... Oubliez tout cela ! Essayez simplement d'ÊTRE PLUS. Ayez le sentiment d'être ; simplement assis, sentez que VOUS ÊTES. ISNESS, BEING, devrait être le mantra. Sentez simplement que vous ÊTES, et laissez ce sentiment s'enraciner profondément en vous.

Ne vous identifiez jamais à ce que vous avez fait. Ce n'est rien. Ce n'est que de la saleté. Débarrassez-vous-en et sentez simplement qui vous êtes - c'est pourquoi, en Orient, le plus grand mantra est Qui suis-je ?

Non pas que vous commenciez à penser à vous-même, car c'est ainsi que cela se passe en Occident. Il faut savoir qu'en Orient, l'enseignement a été le suivant : Sache qui tu es, il y a beaucoup de gens qui s'assoient en silence et se répètent intérieurement : Qui suis-je ? Qui suis-je ? Si vous faites cela, vous vous ridiculisez. C'est stupide. Ne dites pas "Qui suis-je ?", sinon vous pensez à nouveau. Ressentez simplement, soyez. Fermez simplement les yeux et tâtonnez dans l'obscurité pour trouver l'être. Tâtonnez !

La nouvelle génération a un beau mot pour cela, c'est GROOVE. Groovez pour elle, concentrez-vous sur elle. Dans l'obscurité, essayez de tâtonner. Il n'y a rien de tel. Une fois que vous pouvez groover, une fois que vous pouvez vous concentrer dessus, c'est la chose la plus groovy qui soit.

Laissez d'abord tomber la pensée et rapprochez-vous de plus en plus du sentiment ; puis laissez tomber le faire et rapprochez-vous de plus en plus de l'être.

Si ces deux choses peuvent être faites, vous pourrez avoir un premier aperçu de ce qu'est l'amour.

Et votre vie sera alors de plus en plus remplie d'amour et de lumière d'amour. Vous pourrez alors entrer dans une relation qui ne sera pas sexuelle. Le sexe peut en faire partie, mais s'il fait partie de l'amour, le sexe lui-même devient beau. Et si l'amour fait partie de la prière, l'amour devient religieux et sacré. Et si la prière fait partie de la méditation, elle devient l'ultime, au-delà duquel il n'y a pas de but.

Le dernier accomplissement.

LE PREMIER EST L'AMOUR. LE SECOND, C'EST DE NE JAMAIS EN FAIRE TROP.

Pourquoi Lao Tseu dit-il : "Jamais trop" - la maladie que j'ai appelée O/D : overdose, ou overdoing ?

Parce que l'esprit est nourri par l'excès, et le cœur est toujours nourri par l'équilibre.

Une personne aimante est toujours équilibrée, elle est toujours au milieu ; jamais trop à gauche, jamais trop à droite. Même si elle doit parfois se pencher vers la droite, elle ne se penche que pour gagner en équilibre. C'est tout. Sinon, il reste exactement au milieu : immobile, tranquille, silencieux. Il est toujours en équilibre.

L'esprit est toujours après l'extrême. Il existe à cause de l'extrême. Le mental EST l'extrémiste. La maladie que j'appelle O/D est le mental. Il en fait toujours trop - que ce soit à gauche ou à droite, mais il en fait toujours trop. Chaque fois que vous exagérez une chose, vous devenez l'esclave du mental.

Chaque fois que vous êtes équilibré, non extrémiste, vous allez plus loin que l'esprit, vous vous déplacez dans le cœur.

C'est pourquoi je dis : Ne renoncez pas au monde. Les gens y ont renoncé et c'est devenu leur trip mental. C'est pourquoi je ne dis pas : Laissez-vous aller dans le monde et oubliez la religion, parce que cela aussi a été fait par les gens de l'esprit, et cela aussi a été destructeur. Je dis : Renoncez au monde. Ne renoncez pas au monde, renoncez DANS le monde. Soyez dans le monde mais ne soyez pas DE lui.

Soyez dans le monde mais ne permettez pas au monde d'être en vous, alors un équilibre est atteint. C'est pourquoi mes sannyas semblent contradictoires, paradoxaux, car je donne des sannyas à des gens qui vont vivre dans le monde, je ne dis à personne d'aller dans les monastères. J'insiste : restez sur le marché. Si le marché et la méditation peuvent aller de pair, un équilibre sera atteint, comme le dit Lao Tseu : LE SECOND EST, JAMAIS TROP.

Même trop de Dieu est mauvais. Trop de méditation est une maladie. Trop de n'importe quoi est mauvais.

C'est arrivé en Orient, nous avons fait trop de méditation. Dans les monastères zen, ils font huit heures, dix heures par jour. On dirait qu'ils sont nés ici uniquement pour méditer, rien d'autre. Leur vie entière semble se résumer à rester assis. Ils n'enrichissent pas la vie. Ils ne s'enrichissent pas des expériences de la vie. Ils ne se déplacent pas dans le monde - ils ont peur, ils sont envahis par la peur. Et toute leur méditation n'est qu'une profonde suppression. Méditez, mais allez au marché, car c'est là que se trouve le test - si vous avez médité correctement ou non.

LE TROISIÈME EST : NE JAMAIS ÊTRE LE PREMIER AU MONDE.

C'est très beau - et cela aussi fait partie de l'amour. Quand on aime, on ne veut pas être le premier dans le monde ; c'est pourquoi j'ai dit : Quand l'amour va mal, la politique est née. La politique, c'est l'effort pour être le premier au monde - être président, être premier ministre, être la personne la plus riche au monde, être le plus célèbre au monde, être le premier au monde.

Vous avez regardé ? Si vous aimez quelqu'un, vous voulez qu'il soit le premier au monde, pas vous-même.

Soudain, un changement de l'être intérieur se produit. Si vous aimez quelqu'un, vous voudriez qu'il soit le premier.

Et si vous aimez le monde entier - alors vous aimeriez être le dernier.

C'est ce que dit Jésus : Les premiers dans ce monde seront les derniers dans le royaume de mon Dieu.

Et vice versa.

Lao Tseu dit : LE TROISIÈME EST : NE JAMAIS ÊTRE LE PREMIER AU MONDE. L'ambition même d'être le premier montre que vous avez raté la vie. Vous n'êtes pas béni. Vous n'êtes pas exalté. Vous n'êtes pas comblé.

L'ambition est une folie. L'ambition montre que vous n'êtes pas à l'aise avec vous-même, que vous n'êtes pas chez vous.

L'ambition montre que vous voulez maintenant que les autres sachent que vous êtes très grand. C'est juste pour cacher votre petitesse. Vous aimeriez que le monde entier sache que "je suis le plus grand homme du monde".

C'est exactement le contraire de ce que vous ressentez à l'intérieur - vous vous sentez inférieur. Seul un esprit inférieur est ambitieux.

Un esprit supérieur n'a pas besoin d'être ambitieux ; il ne sert à rien d'être ambitieux. Il est tellement épanoui que si vous le mettez en dernier, il y sera heureux. Il sait comment être heureux ! Ainsi, où qu'il soit, il est heureux. Si vous le jetez en enfer, il y sera heureux.

J'ai entendu dire : Il y avait un penseur anglais, Edmund Burke. Il avait l'habitude d'aller à l'église le dimanche - il n'était pas croyant mais il aimait le prédicateur et la façon dont il parlait des choses.

Quelqu'un lui a demandé : Vous n'êtes pas un croyant et vous n'êtes pas un homme religieux, alors pourquoi y allez-vous tous les dimanches, et ainsi régulièrement ? Il répondit : De temps en temps, j'aime voir une personne qui croit vraiment.

Le simple fait de voir une personne qui a la foi est beau en soi. Je n'ai pas la foi, mais ce prédicateur est un homme de foi. Il a peut-être tort - je sais qu'il a tort, mais cela n'a pas d'importance. Il est beau dans sa foi. Il semble qu'il ait atteint le but. Peut-être est-il dans l'illusion, mais là n'est pas la question. J'essaie continuellement d'atteindre quelque chose et il l'a atteint. Alors, juste pour le regarder, je vais là-bas.

Un jour, il a demandé au prêtre - parce que le prêtre avait prêché ce soir-là que les gens qui sont bons, vertueux et qui croient en Dieu iront au ciel - après le sermon, Burke a demandé au prêtre : Qu'en est-il des personnes qui sont bonnes et vertueuses mais qui ne croient pas en Dieu ? Où iront-ils ? Iront-ils au paradis ? Si vous répondez oui, alors il n'est pas nécessaire de croire en Dieu. Alors la croyance, toute l'hypothèse est inutile ! Si une personne peut aller au paradis simplement en étant vertueux, alors quel est l'intérêt de croire ? Et si vous dites que les gens qui sont vertueux et bons et ne croient pas en Dieu devront aller en enfer, alors quel est l'intérêt d'être vertueux et bon ? Le simple fait de croire en Dieu suffit.

Ce Burke était un logicien, et le prêtre était perplexe. Il lui dit : Donnez-moi quelques jours, je vais devoir me renseigner. Je ne sais pas exactement ce qui se passe.

Il a essayé pendant sept jours de réfléchir dans tous les coins et recoins, mais il n'a pas réussi, car le puzzle était là. S'il dit Oui, alors il y a un problème. S'il dit Non, alors il y a aussi un problème.

Le septième jour, il se rendit à l'église une heure avant son sermon ; il alla sur la terrasse, y broya, ferma les yeux - toute la nuit précédente, il n'avait pas pu dormir parce qu'il pensait et pensait et pensait - et de nouveau il s'endormit, et il eut un rêve.

Dans son rêve, il s'est vu aller dans un train quelque part. Il demandait : Où va ce train ? et les gens répondaient : Nous allons au paradis. Il dit : C'est bien. C'est la bonne chose à faire. Je demanderai où sont ces gens qui sont vertueux, par exemple Socrate - bon, vertueux, mais il n'a jamais cru en Dieu ; où sont-ils ? Alors il est allé au paradis. Mais il n'aimait pas l'aspect de l'endroit. Il avait l'air un peu ruineux, sans bonheur, un peu ennuyeux, sans excitation - bien sûr, silencieux - mais il avait l'air mort.

Il ne pouvait pas croire que c'était le paradis.

Puis il a demandé : Quand est-ce que le train part pour l'enfer ? Le train était prêt, alors il y entra. Il est allé en enfer. Il n'en croyait pas ses yeux, car tout était vraiment beau. De beaux arbres, de la verdure, des fleurs, des oiseaux qui chantaient, et tout le monde était heureux. Il dit : "Il y a quelque chose qui ne va pas !

Cela semble être comme le paradis.

Il est allé dans la ville. Il a demandé aux gens : Socrate est-il ici ? Ils répondirent : "Oui, il travaille dans les champs. Alors il est allé voir Socrate et il a dit : Es-tu là ? Toi, bon et vertueux, mais tu ne croyais pas en Dieu ? Alors tu as été jeté en enfer ? Il répondit : Je ne connais pas du tout l'enfer, mais depuis que nous sommes ici, nous l'avons transformé en paradis.

Choqué, il ouvre les yeux.

Edmund Burke attendait en bas. Il est arrivé et a dit : Je ne sais pas exactement maintenant, mais je vais vous raconter un rêve que j'ai fait. Dans ce rêve, je me suis rendu compte que les gens qui sont bons et vertueux, où qu'ils aillent - cet endroit devient le paradis. Les personnes qui ne sont pas vertueuses et bonnes, même si elles croient en Dieu, où qu'elles aillent, cet endroit devient un enfer. C'est ainsi que cela m'a été révélé dans mon rêve.

Le monde est devenu un enfer parce que personne ne se fait confiance. Personne n'est épanoui. Personne n'est heureux avec lui-même. Tout le monde est ambitieux. L'ambition crée l'enfer.

Si vous me demandez qui est la personne non religieuse, je dirai : l'esprit ambitieux. Si vous me demandez qui est la personne religieuse, je dirai : l'esprit non ambitieux. Un esprit non-ambitieux est la religion incarnée.

Il en a la qualité, car il est tellement épanoui. Autour de lui, vous trouverez une aura de plénitude. Il n'est en compétition avec personne d'autre. Il n'en a pas besoin. Il se sent assez ! Plus qu'assez. Il est reconnaissant. Tout ce qu'il a obtenu est extatique. Plus n'est pas possible. Et il n'est pas en compétition avec quelqu'un d'autre parce qu'il n'en a pas besoin. Et les richesses intérieures sont telles qu'il n'y a pas besoin d'entrer en compétition. C'est la signification des trésors intérieurs. Si vous recherchez des trésors extérieurs, vous serez en compétition. Si vous recherchez des trésors intérieurs, il n'y a pas de compétition, pas besoin de compétition. Il y a un ciel infini ; vous pouvez avoir le ciel entier pour vous, il n'y a personne d'autre pour vous concurrencer.

C'est la différence entre la religion et la politique. La politique attire les gens inférieurs, les gens qui sont remplis de complexes d'infériorité. Être religieux, c'est laisser tomber le complexe d'infériorité. C'est pourquoi je continue à insister sur le fait que vous n'avez rien à accomplir. C'est déjà là, en vous. Vous ne devez pas devenir des dieux, vous êtes des dieux.

Et vous ne devez pas le remettre à demain. Ce n'est pas nécessaire. Vous pouvez en profiter dès maintenant. La question n'est pas d'atteindre quelque chose, la question est de s'en réjouir - c'est déjà là ! Vous ne manquez de rien ! Si vous voulez être heureux, vous pouvez l'être CE MOMENT MÊME. Pas un seul instant ne doit être retardé, ce n'est pas nécessaire car tout ce qui est nécessaire pour être heureux est là. Il suffit de devenir alerte, conscient. Vous devez juste ouvrir vos yeux et trouver. Tout est là, tous les invités sont venus, la nourriture est prête, la célébration est en cours. Il vous suffit d'ouvrir les yeux et de participer.

Je ne dis pas : Devenez des dieux, parce que c'est de la politique, alors vous courez pour réaliser quelque chose. Vous devenez ambitieux. Je dis : Vous êtes des dieux. Réalisez-le, ce n'est pas à atteindre. Vous devez juste y prêter un peu d'attention. Vous êtes devenus inconscients du fait que vous êtes des dieux.

LA TROISIÈME EST DE NE JAMAIS ÊTRE LE PREMIER DU MONDE.

Et puis, qui se soucie d'être le premier au monde ? Vous êtes déjà le premier. Tout le monde est le premier au monde, c'est le sens de la chose. Personne n'est comparable à vous, ne l'a jamais été, ne le sera jamais ; vous êtes incomparable, unique. Vous êtes déjà le premier.

PAR L'AMOUR, ON N'A PAS PEUR. Si vous n'atteignez pas l'amour, vous aurez toujours peur. Un trouble profond et une peur seront présents dans votre être. Vous continuerez à trembler, parce que si vous n'atteignez pas l'amour, vous ne pouvez pas savoir que vous êtes sans mort. La peur sera là.

Celui qui aime profondément devient sans mort. Celui qui aime profondément va au-delà de la mort. Celui qui connaît l'amour sait aussi que la mort n'existe pas. Parce que dans l'amour profond, on en vient à connaître la mort.

Tu meurs ! Et tu ressuscites.

La croix et la résurrection se produisent toutes deux dans l'amour, c'est pourquoi les gens ont peur de l'amour. Ils viennent me voir et me disent : " Nous voudrions aimer mais nous avons peur. L'homme a peur de la femme, la femme a peur de l'homme. Même si vous êtes amoureux, vous ne l'êtes pas de tout votre cœur. Vous avancez à pas sûrs, très sûrs. Et vous vous dirigez toujours vers le point d'où le retrait est facile, vous ne vous dirigez jamais vers le point où le retrait sera impossible. Vous ne vous déplacez jamais vers cette profondeur d'où le retour n'est pas possible. Vous tendez la main, mais vous êtes toujours prêts à la reprendre à tout moment en cas de danger. C'est pourquoi votre amour reste superficiel.

L'amour est une mort, la mort de l'ego. Et quand vous mourrez, alors seulement vous savez que vous ne pouvez pas mourir, que quelque chose en vous transcende la mort.

PAR L'AMOUR, ON N'A PAS PEUR ; PAR LE FAIT DE NE PAS FAIRE TROP, ON A L'AMPLITUDE DE L'ÉNERGIE DE RÉSERVATION ; Quand on ne fait rien, on a tellement d'énergie qu'on devient un réservoir, un grand lac, plein d'énergie ; et ce lac devient un miroir dans lequel l'ensemble est reflété.

D'ordinaire, si vous êtes un faiseur - et nous sommes tous des faiseurs - vous êtes toujours frustré, votre énergie est toujours inférieure à vos besoins. Vous êtes toujours en bas de l'échelle ; vous n'êtes jamais en haut de l'échelle. Il arrive rarement que votre énergie soit si abondante qu'elle déborde, et si cela se produit, vous vous mettez immédiatement en activité pour la détruire, la dissiper - et alors vous avez toujours l'impression d'être aspiré.

Personne d'autre n'est responsable.

Un faiseur restera toujours à un faible niveau d'énergie. Et comment pouvez-vous atteindre l'ultime avec un niveau d'énergie aussi bas ? L'énergie doit être préservée. Elle doit devenir un lac profond en vous afin que vous puissiez refléter le tout.

EN NE FAISANT PAS TROP, ON DISPOSE D'UNE RÉSERVE D'ÉNERGIE IMPORTANTE ; EN NE PRÉTENDANT PAS ÊTRE LE PREMIER AU MONDE, ON PEUT DÉVELOPPER SON TALENT ET LE LAISSER MÛRIR.

Si vous êtes en compétition, essayant d'être le premier au monde, vous passerez totalement à côté de votre être, car vous n'aurez pas le temps de lui permettre de grandir et de mûrir. Si vous n'êtes pas compétitif et ambitieux, alors toute l'énergie est disponible pour que votre propre être grandisse, mûrisse, s'épanouisse ; sinon, toute l'énergie se déplace dans tellement de directions...

Quelqu'un a une belle voiture. Vous ne pouvez plus tolérer cela. Vous devez avoir une meilleure voiture que votre voisin, vous devez gaspiller votre énergie pour avoir une meilleure voiture. Puis quelqu'un a un meilleur bungalow. Vous devez maintenant vous procurer un meilleur bungalow, car comment pouvez-vous être vaincu par des voisins ordinaires ? La vie entière est gâchée. Et finalement, vous vous rendez compte qu'en faisant concurrence à vos voisins, vous vous êtes suicidé.

Rappelez-vous, vous êtes ici pour être vous-même. Vivez dans le monde comme si vous étiez seul. Vivez dans le monde comme si personne ne vivait à vos côtés ; il n'y a pas de voisin - juste vous seul. Et ensuite, choisissez votre voie.

Il n'y aura pas de compétition. Il n'y aura que croissance intérieure et maturité.

Et si vous pouvez devenir ce que vous êtes déjà, alors seulement il y a accomplissement. Vous pouvez devenir quelqu'un d'autre, mais il n'y aura pas d'épanouissement. Vous pouvez devenir un Rockefeller, un Ford, vous pouvez devenir n'importe quoi ; mais lorsque vous l'aurez atteint, vous réaliserez simplement que ce n'était pas votre destin. Vous avez accompli le destin de quelqu'un d'autre - comment cela peut-il vous combler ? Votre destin était peut-être petit, simple : vous alliez devenir un joueur de flûte. Maintenant vous êtes devenu le Président Ford d'Amérique. Que faire de tout cela ? Une vie entière gâchée.

Et maintenant, si vous commencez à jouer de la flûte, les gens vont penser que vous êtes complètement fou. Le moment est mal choisi.

Et maintenant vous serez si confus que vous ne saurez plus. Vous perdrez tout sens de l'orientation. Rappelez-vous que vous êtes ici pour être seulement vous et personne d'autre. Ne permettez à personne d'autre de vous manipuler, et n'essayez pas de manipuler quelqu'un d'autre. Vous n'êtes pas ici pour répondre aux attentes de quelqu'un d'autre, et personne n'est ici pour répondre à vos attentes. Chaque individu est unique, sacré, divin. Et chaque individu a sa propre destinée, et il doit l'accomplir. Sa propre destinée accomplie - il accomplit le tout. Non accomplie - elle reste comme une blessure au cœur du tout.

Il n'y a qu'un seul péché, si vous voulez mon avis, et ce péché est de ne pas accomplir sa destinée. Et il n'y a qu'une seule vertu : devenir ce que l'on est censé être, sans esprit de compétition.

Pensez simplement que si le monde entier disparaît et que vous êtes seul sur la terre - que ferez-vous ? Réfléchissez - que ferez-vous si l'humanité entière disparaissait, vous laissant seul sur la terre ? Fermez les yeux de temps en temps et voyez ce que vous ferez. S'il vous vient à l'esprit que vous allez danser, alors c'est votre destin. Danse ! Ou si tu penses que tu vas simplement te détendre sous un arbre et t'endormir - va sous un arbre et endors-toi ! C'est votre destin. Pensez simplement à vous seul - et vous êtes vraiment seul - et alors vous vous sentirez comblé.

Les petites choses s'accomplissent si elles sont en accord avec votre être. Même les grandes choses ne peuvent s'accomplir si elles ne sont pas en accord avec vous.

... EN N'AYANT PAS LA PRÉTENTION D'ÊTRE LE PREMIER AU MONDE, ON PEUT DÉVELOPPER SON TALENT ET LE LAISSER MÛRIR.

SI L'ON RENONCE À L'AMOUR ET À L'INTRÉPIDITÉ, SI L'ON RENONCE À LA RETENUE ET À LA PUISSANCE DE RÉSERVE, SI L'ON RENONCE À SUIVRE DERRIÈRE ET SI L'ON SE PRÉCIPITE DEVANT, ON EST CONDAMNÉ.

Voici donc les deux voies : si vous suivez votre être intérieur, la petite voix intérieure, vous serez comblé. Si vous ne la suivez pas, vous êtes condamnés.

Et si vous vous sentez déjà condamné, ne soyez pas malheureux - il y a toujours assez de temps pour abandonner. Même au dernier moment, on peut abandonner. En un seul instant, le destin d'une personne peut s'accomplir.

Mais ne continuez pas à jouer les rôles que les autres vous ont imposés. Les autres essaient de vous dire : "Sois ceci, sois cela". Soyez simplement vous-même.

C'est pourquoi, lorsque de nombreuses personnes viennent me voir et me disent : Pourquoi ne demandez-vous pas à vos sannyasins d'être un peu plus disciplinés ? Je réponds : "Je ne peux pas. Si la discipline vient de leur propre compréhension, c'est bon. Si elle ne vient pas, c'est bon aussi. Qui suis-je pour vous imposer une quelconque discipline ? Je suis ici pour vous rendre libres.

Si de la liberté naît une discipline, et que tu deviens mature, compréhensif, responsable, c'est bien. Si ce n'est pas le cas, c'est bien aussi.

Mais je ne suis pas ici pour vous imposer une quelconque discipline. Une discipline imposée est un esclavage, et lorsqu'elle vient de votre noyau le plus profond, c'est la liberté, la liberté accomplie, la liberté portée à son ultime épanouissement.

Amenez les deux autres Bouddhas aussi !

Q uestion 1 :

   EST-IL POSSIBLE D'ÊTRE À L'INTÉRIEUR AVEC VOUS ?
Chaque fois que vous êtes avec vous-même, vous ÊTES avec moi, et il n'y a pas d'autre façon d'être avec moi. Alors ne créez pas de dualité entre vous et moi. Essaie simplement d'être avec toi-même, essaie simplement d'être ton intérieur, et tu es avec moi !

Le langage n'est pas capable de dire quoi que ce soit sur une réalité non duelle. Tout ce qui est dit dans le langage est forcément dual. Et quand tu es avec moi, ni toi ni moi ne sommes. Lorsque vous êtes vraiment VOTRE ÊTRE, vous n'êtes personne, un vaste vide, un ciel entier sans limites. Et alors tu n'es pas seulement avec toi-même, tu es avec les arbres, avec les nuages, avec les montagnes, avec les sables et avec les mers... quand tu es avec toi-même, tu deviens le tout.

C'est le sens de l'insistance socratique : Connais-toi toi-même. Si tu peux te connaître toi-même, tu auras connu tout ce qui peut être connu - ou ce qui vaut la peine d'être connu. Si tu ne te connais pas toi-même, tu peux savoir beaucoup de choses, mais toutes ces connaissances ne sont que des déchets. Il peut cacher votre ignorance, mais pas la dissiper. Il peut vous rendre savant, mais il ne vous rendra pas compréhensif, il n'ouvrira pas l'œil intérieur de la connaissance. Vous resterez une personne à la tête lourde, dans une angoisse et une anxiété profondes.

Si tu veux être avec moi, être avec moi n'est pas la solution. Si tu veux être avec moi, être avec toi-même est la voie. Et c'est l'insistance de tous les bouddhas : Connais-toi toi-même et tu me connaîtras, car en te connaissant toi-même, tu as tout connu.

Mais si vous essayez d'être avec moi, vous créerez une dualité, un conflit. Alors être avec moi deviendra une nouvelle sorte d'attachement. Cela ne vous aidera pas, cela vous fera vraiment du mal et vous gênera. Alors je ne vous aiderai pas à atteindre la transcendance. Au contraire, je deviendrai un rocher accroché à votre cou. Vous ne parviendrez pas à vous transcender à travers moi, vous serez noyé.

Mais je ne serai pas en faute ; ce sera votre propre faute. C'est ce qui est arrivé à des millions de personnes sur toute la terre au cours des siècles. Un Jésus arrive et les gens commencent à s'attacher à lui. Tout l'intérêt est perdu. Un Bouddha arrive et les gens commencent leur voyage pour connaître le Bouddha et ils deviennent tellement obsédés par lui qu'ils oublient que leur propre Bouddha est juste à l'intérieur d'eux-mêmes. Il n'est pas à l'extérieur.

Et la façon de connaître le Bouddha extérieur est de connaître le Bouddha intérieur. Lorsque vous êtes complètement à l'intérieur de vous-même, vous avez connu tous les Christs, tous les Bouddhas, tous les Maîtres qui ont jamais existé, et aussi tous ceux qui existeront jamais, parce que vous devenez un avec le tout. En se connaissant soi-même, on connaît le tout.

La tentation est forte d'être attaché à un Maître, de s'accrocher à un Maître, de devenir une ombre ; mais cela ne servira à rien, ce sera suicidaire.

Ne t'accroche pas à moi, je suis là pour te rendre libre. Je suis là pour t'aider à être complètement, authentiquement toi-même.

Si vous m'avez accepté comme votre Maître, vous devez comprendre ce que je dis. Si vous m'avez accepté comme votre Maître, alors la seule façon pour vous de vous connaître est de vous connaître vous-même.

Oublie-moi, va vers l'intérieur. Un jour, lorsque vous vous tiendrez dans votre gloire totale, dans la magnificence de votre être intérieur, dans la lumière intérieure, c'est là que vous me trouverez. Non pas en tant qu'être distinct, non pas en tant qu'objet, mais en tant que noyau le plus intime de votre propre personne.

Il est rapporté : Bouddha était en train de mourir, et Anand s'est mis à pleurer - son plus ancien disciple, et le plus attachant ; pendant quarante ans, il avait été avec Bouddha et il n'avait pas atteint, il ne s'était pas encore réalisé ; il aimait trop Bouddha. Il aimait trop Bouddha, l'amour n'était pas une liberté, il était devenu un esclavage - tout ce qui est trop est un esclavage - et maintenant que Bouddha est en train de mourir, sa vie entière est ruinée.

Anand pleure et pleure comme un petit enfant dont la mère est en train de mourir.

Et Bouddha l'arrête et dit : Qu'est-ce que tu fais, Anand ? Il regarde Bouddha avec des yeux pleins de larmes et dit : Maintenant, où vais-je te voir ? Où vais-je te chercher ? Et Bouddha rit et dit : C'est tout mon enseignement ! Depuis quarante ans, c'est ce que je vous dis, que chaque fois que vous voulez me voir, regardez en vous ! APPA DEEPO BHAVA ; sois une lumière pour toi-même. C'est là, à l'intérieur de toi, que tu me trouveras.

Si vous vous accrochez à l'extérieur, ce peut être un Bouddha, un Jésus, mais vous vous accrochez au monde, parce que l'extérieur est le monde. Votre propre intérieur le plus intime est le transcendantal.

Avancez vers l'intérieur et vous vous rapprochez de moi. Rapproche-toi de moi et tu t'éloignes de toi-même. Essaie de comprendre ce paradoxe : si tu essaies de te rapprocher de moi, tu t'éloigneras de toi-même.

comment peux-tu te rapprocher de moi si tu t'éloignes de toi-même ? Rapproche-toi de toi-même et tu te rapproches de moi, car comment le contraire est-il possible ?

Lorsque tu te rapproches de toi-même, tu te rapproches de moi, car dans l'être le plus intime, le centre est un. À la périphérie, nous différons ; à la périphérie, je suis un individu, tu es un individu ; le mouvement vers l'intérieur rapproche de plus en plus ces points périphériques - et lorsque tu atteins exactement le centre de ton être, il n'y a plus de dualité. Les deux ont disparu. La TWONESS a disparu.

Question 2 :

BAUL PANCHUCHAND CHANTE : FRAPPE TON MAÎTRE DUREMENT ET ADORE DANS LA FOI. TU VEUX ÊTRE DÉVOUÉ À DIEU, VIVRE SANS ATTACHE, SANS DOMICILE, MALGRÉ UNE PROPRIÉTÉ ET TA VIE AVEC UNE FILLE. N'ÉCOUTE PAS TA TÊTE QUI T'INDUIT TOUJOURS EN ERREUR.

NE VOUS CONTENTEZ PAS DE PENSER MAIS ENCHAÎNEZ VOTRE MAÎTRE PIEDS ET POINGS. DÉCOUPEZ UNE CANNE D'AMOUR ET FOUETTEZ-LE JUSQU'À CE QU'IL SOIT BLEU...

LE MAÎTRE DOIT ÉTERNELLEMENT S'INCLINER AUX PIEDS DU DISCIPLE...

POUVEZ-VOUS EXPLIQUER CELA EN TERMES DE LAO TSEU?

Les Bauls ont été des gens très extraordinaires. Le mot BAUL signifie "fou". Les Bauls étaient des mystiques fous.

Ils ont parlé en toutes sortes de paradoxes ; mais très beaux. Ce ne sont pas des philosophes, ce sont des poètes fous. Ils ne proposent pas de choses logiques, mais au contraire, ils essaient de vous montrer quelque chose à travers le paradoxe.

Ce Baul, Panchuchand, est l'un des plus grands Baul. Il dit : Frappez fort votre Maître et adorez dans la foi. C'est ce que je disais à l'instant. Si tu veux te rapprocher de moi, rapproche-toi de toi-même. Oublie-moi complètement. Rappelle-toi seulement ton propre être - et tu iras vers moi.

Ce Baul dit : Frappez votre Maître durement - détruisez la dualité du Maître et du disciple. Laisse tomber le Maître complètement. Oublie-le. FRAPPE TON MAÎTRE DUREMENT ET ADORE-LE DANS LA FOI.

C'est le paradoxe.

Et vous ne pouvez frapper durement votre Maître que lorsque vous l'avez vraiment adoré dans la foi. Si vous me comprenez vraiment, alors seulement vous cesserez de vous accrocher à moi. Si tu m'as vraiment aimé, tu ne t'accrocheras pas. Alors, chaque fois que je viens sur ton chemin, frappe-moi durement.

C'est ce que les maîtres zen ont dit à leurs disciples : Si vous rencontrez Bouddha en chemin - tuez-le immédiatement ! Et ils aimaient énormément Bouddha.

Il arriva qu'un maître zen, Ikkyu, séjournait dans un temple. La nuit était très froide et il n'avait pas de couvertures - il était un mendiant - et tout le temple était si froid - il était fait de pierres : un froid de pierre. Dans la nuit, il ne pouvait pas dormir, alors il est entré dans le sanctuaire, a trouvé un bouddha, un bouddha en bois, a allumé un feu avec le bouddha et s'est réjoui du feu.

Le bruit du feu, le mouvement de cet Ikkyu - et le prêtre s'est réveillé. Voyant le feu à l'intérieur du temple, il est arrivé en courant et quand il a vu qu'il manquait un des bouddhas (il y avait des bouddhas dans le temple), il s'est mis à courir.

trois Bouddhas dans le sanctuaire) et il a regardé le feu - il était presque brûlé - bien sûr il était fou ; et il a dit à Ikkyu : "Que fais-tu ? Es-tu fou ? Vous avez brûlé mon Bouddha ! Tu as commis le plus grand péché qu'un homme puisse commettre, et nous pensions que tu étais un homme éclairé !

Le feu s'éteignait maintenant ; Ikkyu a commencé à piquer dans les cendres.

Le prêtre a demandé : Que fais-tu ? Il répondit : J'essaie de trouver les os du Bouddha afin de les préserver. Le prêtre se mit à rire, voyant toute cette stupidité. Il dit : C'est un Bouddha en bois, il n'y a pas d'os. Vous êtes vraiment fou ! Ikkyu dit : Alors amène aussi les deux autres bouddhas ; la nuit est longue et très froide.

Et le matin - bien sûr, il a été expulsé la nuit, hors du temple, parce qu'il voulait brûler tout le temple - le matin, lorsque le prêtre est sorti du temple, Ikkyu était assis juste à côté de la borne sur la route, et il l'adorait.

Le prêtre ne pouvait contenir sa curiosité. Il demanda : Que fais-tu maintenant, le fou ? Ikkyu répondit :

Je vénère le Bouddha et chaque jour, le matin, c'est la première chose que je fais.

C'est la contradiction. Mais si vous pouvez VOIR, ce n'est pas du tout une contradiction, c'est un simple fait. Un fait, le fait le plus profond de tout le mysticisme.

FRAPPEZ DUREMENT VOTRE MAÎTRE ET ADOREZ DANS LA FOI. Aimez votre maître si profondément qu'il n'y a plus d'accrochage - vous pouvez tuer, vous pouvez laisser tomber, l'autre disparaît, l'autre est absorbé, il ne reste que vous dans votre pureté de cristal. Mais cela n'est possible que si la foi totale est possible.

Bien sûr, cet Ikkyu devait aimer énormément le Bouddha, sinon comment est-il possible de brûler le Bouddha ? Comment est-ce concevable ? Il devait aimer si totalement qu'il n'y avait AUCUN PROBLÈME. Il pouvait brûler le Bouddha en bois.

Bouddha est mort. Mahakashyap, l'un de ses plus grands disciples, ne prononça pas un seul mot : comme si rien ne s'était passé. Il est resté assis sous son arbre. Les gens couraient ici et là, il y avait beaucoup d'agitation - Bouddha a dit qu'il partait aujourd'hui ! Mais ce Mahakashyap n'a jamais bougé de son arbre.

Beaucoup de gens ont dit : Mahakashyap, que fais-tu ? C'est le dernier jour ! Le Bouddha quitte son corps ! On dit qu'il a ri et a dit : Mais qui vous a dit qu'il avait eu un corps ? Je le connais. Il n'a jamais été dans un corps. Alors à quoi sert toute cette agitation ? Qu'il le quitte ! Il n'a jamais été dedans. On raconte que Mahakashyap a dit à ses disciples que Bouddha n'était jamais né, jamais mort, qu'il n'avait jamais marché sur la terre, qu'il n'avait jamais prononcé un seul mot, et que chaque jour, le matin, Mahakashyap adorait les pieds de Bouddha.

Difficile à comprendre, car vous pouvez comprendre la haine qui devient destructrice, vous pouvez comprendre l'amour qui devient attachement, vous ne pouvez pas comprendre l'amour total qui est les deux, qui détruit le non-essentiel et crée l'essentiel.

SI TU VEUX ÊTRE DÉVOUÉ À DIEU, VIS SANS ATTACHES... C'est très beau. Mais souvenez-vous, être sans attaches ne signifie pas renoncer au monde. Si tu renonces au monde, tu es attaché au monde ;

sinon pourquoi y renoncer ? Quel est l'intérêt d'y renoncer si vous n'y êtes pas attaché ?

Seul l'attachement entraîne le renoncement. Si vous êtes vraiment non-attaché, il n'est pas question de renoncement.

SI TU VEUX ÊTRE DÉVOUÉ À DIEU, VIS SANS ATTACHES, SANS DOMICILE FIXE, MALGRÉ UNE MAISON ET TA VIE AVEC UNE FILLE. Vivez dans la maison, soyez un maître de maison : avec votre femme, vos enfants - mais restez sans attachement ; car lorsque vous laissez femme, enfants et maison et que vous vous échappez dans la forêt, vous montrez simplement que vous étiez trop attaché à toutes ces choses - sinon pourquoi vous en soucier ? Et si vous étiez attaché, comment l'attachement peut-il disparaître en allant simplement dans la forêt ? Il peut même devenir plus grand, car lorsque les choses ne sont pas là, vous en ressentez davantage le besoin.

Quand on a faim, on devient obsédé par la nourriture. Lorsque vous êtes à jeun, vous ne pensez qu'à la nourriture et à rien d'autre. Lorsque vous essayez d'échapper à votre femme, vous êtes obsédé par le sexe ; vous ne pensez qu'au sexe et à rien d'autre.

Si vous voulez être dévoué à Dieu, si vous voulez vraiment connaître la vérité - vivez sans attaches, mais VIVRE.

Le détachement devrait être un mode de vie, pas un renoncement. Vivez sans attachement, mais l'accent est mis sur la présence dans le monde - vivez !

N'essayez pas de vous suicider lentement, vivez-le jusqu'au bout ! Vivez sans attaches, sans domicile, malgré le foyer ; vivez dans le foyer mais sans domicile. Vivez avec la famille mais comme si vous étiez seul. Bougez avec la foule, mais ne faites jamais partie de la foule. Soyez sur la place du marché mais ne perdez jamais votre méditation intérieure.

N'ÉCOUTEZ PAS VOTRE TÊTE QUI VOUS INDUIT TOUJOURS EN ERREUR. Pourquoi la tête vous induit-elle en erreur ? En fait, la tête n'est pas la vôtre, c'est pourquoi elle vous induit en erreur. La tête est un tour joué par la société sur vous. La tête est comme un mécanisme attaché à vous par la société, imposé à vous par la société.

Vous apportez un cœur avec vous, vous n'apportez pas la tête avec vous - elle est conditionnée et formée par la société.

Avez-vous déjà pensé qu'il est possible qu'un cœur soit mahométan, chrétien, parsi ou hindou ? Le cœur est simplement le cœur, mais la tête est hindoue, la tête est chrétienne, la tête est mahométane. Le cœur n'est ni indien, ni chinois, ni américain, il est simplement humain. Mais la tête est indienne, chinoise, américaine...

La tête appartient au monde, le cœur vous appartient. La tête est formée par le monde, c'est le monde mis en vous. C'est pourquoi elle induit en erreur. Elle dit toujours des choses qui vont à l'encontre du flux le plus profond. Elle continue à détourner vos énergies, à détourner vos énergies en fonction de la société dans laquelle vous avez été élevé. Le cœur est naturel, la tête est sociale. La tête vient de la foule, le cœur vient de l'univers.

N'ÉCOUTEZ PAS VOTRE TÊTE QUI VOUS INDUIT TOUJOURS EN ERREUR. NE PENSE PAS SEULEMENT, MAIS ENCHAÎNE TON MAÎTRE PAR LES PIEDS ET LES MAINS. COUPE UNE CANNE D'AMOUR ET FOULE-LA JUSQU'À CE QU'IL SOIT BLEU - mais c'est une canne d'AMOUR - ET FOULE-LA JUSQU'À CE QU'IL SOIT BLEU. LE MAÎTRE DOIT ÉTERNELLEMENT SE PROSTERNER AUX PIEDS DU DISCIPLE...

Des paroles absurdes, mais très belles. Je vous l'ai dit plusieurs fois : il arriva que Bouddha, dans une vie antérieure, alors qu'il n'était pas un Bouddha, entendit parler d'un homme qui était devenu illuminé. Il est allé le voir. Il a touché ses pieds. Et soudain, il fut surpris parce que cet homme illuminé, ce Bouddha, avait touché les pieds de Bouddha. Le Bouddha a dit : Que faites-vous ? Je suis un homme ignorant non éclairé, un pécheur - et toi, tu touches mes pieds ? Je devrais toucher vos pieds - c'est bien, mais pourquoi touchez-vous mes pieds ?

Cet homme éclairé a commencé à rire et il a dit : Tu ne le sais peut-être pas, mais tu es aussi un bouddha. Tôt ou tard, tu deviendras un bouddha. Vous n'êtes peut-être pas capable de le voir, mais moi, je le vois.

Une fois que vous êtes devenu un bouddha, vous connaissez la bouddhéité de l'ensemble de l'existence. Ensuite, vous ne rencontrez jamais rien qui ne fasse pas partie de la bouddhéité, de l'illumination. Vous regardez une pierre et vous y voyez un bouddha caché. Dans le plus grand pécheur, vous voyez l'accomplissement de la plus grande sainteté. Dans le plus grand des maux, vous voyez le bien germer. Une fois que vous êtes alerte, conscient, éclairé, la qualité de l'existence entière change pour vous.

LE MAÎTRE DOIT ÉTERNELLEMENT S'INCLINER AUX PIEDS DU DISCIPLE... D'ordinaire, le disciple s'incline aux pieds du Maître - mais cela se passe dans le monde visible qui peut être vu par les yeux ; dans l'invisible, le Maître s'incline aux pieds du disciple.

Quand Jésus quitta ses disciples, la dernière nuit, quand il fut pris - et le lendemain il fut assassiné - il se prosterna et toucha les pieds de tous ses apôtres ; il lava et baisa même les pieds de Judas. Et ils étaient tous surpris : Cela n'est jamais arrivé, que fait-il ? Il se prosterne devant les futurs Bouddhas. Même un Judas, un jour ou l'autre, deviendra un Bouddha, un Christ.

Et le temps n'a pas beaucoup d'importance. Le temps ne compte que pour l'esprit, mais pour un homme qui a dépassé l'esprit, le temps ne compte pas. Quelqu'un est devenu illuminé aujourd'hui, quelqu'un le sera demain, quelqu'un d'autre après-demain - mais cela n'a pas d'importance pour celui qui a atteint la non-mindité. C'est l'éternité.

Quelqu'un a demandé à Jésus : Pourquoi touches-tu nos pieds ? Que fais-tu ? Et Jésus aurait répondu : Pour que vous vous rappeliez que le Maître avait touché les pieds des disciples ; pour que vous ne deveniez pas hautains ; pour que vous ne deveniez pas fiers ; pour que vous ne forciez pas les gens à vous toucher les pieds ; pour que vous vous rappeliez que finalement le

Maître doit juste toucher les pieds du disciple et doit se prosterner. Parce que dans le disciple aussi le matin est caché.

C'est peut-être encore une nuit noire, mais plus la nuit est noire, plus le matin sera lumineux. Il arrive, il est juste à côté, vous ne pouvez pas le voir mais le Maître peut le voir et il s'incline devant vous - devant le matin qui va arriver en vous.

Ce Baul Panchuchand est vraiment beau. Lao Tseu l'aurait accepté comme un ami.

Question 3 :

POUVEZ-VOUS NOUS PARLER DE LA NATURE DE LA PEUR ?

La peur est une négativité, une absence. Il faut le comprendre très très profondément. Si vous passez à côté, vous ne serez jamais en mesure de comprendre la nature de la peur. C'est comme l'obscurité. L'obscurité n'existe pas, elle

semble seulement l'être. En fait, il s'agit simplement d'une absence de lumière. La lumière existe ; enlevez la lumière - il y a l'obscurité.

L'obscurité n'existe pas, vous ne pouvez pas supprimer l'obscurité. Faites ce que vous voulez, vous ne pouvez pas enlever l'obscurité. Vous ne pouvez pas les apporter, vous ne pouvez pas les jeter. Si vous devez faire quelque chose avec l'obscurité, vous devrez faire quelque chose avec la lumière, car seule une chose qui a une existence peut être reliée. Éteignez la lumière, l'obscurité est là ; allumez la lumière, l'obscurité n'est pas là - mais vous faites quelque chose avec la LUMIÈRE. Vous ne pouvez rien faire avec l'obscurité.

La peur est l'obscurité. C'est l'absence d'amour. Vous ne pouvez rien y faire, et plus vous le ferez, plus vous aurez peur, car plus vous trouverez cela impossible.

Le problème va devenir de plus en plus compliqué. Si vous vous battez avec les ténèbres, vous serez vaincu. Vous pouvez apporter une épée et essayer de tuer les ténèbres : vous serez seulement épuisé. Et, finalement, l'esprit va penser : L'obscurité est si puissante, c'est pourquoi je suis vaincu.

C'est là que la logique fait défaut. Il est absolument logique que si vous avez lutté contre les ténèbres et que vous n'avez pas pu les vaincre, les détruire, il est absolument logique d'en arriver à la conclusion que les ténèbres sont très très puissantes et que je suis impuissant devant elles. Mais la réalité est tout le contraire. Vous n'êtes pas impuissant, les ténèbres sont impuissantes. En fait, les ténèbres ne sont pas là - c'est pourquoi vous ne pouvez pas les vaincre. Comment pouvez-vous vaincre quelque chose qui n'est pas ?

Ne luttez pas contre la peur, sinon vous aurez de plus en plus peur, et une nouvelle peur entrera dans votre être, à savoir la peur de la peur, qui est très dangereuse. En premier lieu, la peur est l'absence et en second lieu, la peur de la peur est la peur de l'absence de l'absence. Alors vous entrez dans la folie.

Vous avez fait un mauvais pas. La peur n'est rien d'autre que l'absence d'amour. Faites quelque chose avec amour, oubliez la peur. Si tu aimes bien, la peur disparaît. Si tu aimes profondément, la peur n'existe pas.

Chaque fois que vous avez été amoureux de quelqu'un, n'avez-vous jamais eu peur, ne serait-ce qu'un seul instant ? Elle n'a jamais existé dans aucune relation - si, ne serait-ce qu'un seul instant, deux personnes s'aiment profondément et qu'une rencontre se produit, qu'elles s'accordent l'une à l'autre, à ce moment-là, la peur n'a jamais existé.

Comme si la lumière était allumée et que l'obscurité n'avait pas été trouvée. Il y a la clé secrète : Aimez plus.

Si vous sentez qu'il y a de la peur dans votre être - aimez davantage. Soyez courageux en amour, prenez courage. Soyez aventureux en amour, aimez plus, et aimez inconditionnellement, parce que plus vous aimez, moins la peur sera présente.

Et quand je dis AMOUR, je veux dire les quatre couches de l'amour : du sexe au samadhi.

Aimez profondément.

Si vous aimez profondément dans une relation sexuelle, beaucoup de peur disparaîtra du corps. Si votre corps tremble de peur, c'est la peur du sexe ; vous n'avez pas été dans une relation sexuelle profonde. Votre corps tremble, votre corps n'est pas à l'aise, chez lui.

Aimez profondément - un orgasme sexuel dissipera toute peur hors du corps. Quand je dis qu'il dissipera toute peur, je ne veux pas dire que vous deviendrez courageux, car les gens courageux ne sont rien d'autre que des lâches à l'envers.

Quand je dis que toute peur va disparaître, je veux dire qu'il n'y aura plus de lâcheté ni de bravoure. Ce sont deux aspects de la peur.

Regardez vos personnes courageuses : vous constaterez qu'au fond d'elles-mêmes, elles ont peur, elles ont créé une simple armure autour d'elles.

La bravoure n'est pas l'absence de peur, c'est la peur bien protégée, bien défendue, blindée.

Lorsque la peur disparaît, on devient sans peur. Et une personne sans peur est une personne qui ne crée jamais la peur chez quelqu'un, et qui ne permet jamais à personne de créer la peur chez elle.

Un orgasme sexuel profond donne au corps une sensation de bien-être. Une santé très très profonde se produit dans le corps parce que le corps se sent entier.

La deuxième étape est l'amour. Aimez les gens - sans condition. Si vous avez des conditions dans votre esprit, vous ne serez jamais capable d'aimer - ces conditions deviendront des obstacles. Parce que l'amour est bénéfique pour vous, pourquoi s'embarrasser de conditions ? C'est si bénéfique, c'est un bien-être si profond que d'aimer inconditionnellement, sans rien demander en retour. Si vous parvenez à comprendre que le simple fait d'aimer les gens vous rend plus intrépide, vous aimerez ! Pour le simple plaisir de le faire !

D'ordinaire, les gens n'aiment que lorsque leurs conditions sont remplies. Ils disent : Tu devrais être comme ça - alors seulement j'aimerai. Une mère dit à son enfant : Je ne t'aimerai que si tu te comportes bien. Une épouse dit à son mari : Tu dois être de CETTE façon, alors seulement je pourrai t'aimer. Tout le monde crée des conditions ; l'amour disparaît.

L'amour est un ciel infini ! Vous ne pouvez pas le forcer dans des espaces étroits : conditionnés, limités.

Si vous apportez de l'air frais dans votre maison et que vous le fermez de partout - toutes les fenêtres fermées, toutes les portes fermées - bientôt il devient vicié. Chaque fois que l'amour se produit, il fait partie de la liberté ; alors bientôt vous faites entrer cet air frais dans votre maison - et tout devient vicié, sale.

C'est un problème profond pour l'ensemble de l'humanité. Cela a toujours été un problème. Quand on tombe amoureux, tout est beau, parce que dans ces moments-là, on ne met pas de conditions. Deux personnes se rapprochent l'une de l'autre sans condition. Une fois qu'elles se sont installées, qu'elles ont commencé à considérer l'autre comme acquis, alors des conditions sont imposées : Tu dois être comme ceci, tu dois te comporter comme cela - alors seulement j'aimerai : comme si l'amour était un marché.

Vous n'aimez pas de la plénitude de votre cœur, vous marchandez. Vous voulez forcer l'autre personne à faire quelque chose pour vous, alors seulement vous aimerez. Sinon, vous trahirez votre amour. Maintenant, vous utilisez votre amour comme une punition, ou comme une contrainte. Mais vous n'aimez pas. Soit vous essayez de retenir votre amour, soit vous le donnez, mais dans les deux cas, l'amour en soi n'est pas la finalité ; c'est autre chose.

Si vous êtes un mari, vous apportez des ornements à votre femme - elle est heureuse, elle vous fait signe, vous embrasse ; mais lorsque vous n'apportez rien à la maison, il y a une distance ; elle ne s'accroche pas, elle ne s'approche pas de vous.

Lorsque vous faites de telles choses, vous oubliez que lorsque vous aimez, cela vous est bénéfique, et pas seulement pour les autres. En premier lieu, l'amour aide ceux qui aiment, en second lieu, il aide ceux qui sont aimés.

Et comme je le vois, les gens viennent me voir, ils disent toujours : L'autre ne m'aime pas. Personne ne vient et dit : "Je n'aime pas l'autre". L'amour est devenu une exigence - l'autre ne m'aime pas ! Oubliez l'autre ! L'amour est un si beau phénomène, si vous aimez, vous apprécierez.

Et plus vous aimez, plus vous devenez aimable. Moins vous aimez et plus vous exigez que les autres vous aiment, moins vous êtes aimable, plus vous devenez fermé, confiné à votre ego. Et vous devenez susceptible. Même si quelqu'un vous approche pour vous aimer, vous avez peur, car dans tout amour il y a une possibilité de rejet, de retrait.

Personne ne vous aime - c'est devenu une pensée ancrée en vous : comment cet homme essaie-t-il de vous faire changer d'avis ? Il essaie de vous aimer ? - Il doit y avoir quelque chose de faux ; n'essaie-t-il pas de vous tromper ? Ce doit être un homme rusé, rusé. Vous vous protégez. Vous ne permettez à personne de vous aimer et vous n'aimez pas les autres. Alors il y a la peur. Puis vous êtes seul au monde, si seul, si solitaire, sans lien.

Qu'est-ce que la peur alors ? La peur est un sentiment de non contact avec l'existence. Voici la définition de la peur : un état de non contact avec l'existence est la peur. Vous êtes seul, un enfant pleure dans la maison, la mère, le père et toute la famille sont partis au théâtre. L'enfant pleure et pleure dans son berceau. Vous êtes seul, sans contact, sans personne pour vous protéger, sans personne pour vous consoler, sans personne pour vous aimer ; une solitude, une vaste solitude tout autour. C'est l'état de la peur.

Cela se produit parce que vous êtes élevés d'une telle manière que vous ne permettez pas à l'amour de se produire. L'humanité entière a été formée pour d'autres choses, pas pour l'amour.

Pour tuer, nous avons été formés : et les armées existent. Des années d'entraînement pour tuer ! Pour calculer, nous avons été formés : les collèges, les universités existent. Des années d'entraînement à calculer pour que personne ne puisse vous tromper et que vous puissiez tromper les autres. Mais il n'existe nulle part d'opportunité où il vous est permis d'aimer - et d'aimer en toute liberté.

En fait, ce n'est pas tout, la société entrave tout effort pour aimer. Les parents n'aiment pas que leurs enfants tombent amoureux. Aucun père n'aime cela, aucune mère n'aime cela ; quelles que soient leurs prétentions, aucun père, aucune mère n'aime que leurs enfants tombent amoureux. Ils aiment les mariages arrangés.

Pourquoi ? Parce qu'une fois qu'un jeune homme tombe amoureux d'une femme ou d'une fille, il s'éloigne de la famille, il crée une nouvelle unité familiale, sa propre famille, il est contre l'ancienne famille bien sûr, il est rebelle, il dit : Maintenant je m'en vais, je vais créer mon propre foyer. Et il choisit sa propre femme ; le père n'a rien à voir avec cela, la mère n'a rien à voir avec cela ; ils semblent complètement coupés.

Non, ils voudraient l'arranger : Vous créez un foyer, mais laissez-nous l'organiser. Nous avons donc notre mot à dire. Et ne tombez pas amoureux - parce que lorsque vous tombez amoureux, l'amour devient le monde entier. Si c'est un mariage arrangé, c'est juste une affaire sociale, vous n'êtes pas amoureux, votre femme n'est pas votre monde entier, votre mari n'est pas votre monde entier.

Ainsi, partout où le mariage arrangé continue, la famille continue. Et partout où le mariage d'amour est apparu, la famille disparaît.

En Occident, la famille est en train de disparaître. Vous comprenez maintenant toute la logique du mariage arrangé : la famille veut exister. Si vous êtes détruit, si votre possibilité même d'aimer est détruite, ce n'est pas la question ; vous devez être sacrifié pour la famille. Si un mariage est arrangé, alors une famille commune existe. Alors dans une famille, cent personnes peuvent vivre - si le mariage est arrangé.

Mais si un garçon ou une fille tombe amoureux, ils deviennent un monde à eux seuls.

Ils veulent se déplacer seuls, ils veulent leur intimité. Ils ne veulent pas avoir une centaine de personnes autour d'eux : des oncles et des oncles d'oncles et des cousins de cousins et... ils ne veulent pas avoir tout ce marché autour d'eux ; ils aimeraient avoir leur propre monde privé. Tout cela semble dérangeant.

La famille est contre l'amour. Vous avez dû entendre que la famille est la source de l'amour, mais je vous dis que la famille est contre l'amour. La famille a existé en tuant l'amour, elle n'a pas permis à l'amour de se produire.

La société n'autorise pas l'amour car si une personne est vraiment profondément amoureuse, elle ne peut pas être manipulée.

Vous ne pouvez pas l'envoyer à la guerre, il dira : Je suis si heureux ! Où m'envoyez-vous ? Et pourquoi devrais-je aller tuer des étrangers qui sont peut-être heureux dans leur maison ? Et nous n'avons aucun conflit, aucune opposition d'intérêts...

Si la jeune génération s'enfonce de plus en plus dans l'amour, les guerres disparaîtront parce que vous ne pourrez pas trouver assez de fous pour aller à la guerre. Si vous aimez, vous avez goûté à la vie ; vous n'aimeriez pas la mort et tuer des gens. Lorsque vous n'aimez pas, vous n'avez pas goûté à la vie ; vous aimez la mort.

La peur tue, veut tuer. La peur est destructrice, l'amour est une énergie créatrice. Quand on aime, on a envie de créer - on peut avoir envie de chanter, de peindre ou de faire de la poésie, mais on ne prendrait pas une baïonnette ou une bombe atomique pour aller tuer des gens qui vous sont absolument inconnus, qui n'ont rien fait, qui vous sont aussi inconnus que vous l'êtes pour eux.

Le monde ne laissera tomber les guerres que lorsque l'amour y entrera à nouveau. Les politiciens ne veulent pas que vous aimiez, la société ne veut pas que vous aimiez, la famille ne vous permet pas d'aimer : ils veulent tous contrôler votre énergie d'amour parce que c'est la seule énergie qui existe. C'est pourquoi il y a la peur.

Si vous me comprenez bien, laissez tomber toutes les peurs et aimez plus et aimez sans condition - et ne pensez pas que vous faites quelque chose pour l'autre lorsque vous aimez, vous faites quelque chose pour vous-même. Lorsque vous aimez, cela vous est bénéfique. Alors n'attendez pas, ne dites pas que lorsque les autres aimeront, vous aimerez - ce n'est pas du tout le but.

Soyez égoïste. L'amour est égoïste. Aimez les gens - vous serez comblé grâce à cela, vous obtiendrez de plus en plus de bénédictions grâce à cela.

Et lorsque l'amour s'approfondit, la peur disparaît ; l'amour est la lumière, la peur est l'obscurité.

Et puis il y a la troisième étape de l'amour - la prière. Les églises, les religions, les sectes organisées - elles vous apprennent à prier. Mais en fait, elles vous empêchent de prier, car la prière est un phénomène spontané, elle ne peut être enseignée. Si on vous a enseigné une prière dans votre enfance, vous avez été privé d'une belle expérience qui aurait pu se produire. La prière est un phénomène spontané.

Je dois vous raconter une histoire que j'aime beaucoup. Léon Tolstoï a écrit une petite histoire : Dans une certaine partie de la vieille Russie, il y avait un lac, et il est devenu célèbre à cause de trois saints. Tout le pays s'y intéressait. Des milliers de personnes allaient et venaient au lac pour voir ces trois saints.

L'archiprêtre du pays a pris peur : Que se passe-t-il ? Il n'avait pas entendu ces "saints" et ils n'avaient pas été certifiés par l'église ; qui en a fait des saints ?

Ce chrétien a fait l'une des choses les plus folles : il donne des certificats : Cet homme est un saint. Comme si on pouvait faire d'un homme un saint en le certifiant !

Mais les gens étaient fous, et les nouvelles allaient bon train sur les miracles qui se produisaient, alors le prêtre devait aller voir ce qui se passait.

Il s'est rendu en bateau sur l'île où vivaient ces trois pauvres gens ; ils étaient simplement pauvres, mais très heureux - car il n'y a qu'une seule pauvreté, et cette pauvreté est un cœur qui ne peut pas aimer.

Ils étaient pauvres, mais ils étaient riches : les plus riches que l'on puisse trouver ; ils étaient heureux, assis sous un arbre, riant, jouissant, se réjouissant.

Voyant le prêtre, ils se prosternèrent, et le prêtre dit : Que faites-vous ici ? On dit que vous êtes de grands saints. Savez-vous prier ? - car en voyant ces trois personnes, le prêtre a tout de suite senti qu'elles étaient complètement incultes, un peu idiotes, Lao Tseu.

Heureux mais stupide.

Alors ils se sont regardés et ont dit : Désolé monsieur, nous ne connaissons pas la bonne prière autorisée par l'église car nous sommes ignorants. Mais nous avons créé une prière de notre cru - elle est faite maison.

Si vous ne vous sentez pas offensé, nous pouvons vous le montrer.

Alors le prêtre a dit : Oui, montrez-moi, quelle prière vous faites. Alors ils ont dit : Nous avons essayé et réfléchi et réfléchi - mais nous ne sommes pas de grands penseurs, nous sommes des gens stupides, des villageois ignorants ; alors nous avons décidé d'une prière simple. Dans le christianisme, Dieu est considéré comme une trinité, trois : Dieu le Père, le Fils et le Saint-Esprit. Et nous sommes aussi trois. Nous avons donc décidé de faire une prière : Tu es trois, nous sommes trois, aie pitié de nous. C'est notre prière. Nous sommes trois, tu es aussi trois, aie pitié de nous.

Le prêtre était très très en colère, presque enragé. Il dit : Quelle absurdité ! Nous n'avons jamais entendu une telle prière. Arrêtez ! De cette façon, vous ne pouvez pas être des saints. Vous êtes tout simplement stupides. Ils sont tombés à ses pieds et ont dit : Tu nous enseignes la vraie, l'authentique prière.

Il leur a donc raconté la version autorisée de la prière de l'Église russe. C'était long, compliqué ; de grands mots, grandiloquents, ces trois personnes se sont regardées - cela semblait impossible, la porte du ciel était fermée pour elles.

Ils ont dit : Vous nous le répétez une fois de plus, car c'est long, et nous ne sommes pas instruits. Il le répéta. Ils ont dit : Encore une fois monsieur, parce que nous allons oublier, et quelque chose va mal se passer. Alors il le répéta. Ils le remercièrent chaleureusement et il se sentit très bien d'avoir fait une bonne action : ramener trois fous à l'église.

Il partit dans sa barque - juste au milieu du lac, il ne pouvait en croire ses yeux : ces trois personnes, ces fous, arrivaient en courant sur l'eau. Ils disaient : Attendez ! Encore une fois ! Nous avons oublié ! Maintenant, c'était impossible à croire !

Le prêtre est tombé à leurs pieds et il a dit : Pardonne-moi. Vous continuez votre prière.

La troisième énergie d'amour est la prière. Les religions, les églises organisées, l'ont détruite. Elles vous ont donné des prières toutes faites. La prière est un sentiment spontané.

Souvenez-vous de cette histoire lorsque vous priez. Que votre prière soit un phénomène spontané. Si même votre prière ne peut être spontanée, alors qu'est-ce qui le sera ? Si même avec Dieu tu dois être prêt à l'emploi, où seras-tu authentique, vrai et naturel ?

Dites les choses que vous aimeriez dire. Parlez-lui comme vous parleriez à un ami sage. Mais n'introduisez pas de formalités. Une relation formelle n'est pas une relation du tout. Et vous êtes devenu formel avec Dieu aussi. Toute spontanéité vous échappe.

Introduisez l'amour dans la prière. Alors vous pouvez parler ! C'est une chose magnifique - un dialogue avec l'univers.

Mais avez-vous regardé ? Si tu es vraiment spontané, les gens vont penser que tu es fou. Si tu vas vers un arbre et que tu commences à parler, ou à une fleur, une rose, les gens vont penser que tu es fou. Si tu vas à l'église et que tu parles à la croix ou à l'image, personne ne pensera que tu es fou, ils penseront que tu es religieux.

Vous parlez à une pierre dans le temple et tout le monde pense que vous êtes religieux parce que c'est la forme autorisée.

Si tu parles à une rose - qui est plus vivante que n'importe quelle image de pierre, qui est plus divine que n'importe quelle image de pierre ; si tu parles à un arbre - qui est plus profondément enraciné en Dieu que n'importe quelle croix, parce qu'aucune croix n'a de racines, c'est une chose morte, c'est pourquoi elle tue ; un arbre est vivant, avec des racines profondes dans la terre, des branches hautes dans le ciel, connecté avec le tout, avec les rayons du soleil, avec les étoiles - parle aux arbres !

Cela peut être un point de contact avec le divin, mais si vous parlez de cette façon, les gens penseront que vous êtes fou.

La spontanéité est considérée comme de la folie. Les formalités sont considérées comme de la santé mentale. Or, c'est tout le contraire qui est vrai. Lorsque vous entrez dans un temple et que vous répétez simplement une prière bachotée, vous êtes tout simplement stupide. Ayez une conversation de cœur à cœur ! Et la prière est belle. Vous commencerez à fleurir grâce à elle.

La prière, c'est être en amour - être en amour avec le tout. Et parfois, vous êtes en colère contre le tout et vous ne parlez pas ; c'est beau. Et vous dites : Je ne parlerai pas, trop c'est trop, et vous ne m'avez pas écouté ! Un beau geste. Pas mort. Et parfois, vous laissez tomber complètement la prière, parce que vous continuez à prier et que Dieu n'écoute pas.

C'est une relation dans laquelle on s'implique profondément. Vous vous mettez en colère. Parfois, vous vous sentez très bien, vous êtes reconnaissant, reconnaissant ; parfois vous vous sentez repoussé ; mais que ce soit une relation VIVANTE ; alors la prière est vraie.

Si vous continuez comme un gramophone et répétez la même chose chaque jour, vous ne faites pas de prière, ce n'est pas de la prière.

J'ai entendu parler d'un avocat qui était un homme très calculateur. Chaque nuit, il allait se coucher, regardait le ciel et disait : Idem. Comme les autres jours. Et il se couchait. Une seule fois, il priait - le

pour la première fois de sa vie - et ensuite : Idem. C'était comme une chose légale ; quel était l'intérêt de répéter la même prière ?

Que vous disiez "ditto" ou que vous répétiez le tout, c'est la même chose. La prière doit être une expérience vécue, un dialogue de cœur à cœur. Et bientôt, s'il est sincère, vous sentirez que non seulement vous parlez, mais que la réponse est là. C'est alors que la prière est devenue réalité, qu'elle a atteint sa maturité. Lorsque vous sentez la réponse, que non seulement vous parlez - si c'est un monologue, ce n'est toujours pas une prière - cela devient un dialogue, vous ne parlez pas seulement, vous écoutez.

Et je vous dis que l'existence entière est prête à répondre. Une fois que votre cœur est ouvert, tout répond.

Il n'y a rien de tel que la prière. Aucun amour ne peut être aussi beau que la prière. Tout comme le sexe ne peut être aussi beau que l'amour, aucun amour ne peut être aussi beau que la prière.

Mais il y a ensuite la quatrième étape que j'appelle la méditation. Là aussi, le dialogue cesse. Vous avez alors un dialogue en silence. Les mots tombent, car lorsque le cœur est vraiment plein, on ne peut pas parler.

Lorsque le cœur est trop débordant, seul le silence peut être le médium. Alors il n'y a rien d'autre. Vous êtes un avec l'univers. Vous ne dites rien et n'écoutez rien. Vous êtes avec l'un, avec l'univers, avec le tout. Une unité. C'est la méditation.

Ce sont les quatre étapes de l'amour, et à chaque étape, il y aura une disparition de la peur. Si le sexe se passe magnifiquement dans le corps, la peur disparaîtra. Le corps ne sera pas névrosé. D'habitude - j'ai observé des milliers de corps - ils sont névrosés. Des corps devenus fous. Pas épanouis. Pas à la maison.

Si l'amour arrive, la peur disparaîtra de l'esprit. Vous aurez une vie de liberté, d'aise, d'humanité. Aucune peur ne viendra, aucun cauchemar.

Si la prière a lieu, alors la peur disparaît complètement, parce qu'avec la prière vous devenez un - vous commencez à ressentir une relation profonde avec le tout. De l'esprit, la peur disparaît ; la peur de la mort disparaît lorsque vous priez - jamais avant.

Et quand vous méditez, même l'absence de peur disparaît. La peur disparaît, l'absence de peur disparaît.

Rien ne reste. Ou. seulement le rien reste. Une vaste pureté ; virginité ; innocence.

Question 4 :

SI JE DOIS ÊTRE LE GARDIEN DE MON FRÈRE, JUSQU'OÙ VA MA RESPONSABILITÉ ?

Non, vous ne l'êtes pas. Personne ne l'est. Personne n'est destiné à être le gardien de quelqu'un. Vous êtes ici pour être vous-même.

Votre seule responsabilité est envers vous-même.

Je voudrais que vous soyez totalement égoïste, car ce n'est qu'ainsi que vous pourrez être utile aux autres. À moins que vous ne soyez profondément égocentrique, à moins que vous ne soyez tellement égoïste dans votre être que vous êtes heureux, que vous faites la fête, vous ne pourrez pas la partager.

L'humanité a été mise sur la mauvaise voie par des altruistes, par des gens qui disent : Servez les autres, vous êtes responsables des autres. Personne n'est responsable de personne. La seule responsabilité est envers vous-même. Et si vous êtes satisfait de cette responsabilité, vous réagissez magnifiquement.

Un mari vraiment épanoui aimera sa femme, car de son épanouissement découle l'amour. Mais s'il pense qu'il doit assumer des responsabilités, qu'il a le devoir de prendre soin d'elle parce qu'il s'est marié avec cette femme, alors il tuera sa femme, il l'empoisonnera, car cette attitude même est toxique. Il va traîner le poids, et par chacun de ses gestes, il va montrer qu'il n'est pas satisfait. Avec chaque geste, il fera des allusions à la femme : Tu es un poids lourd pour moi.

Votre mère est vieille ; si vous avez vraiment un centrage profond en vous, vous l'aimerez et la servirez - non pas parce que c'est votre responsabilité, non, mais parce que c'est ainsi que cela se passe. Vous aimez servir la vieille femme. Vous aimez cela ! C'est simple. Vous n'êtes pas un martyr, vous n'essayez pas de vous sacrifier - souvenez-vous toujours que lorsque vous êtes un martyr, vous ne pouvez jamais pardonner à la personne pour laquelle vous avez été un martyr. Vous porterez la blessure, et vous voudrez vous venger.

Mais le monde entier a été formé : le père doit remplir ses devoirs envers les enfants, puis ces derniers n'oublient jamais et ne pardonnent jamais au père.

L'une des plus grandes découvertes de la psychologie occidentale est que les enfants ne pardonnent jamais à leurs parents. Cela semble ridicule car les parents ont fait tellement de choses ; mais l'idée même que "je fais tellement de choses" est une chose paralysante, lourde. Le père continue à dire : Je me sacrifie pour vous. C'est tout simplement stupide. Personne ne se sacrifie pour quelqu'un d'autre.

Si vous aimez les enfants, vous travaillez, si vous ne les aimez pas, vous ne travaillez pas. Il vaut mieux que les enfants meurent que de vivre une vie pesante. Si tu aimes ta femme - tu aimes, et il n'est pas question de responsabilité. Si tu n'aimes pas, sois franc et vrai. Ne l'aimez pas. Quelqu'un d'autre peut l'aimer, pourquoi gaspiller sa vie et la vôtre ?

Maintenant, en Occident, sur quatre mariages, un mariage est absolument brisé par un divorce. Cela signifie que vingt-cinq pour cent des mariages se terminent par un divorce. Les psychanalystes ont essayé de faire des recherches : qu'arrive-t-il aux trois autres ? Ils en sont arrivés à la conclusion que sur quatre, l'un se brise par un divorce, et sur quatre, deux sont des mariages non vécus : ils vivent ensemble mais ne sont pas ensemble. Sur quatre, un se brise, deux se poursuivent ; le divorce n'est pas prononcé mais la situation est celle d'un divorce - ils vivent dans le divorce, pas séparés, pas ensemble. Un seul est suspecté d'être un mariage, un seul sur quatre - et cela aussi est SUSPECTÉ seulement, la certitude n'est pas là.

Pourquoi cela se produit-il ? On n'a pas compris l'essentiel. L'essentiel est qu'un homme ne peut aimer les autres que s'il s'aime lui-même. Un homme ne peut partager ses sentiments avec les autres que lorsqu'il a quelque chose à PARTAGER.

Soyez d'abord égoïste, ensuite seulement vous pourrez être désintéressé. Soyez enraciné et centré dans votre être, si débordant que de votre débordement vous partagez. Non pas que tu sois un martyr. Ne devenez jamais un sacrifice, sinon vous ne serez jamais en mesure de pardonner à ceux qui vous ont forcé à devenir un sacrifice.

Non, personne n'est le gardien de personne. La seule responsabilité est envers soi-même. On va croire que j'enseigne l'égoïsme. Oui, je l'enseigne. Si tout le monde était égoïste, le monde serait beau, absolument beau. Pensez-y - tout le monde essayant d'être heureux, tout le monde essayant de faire la fête, tout le monde essayant d'être silencieux, méditatif, priant, aimant - parce que ce sont les choses qui vous rendront heureux ; le monde sera heureux.

Mais ici, personne n'essaie d'être heureux lui-même. Les gens essaient de rendre les autres heureux. Et si vous n'êtes pas heureux, comment pouvez-vous rendre les autres heureux ? Vous les rendez encore plus malheureux. Les fonctionnaires

qui essaient de changer la vie des autres pour qu'ils deviennent heureux, sont les personnes les plus malicieuses du monde. Qui êtes-vous pour rendre quelqu'un heureux ? S'ils veulent être malheureux, laissez-les être malheureux. Au moins, c'est leur droit ! Être heureux ou malheureux, c'est son droit. Gardez-le pour vous.

On devient malheureux si on veut, on devient heureux si on veut. Personne ne veut être malheureux et personne ne sera malheureux s'il s'occupe de ses propres affaires, s'il prête attention à ses propres affaires. Un monde absolument égoïste sera le meilleur monde possible.

C'est pourquoi je suis contre le communisme et toutes les tendances socialistes. Parce qu'elles tuent l'individu.

Ils sacrifient l'individu pour la société, pour l'État. Ils disent : Pour le pays, tu dois mourir.

Pour la religion, tu dois mourir. Pour le bien de tous, tu dois mourir - et ils continuent à dire cela à tout le monde, et tout le monde meurt - et pour personne !

Et tout le monde est malheureux en essayant de rendre les autres heureux. Ce n'est pas possible - vous ne pouvez rendre personne heureux. En fait, on ne peut pas non plus rendre quelqu'un malheureux. Le maximum que l'on puisse faire, ce qui est humainement possible, c'est d'être heureux ou malheureux. Décidez de cela. C'est tout. Et à partir de cela, de belles choses commencent à se produire.

Quand votre maison est éclairée, quand vous avez un parfum de bonheur, soudain votre parfum entre dans la vie des autres, les change, les transforme, sans que vous ayez l'intention de les transformer.

Question 5 :

AVONS-NOUS DES MISSIONS À REMPLIR ?

Non, personne n'a de mission à remplir. Les missionnaires sont des gens dangereux. Ils ont fait assez de mal. Vous devez vous accomplir vous-même. Pas de mission.

Laisse Dieu s'occuper des autres. Vous vous contentez d'accomplir votre propre être. N'essayez pas de convertir qui que ce soit. N'essayez pas d'être un bienfaiteur, et ne pensez pas que vous avez une mission et que tout le monde doit la suivre.

C'est ainsi que le monde entier a souffert pendant tant de siècles. Tant de missionnaires créant tant de conflits ; poussant et tirant les gens d'ici et d'ailleurs. Laissez-les en paix !

Personne n'a de mission à remplir - mais l'ego veut toujours ce genre de choses : que vous ayez une mission à remplir.

Les gens viennent me voir et ils disent : Pourquoi Dieu m'a-t-il donné naissance ? Des gens très importants. Dieu leur a donné un travail spécial. Et je leur demande : Allez demander aux arbres, aux chiens et aux chats :

ils doivent aussi se demander : POURQUOI Dieu nous a-t-il mis au monde ? Les mi]lions et des millions d'animaux sont là sans mission.

Dans votre corps, il y a des millions de microbes - sans mission. Si vous mettez vingt-sept zéros sur le chiffre cinq - c'est le calcul des cellules vivantes dans votre corps ; et elles sont complètement inconscientes de vous - que vous existez. Elles vivent leur propre vie, elles se déplacent dans la circulation sanguine, elles s'amusent, elles aiment, elles tombent amoureuses, elles se marient, elles donnent naissance à des enfants, elles accomplissent leurs tâches - elles doivent penser qu'elles ont une mission à remplir...

Qu'êtes-vous dans ce vaste univers ? Pas même une petite cellule.

Mais l'homme est très égoïste. Il ne peut pas se sentir à l'aise simplement en étant lui-même, il veut qu'une grande mission soit attachée à son ego. Non, je ne vois pas de mission. L'ensemble peut avoir quelque chose mais aucun individu ne l'a.

La seule chose que vous pouvez faire est donc d'être vous-même, béatement vous-même, et à travers cette béatitude, vous accomplissez quelque chose. Mais ce n'est pas vous qui l'accomplissez, c'est vous qui l'accomplissez ; vous devenez un véhicule pour le tout. Mais ce n'est pas une mission. Vous ne devriez pas la regarder et vous ne devriez pas vous en préoccuper.

Soyez ordinaire. L'effort d'être extraordinaire est une sorte de folie. Soyez ordinaire et vous êtes divin. Essayez de devenir extraordinaire et vous êtes fou.

Question 6 :
CROYEZ-VOUS QUE L'HUMANITÉ ÉVOLUERA UN JOUR VERS UN PLAN SUPÉRIEUR - UN MONDE SANS GUERRE, SANS INJUSTICE, ETC.

Je ne pense pas du tout au lendemain, à ce qui se passera demain. Les gens qui seront ici demain - ils y penseront. Ce moment est suffisant pour moi. Et c'est le seul moment que nous pouvons vivre, vous ne pouvez pas vivre dans le futur. Ne perdez pas votre temps avec lui.

Et ne vous inquiétez pas pour l'humanité : vous ne rencontrerez jamais nulle part d'humanité ou d'homme ; vous ne rencontrerez que des êtres humains. L'humanité est une abstraction, inexistante, un simple mot.

Ne vous inquiétez pas pour ça.

Vous avez une petite durée de vie ; vous allez vivre avec des êtres humains ; voyez simplement comment vous pouvez vivre pour vous épanouir. Qui sommes-nous pour décider si, à l'avenir, il y aura des guerres ou non ? Et pourquoi devrions-nous nous en préoccuper ?

Mais il y a des utopistes qui continuent à penser à l'avenir. Ils passent leur vie à penser à l'avenir. Et ce futur ne vient jamais. Le mot utopie signifie : ce qui ne vient jamais.

Continuez à y penser : un monde sans guerres, sans famine, sans pauvreté, mais à quoi bon ?

- vous rêvez ! Soyez plutôt plus réaliste. Créez en vous un être humain qui n'a pas de tendances belliqueuses, pas de tendances conflictuelles, pas de violence, pas d'agression ; c'est tout ce qui peut être fait. C'est faisable.

Créer un être humain à l'intérieur, ne pas penser au genre humain. Comment pouvez-vous gérer cela ? Ce n'est pas possible. Laissez tout cela à des politiciens stupides. Ils y penseront.

Vous pouvez faire quelque chose pour l'être humain que vous êtes. Abandonnez toutes les tendances conflictuelles : violence, agressivité, peur - soyez aimant, priant, méditant. Créez au moins un être humain tel que vous aimeriez que l'humanité entière soit. Créez au moins un modèle en vous afin que votre parfum se répande et donne une vision aux gens que cela aussi est possible, que l'homme EST divin.

Aimez davantage. Ravir plus, célébrer plus, danser plus, chanter plus : c'est tout ce que vous pouvez faire. Laissez un rêve autour de vous - actualisé. Si quelqu'un l'aime, il peut suivre. Je ne peux pas dire que l'humanité entière suivra - c'est une chose tellement vaste.

Et ce n'est pas nécessaire, car votre bonheur peut ne pas être celui des autres. Votre chant peut n'être que du bruit pour quelqu'un d'autre. Votre danse peut n'être qu'une nuisance. Alors qui doit décider ? Ne prenez pas la responsabilité de décider pour tout le monde - non.

Vous abandonnez ces rôles de décideur. Vous n'êtes pas le décideur. Vous vivez simplement votre vie dans le petit coin que vous avez. Tout ce que vous pouvez faire pour vous-même, faites-le. Et si quelqu'un se sent bien, attiré, magnétisé - aidez-le, mais par amour, pas par esprit missionnaire. C'est du poison.

Question 7 :

SI TU RENCONTRES UN BOUDDHA SUR LA ROUTE, TUE-LE IMMÉDIATEMENT. ET TOI ? COMMENT PUIS-JE T'AIMER ET TE TUER À LA FOIS ?

Fais la même chose avec moi. Essayez d'abord de me trouver et ensuite, quand vous m'aurez trouvé, tuez-moi immédiatement.

Car c'est ainsi que vous atteindrez votre propre perfection.

Même si je suis là, la dualité restera. Un objet dans l'esprit est une perturbation. Laissez tomber cet objet aussi. Quand tu m'as tué, tu m'as complètement suivi. Quand j'aurai disparu, alors seulement vous me serez reconnaissants. Alors seulement vous comprendrez que le travail du Maître est très contradictoire.

Il doit d'abord créer une situation dans laquelle vous tombez amoureux de lui. Il doit créer une situation dans laquelle vous commencez à lui permettre de vous guider. C'est la première partie. Quand il commence à fonctionner, il doit créer une situation dans laquelle vous devez le laisser tomber.

C'est comme une échelle : vous montez sur l'échelle - d'abord vous devez vous déplacer sur l'échelle, vous accrocher à l'échelle, et ensuite vous devez quitter l'échelle. Si vous continuez à vous accrocher à l'échelle, vous passez à côté de l'essentiel.

L'échelle n'est pas le but. Vous la voulez seulement pour atteindre un autre plan d'existence. L'échelle a aidé à passer d'un plan à l'autre, mais si vous vous accrochez à l'échelle, au dernier moment vous dites : Je ne peux pas quitter cette échelle car elle m'a tellement aidé, et je suis tellement reconnaissant, comment puis-je la quitter ? Alors, on passe à côté de l'essentiel.

L'échelle n'est pas le but.

Bouddha disait qu'une fois que c'était arrivé : Cinq idiots étaient en voyage. Ils arrivèrent à une grande rivière.

Ils ont acheté un petit bateau. Ils ont traversé la rivière. Puis ils ont pensé : Ce bateau est merveilleux. Il nous a aidés à traverser la rivière, sinon il ne nous aurait pas été possible de la traverser.

Nous devons donc lui être reconnaissants.

Ils ont donc porté le bateau sur leur tête sur la place du marché.

Les gens ont demandé : Qu'est-ce qu'il y a ? Pourquoi portez-vous ce bateau ? Ils ont répondu : Nous sommes très reconnaissants. Ce bateau nous a aidés à traverser la rivière, sinon nous serions encore sur l'autre rive. Maintenant, nous ne pourrons plus jamais le quitter !

Bouddha a dit : Rappelle-toi toujours que le Maître est un bateau. Traverse la rivière, mais ne porte pas le bateau sur la tête, sinon celui qui allait te libérer deviendra ton esclave.

C'est ainsi que lorsqu'un bateau est porté, le bateau du Christ est porté, vous devenez un chrétien, pas un Christ.

Si vous laissez tomber la barque, vous devenez un Christ ; si vous portez la barque, vous devenez un chrétien. Si tu laisses tomber la barque du Bouddha, tu deviens toi-même un Bouddha ; si tu portes la barque, tu deviens un Bouddhiste.

Ce qui est une bêtise.

Alors ne soyez pas l'un de ces cinq idiots.

Aimez-moi seulement pour me laisser tomber un jour. Et m'aimer si profondément que tu peux me laisser tomber sans rancune, sans t'accrocher, sans te plaindre.

Cela semble difficile parce que vous ne pouvez comprendre l'amour qu'en termes d'attachement. Vous ne savez pas que l'amour est un profond non-attachement. Vous pouvez comprendre l'amour uniquement en termes de possessivité. Vous ne savez pas que l'amour est la plus grande liberté, la non-possession.

Si vous me permettez de créer la situation et que vous ne créez pas de résistance, vous commencerez d'abord à vous accrocher à moi - c'est ainsi que commence le voyage, il faut entrer dans le bateau. Mais lorsque vous aurez atteint l'autre rive, je serai le premier à vous dire de quitter complètement le bateau et de l'oublier. Le but est atteint.

Vous avancez.

Le dernier pas doit être fait dans le divin, en Dieu, et le Maître doit être abandonné. Le Maître n'est rien d'autre qu'une porte.

Ils ne me connaissent pas

L AO TSEU DIT :
MES ENSEIGNEMENTS SONT TRÈS FACILES À COMPRENDRE ET TRÈS FACILES À METTRE EN PRATIQUE, MAIS PERSONNE NE PEUT LES COMPRENDRE ET PERSONNE NE PEUT LES METTRE EN PRATIQUE.

DANS MES PAROLES IL Y A UN PRINCIPE. DANS LES AFFAIRES DES HOMMES IL Y A UN SYSTÈME. PARCE QU'ILS NE LES CONNAISSENT PAS, ILS NE ME CONNAISSENT PAS NON PLUS.

PUISQUE PEU DE GENS ME CONNAISSENT, JE SUIS DONC DISTINGUÉ. C'EST POURQUOI LE SAGE PORTE UN TISSU GROSSIER SUR LE DESSUS ET PORTE DU JADE EN SON SEIN.

Le facile n'est pas toujours facile, et l'évident n'est pas évident.

Cela arrive à cause de vous. Vous êtes très difficile et déroutant, compliqué, complexe. Tout votre être est sens dessus dessous, fragmentaire, divisé en compartiments.

Pour comprendre une chose facile comme facile, il faut être indivisible, et pour comprendre une chose évidente, il faut amener l'esprit à une certaine qualité de conscience. Sinon, le lointain semble proche et le proche est oublié.

Les enseignements de Lao Tseu sont très faciles, vous ne pouvez pas trouver d'enseignements plus faciles qu'eux. Bouddha est un peu complexe, Jésus aussi, Krishna, beaucoup, mais Lao Tseu est absolument simple, et à cause de cette simplicité, il est le plus insaisissable.

Les gens n'ont pas été capables de le comprendre, non pas parce qu'il est difficile, mais parce qu'il est si facile. Il n'y a rien à comprendre en fait, il n'y a rien à résoudre. Si l'esprit a quelque chose à résoudre, il essaie de le faire. Dans l'effort de le résoudre, il arrive à une certaine compréhension. Mais si la chose est absolument facile, l'esprit n'a aucun défi à relever. Il n'est pas question de la résoudre, elle est déjà résolue. L'esprit l'oublie tout simplement. Ce n'est pas un problème, donc ce n'est pas un intérêt pour l'esprit, pas une curiosité pour l'esprit. Il n'y a pas de défi, l'esprit ne peut pas le surmonter, le conquérir, cela ne sert à rien - la victoire est si facile que l'esprit pense que la victoire est inutile.

C'est pourquoi Lao Tseu a été oublié, et il est le plus profond. Mais son enseignement est très facile.

Il faut le comprendre.

En ce moment, votre esprit peut comprendre beaucoup de choses complexes. Vous pouvez comprendre Hegel : pas très profond, mais très compliqué. Vous pouvez comprendre Kant : pas très profond, mais très déroutant.

Vous pouvez comprendre les philosophes, les philosophies, les systèmes, parce qu'ils ne nécessitent pas une conscience différente de celle que vous avez. Tel que vous êtes, un petit effort est nécessaire et vous serez en mesure de comprendre Hegel : Juste un peu plus d'effort de votre part - mais aucune transformation dans votre être. Ils sont juste devant vous, vous devez marcher quelques kilomètres de plus. Leur qualité n'est pas différente. Mais pour comprendre Lao Tseu, vous devez passer par une profonde mutation, une révolution totale. Vous devez devenir comme des enfants - innocents.

Il ne s'agit pas d'un esprit très intelligent, il s'agit d'un esprit très innocent. L'innocence est nécessaire pour comprendre le facile, l'intelligence est nécessaire pour comprendre le compliqué - intelligent vous êtes, et c'est ce qui s'avère être votre entière stupidité. Vous ne pouvez pas comprendre les choses innocentes, vous avez complètement perdu cette capacité, cette clarté miroir d'un enfant. Il peut ne pas être capable de dire qu'il comprend parce qu'il manque de vocabulaire, de logique ; mais regardez simplement dans ses yeux - tout est reflété, non corrompu.

Lao Tseu est si simple - et il n'y a personne comme Lao Tseu ; il ne crée pas de problèmes, ce n'est pas un philosophe, pas un faiseur de systèmes, c'est quelqu'un qui est retombé à la source originelle de l'innocence, et de là, il regarde la vie, et il ne peut tout simplement pas comprendre pourquoi vous êtes si perplexe. Je ne peux pas non plus comprendre où se trouve le problème, pourquoi vous poursuivez sans cesse et n'arrivez à rien ! Pourquoi vous essayez continuellement de résoudre le problème, et rien n'est résolu. Au contraire, plus vous essayez de résoudre les choses, plus elles se dégradent, plus il y a de perturbations, plus de tensions, plus d'angoisse, plus d'anxiété.

Vous essayez de résoudre un problème et cent et un problèmes surgissent de vos efforts. Il manque quelque chose de très fondamental.

Cet esprit que vous avez déjà n'est pas l'esprit qui peut résoudre. Donc, quoi que vous fassiez avec cet esprit, cela le complique encore plus. C'est un cercle vicieux. Lorsqu'une chose est plus compliquée, vous essayez de la résoudre davantage, ce qui la complique encore plus, et cela continue encore et encore.

Si on permet à cet esprit d'aller jusqu'à l'extrême logique de sa capacité, vous deviendrez fou. La folie en sera le résultat logique. On ne devient pas fou parce qu'on ne va pas jusqu'à l'extrême, c'est tout. Entre les fous et vous, il y a une différence de degré, rien d'autre. Un pas de plus et vous deviendrez fou.

Tu ne vas pas à l'extrême, c'est tout. Tu t'accroches au milieu, et d'une certaine manière tu gères ta normalité. Sinon, tout le monde semble être pathologique.

La vie en elle-même n'est pas un problème, donc tout effort pour la résoudre est insensé. La vie est un mystère à vivre, pas un problème à résoudre. Que cela soit une compréhension très fondamentale en vous. La vie n'est pas du tout un problème. Appréciez-la ! Réjouissez-vous en elle ! Aimez-la ! Vivez-le ! Faites ce que vous voulez, mais s'il vous plaît, n'essayez pas de le résoudre.

Ce n'est pas un problème du tout !

J'ai entendu une blague. Un professeur de logique se rend dans un magasin de jouets avec son petit enfant de cinq ans et sa femme, qui est également très instruite, très cultivée, et ils cherchent un nouveau jouet pour l'enfant pour son anniversaire. Ils sont tombés sur un puzzle très déroutant. Le père, lui-même un logicien, a essayé de le résoudre. Il a fait tout ce qu'il a pu mais il ne semblait pas y avoir de possibilité de le résoudre.

Il a commencé à transpirer, car des gens s'étaient rassemblés dans le magasin - et un professeur de logique ne peut pas résoudre un simple puzzle qui est censé être résolu par des enfants ! La femme l'a également aidé. Seul l'enfant a apprécié tout le jeu, car il n'était pas intéressé par la résolution du puzzle. Il suggérait :

Faites ceci et cela - et il était le seul à ne pas être troublé.

Et le logicien demanda au commerçant : "Qu'est-ce qui se passe ? Si je ne peux pas assembler ce puzzle, comment voulez-vous qu'un enfant de cinq ans soit capable de le réparer ?

Le commerçant a commencé à rire, d'un rire fou, il a dit : Ce n'est pas fait pour être résolu, ce jouet n'est pas fait pour être résolu. C'est juste pour introduire l'enfant dans le monde moderne, dans la vie moderne :

quoi que vous fassiez, vous ne pourrez pas le résoudre. Elle a été créée dans un but précis : qu'elle ne puisse pas être résolue !

La vie a été créée dans un but précis : qu'elle n'ait pas de but, qu'elle ne soit pas quelque chose à résoudre mais quelque chose à vivre, à apprécier. Vous pouvez la célébrer. Vous pouvez la danser. Vous pouvez la chanter.

Il existe des millions de possibilités de faire quelque chose de la vie, mais s'il vous plaît, n'essayez jamais de les résoudre, sinon vous avez fait un mauvais pas. Et alors vous ne serez plus jamais en phase avec la vie.

Qui vous a dit que c'était un problème - ces arbres, ce ciel, les nuages, le sable, la mer - qui vous a dit que c'était des problèmes à résoudre ? Mais, l'esprit veut des défis, quelque chose contre quoi se battre.

Même s'il n'y a pas de problème, il crée des problèmes fantômes à résoudre. En les résolvant, on se sent bien ; l'ego est renforcé, satisfait, on a conquis quelque chose.

C'est le point de vue fondamental de la religion : la vie doit être vécue. Il faut, non pas un esprit savant, mais un cœur émerveillé. Émerveillez-vous autant que vous le pouvez. En Occident, on dit que la philosophie est née de l'émerveillement, mais cela semble faux, car une philosophie ne naît que lorsque l'émerveillement est assassiné. C'est sur la mort de l'émerveillement que la philosophie érige sa structure.

Si l'émerveillement demeure, il ne peut y avoir de philosophie. L'émerveillement est un état d'être : ouvert, permettant, un laisser-aller. On apprécie mais on ne pose pas de questions. On aime la vie mais on ne s'inquiète pas de savoir pourquoi elle est là.

Le pourquoi ne devient pas une obsession. Le quoi ne devient pas une maladie en vous, que vous devez d'abord connaître, pourquoi c'est, ce que c'est. Vous l'acceptez simplement tel qu'il est, et vous vous interrogez !

Et l'émerveillement n'est pas une chose mentale, il est du cœur. Vous êtes surpris par tout ce que vous rencontrez - un bourgeon qui s'ouvre et devient une fleur. La création entière est en train de se créer et vous, dans votre folie, vous demandez : "Comment Dieu a-t-il créé le monde ? Pourquoi Dieu a-t-il créé le monde ? - et il crée en ce moment même ! Devant tes yeux !

Observez-le ! Laissez ce bourgeon s'ouvrir là et devenir une fleur et n'apportez pas votre esprit plein de questions.

Regardez simplement avec un cœur émerveillé - et vous saurez ! Vous parviendrez à la connaissance par l'émerveillement, et non par la recherche. Et si l'émerveillement est atteint, alors Lao Tseu est absolument simple - si évident ! Aussi évident que la vie elle-même.

La vérité est simple. Il n'y a rien à dire à son sujet. Et vous la comprendrez parce que vous en faites partie. Vous n'en êtes jamais sortis. Vous restez dans l'océan, vous naissez de lui, vous vous dissolvez en lui.

L'océan vit à travers vous, à chaque instant. Dans chacun de tes battements de cœur, c'est le tout qui bat. En toi, le tout marche, en toi, le tout ressent la faim, en toi, le tout ressent la satiété, en toi, le tout aime ! et est aimé ! En toi, le tout naît à chaque instant !

C'est la différence entre la philosophie et la religion. La philosophie pense que la vie a des problèmes à résoudre, c'est son hypothèse de base. La religion pense que la vie n'a rien à résoudre. La vie est là dans toute son ouverture - sautez-y, dansez avec elle, plongez-y profondément, ne faites qu'un avec elle.

Et c'est là toute la beauté de la chose : ceux qui commencent par des problèmes ne finissent jamais par trouver des solutions, et ceux qui ne commencent jamais par des problèmes ont toujours la solution. Ceux qui essaient de résoudre les problèmes ne sont jamais capables de les résoudre, et ceux qui n'ont jamais voulu les résoudre les ont résolus. En fait, rien n'a été caché depuis le début. Tout est ouvert, c'est un secret de polichinelle ! Cela ressemble à un secret parce que VOUS êtes fermés. Ainsi, toute la question est de savoir comment apporter une qualité d'être différente à la vie ; pas cette enquête mentale, mais un cœur émerveillé.

Avez-vous observé parfois comment une chose peut être ennuyeuse, et la même chose peut être très très profondément intéressante ? Il y a des moments où, comme pour la première fois, vous écoutez une symphonie de Beethoven, et c'est tellement absorbant, tellement satisfaisant, que vous en devenez presque enceinte, vous palpitez avec elle, vous vous oubliez complètement, vous vous perdez en elle, elle prend possession de vous, vous vous déplacez dans un autre monde.

La prochaine fois que vous entendrez la même symphonie, elle sera moins belle. Et la troisième fois, le phénomène devient déjà ennuyeux. Et la quatrième fois... et la cinquième fois, et vous vous ennuyez complètement...

Maintenant, est-ce que l'ennui est une qualité de la symphonie ? L'ennui fait-il partie de la symphonie, ou est-ce quelque chose que vous lui apportez ? Parce que si la symphonie elle-même est ennuyeuse, alors la première fois aussi elle a dû être ennuyeuse.

La qualité ne peut pas appartenir à la symphonie. Elle vous appartient. La première fois, vous étiez excité. La première fois que vous vous êtes demandé où vous alliez, ce qui allait se passer. La première fois que vous avez eu un cœur d'enfant - excité !

Avez-vous vu des enfants partir en voyage ? Comme ils sont excités ! Et vous vous ennuyez tout simplement. Ils sautent aux fenêtres et veulent regarder dehors et vous vous ennuyez tout simplement parce que le même paysage se répète encore et encore - les arbres, les collines, et rien de nouveau.

Mais pourquoi les enfants sont-ils si excités ? Ils ne savent pas encore comment s'ennuyer - ils ne l'ont pas appris. Il faut du temps pour apprendre l'art de s'ennuyer. Il faut des expériences, une longue vie et beaucoup d'efforts - ce n'est qu'alors que l'on peut s'ennuyer. Un enfant, c'est frais !

Lorsque vous assistez à une symphonie pour la première fois, vous êtes frais comme un enfant, vous en profitez. La fois suivante, vous la connaissez déjà. Cette connaissance crée l'ennui. Il n'y a rien de tel que la connaissance pour cela - si vous voulez créer de l'ennui, devenez plus savant, et vous serez complètement ennuyé, mortellement ennuyé. Si vous en savez plus, vous vous ennuierez encore plus. Si vous en savez moins, vous serez toujours émerveillé. Ne pas savoir du tout - c'est l'innocence. Si vous ne savez rien, comment pouvez-vous vous ennuyer ?

Avez-vous observé des enfants ? Vous leur avez raconté des histoires ? Vous leur racontez une histoire et le lendemain, ils vous la redemandent : Raconte-nous encore la même. Vous vous ennuyez, mais ils vous redemandent la même histoire. Si vous la leur racontez, et s'ils n'ont pas sommeil, ils vous disent : Encore une fois ! Raconte-nous encore l'histoire ! Parce que le nombre de fois que vous la racontez ne fait pas grande différence. Ils ne deviennent pas savants. Ils ne prennent pas la poussière. Ils restent propres, leur miroir reste frais.

Encore une fois, il peut arriver qu'un jour vous soyez assise avec un homme qui est très ennuyeux. Vous vous ennuyez parfaitement, puis vous mettez la musique et cette même symphonie commence à remplir la pièce. Vous l'avez entendue de nombreuses fois, mais soudain, elle vous enchante à nouveau. Elle est magique. Que s'est-il passé ?

Cet homme ennuyeux créait tellement d'ennui, vous en aviez tellement marre de lui que même une symphonie que vous avez entendue de nombreuses fois semble nouvelle - relativement.

Faites une expérience. Vous passez tous les jours sur la même route, vous regardez tous les jours les mêmes arbres - regardez simplement plus intensément, comme si vous étiez devenus les yeux ; regardez un arbre très intensément, comme si toute votre vie en dépendait - soudain vous verrez une transfiguration. L'arbre n'est plus le même, sa couleur change. Plus vous devenez intense à l'intérieur, plus la couleur devient verte, plus fraîche, plus vivante. La fleur est la même, mais le parfum n'est pas le même. L'arbre est le même, mais sa beauté n'est pas la même. Plus on est intense, plus l'arbre devient beau - et il n'y a pas de problème à résoudre. L'arbre est si beau que seules les personnes stupides essaieront de le résoudre. Seuls les imbéciles sont à la recherche de solutions. Les personnes sages ont toujours vécu, se sont amusées et se sont réjouies. C'est pourquoi les drogues sont devenues si importantes en Occident.

L'homme vit comme les chevaux que vous avez vus se déplacer dans la rue, attelés à des charrettes, des tongas ; ils ont des œillères, ils ne sont pas autorisés à voir, car s'ils voient trop, ils seront confus. Et s'ils voient trop, ils n'iront pas dans la direction où vous voulez qu'ils aillent. Ils ont donc des œillères.

La société entière a fixé des œillères sur vos yeux, sur vos sens, parce qu'elle a peur que si vous restez un enfant, vous restiez dangereux. La société essaie de rendre l'enfant mature le plus vite possible, et la "maturité" n'est rien d'autre que la mort.

Nous imposons la connaissance à l'enfant pour qu'il perde son cœur émerveillé, sinon il y a danger. Un enfant est dangereux. Vous ne pouvez pas prévoir un enfant, il est imprévisible. Que va-t-il faire ? Personne ne le sait. Vous ne pouvez pas lui imposer des lois et des règlements parce qu'il vit au jour le jour. Il doit être informé, donc - les écoles, les collèges, les universités existent. Ils créent des œillères.

Tout l'effort de l'ensemble de l'éducation consiste à fixer des œillères sur vos sens afin que vous deveniez ennuyeux. Alors il n'y a pas de danger.

Quand on s'ennuie, on devient un citoyen parfaitement bon. Un homme qui s'ennuie est parfaitement bon, il suit toujours les règles, la loi. Il est MORT. Il ne peut pas se rebeller. Mais un homme vivant est toujours rebelle ; la vie est une rébellion - rébellion contre la mort ; rébellion contre la matière ; rébellion contre le figement. La vie est un flux.

La société met des œillères sur vos sens. Vous voyez, mais vous ne voyez pas vraiment. C'est pourquoi en Occident, et autrefois en Orient, les drogues prennent une grande importance - la société dit que les drogues ne devraient pas être utilisées mais ce sont les sociétés qui forcent les gens à utiliser les drogues. D'abord vous rendez les gens insensibles, puis quand ils deviennent insensibles, certaines drogues peuvent leur donner un peu de sensibilité. Ainsi, sous LSD, vos yeux s'ouvrent, les œillères disparaissent - c'est un changement chimique, le produit chimique enlève les œillères - vous regardez les arbres, et ils ont une beauté extraordinaire qu'ils n'avaient jamais eue auparavant. Les objets ordinaires de la vie - une chaise ordinaire, ou une paire de vieilles chaussures, ont soudainement une qualité de divinité en eux.

Avez-vous vu le tableau de Vincent van Gogh intitulé LES CHAUSSURES ? Il a dû voir quelque chose, sinon qui voudrait peindre une vieille paire de chaussures ? Et elles sont vraiment belles. Il a travaillé dur sur elles.

Juste une paire de vieilles chaussures, mais vous pouvez voir qu'elles sont vieilles, vous pouvez voir qu'elles sont très très expérimentées, vous pouvez voir qu'elles ont beaucoup vécu, qu'elles ont lutté loin, qu'elles ont marché sur de nombreux chemins, connus et inconnus, qu'elles ont souffert. Toute leur vie est là.

On soupçonne les peintres d'avoir une sorte de LSD incorporé en eux, c'est pourquoi ils voient les choses si joliment d'une manière que les gens ordinaires ne voient pas. Van Gogh a peint une chaise. Personne ne peut voir la beauté de cette chaise, mais lui a dû la voir.

Lorsque Aldous Huxley a essayé le LSD 25 pour la première fois, il était assis devant une chaise. Ce jour-là, il a réalisé ce que van Gogh avait dû voir sur une chaise. Soudain, ses œillères enlevées, forcées par les produits chimiques, ses yeux propres et innocents, il vit la chaise rayonner de milliers de couleurs - la chaise devint un arc-en-ciel, si beau qu'aucun KOHINOOR ne pouvait rivaliser avec lui.

Après quelques heures, quand l'effet du LSD s'est dissipé, la chaise était à nouveau la même. Que s'est-il passé ?

La chaise a changé ? Il a pris du LSD, la chaise n'a pas pris de LSD. Ses œillères ont été enlevées.

Et je vous dis que les drogues ne peuvent être évitées que si l'on crée une société qui abandonne ses œillères.

Sinon, ils persisteront. Les noms diffèrent - et c'est vraiment beau les gens qui boivent de l'alcool, ils sont contre le LSD. L'alcool est une drogue ! Il peut être vieux, ancien, traditionnel, mais c'est une drogue. Le magistrat sera un alcoolique et il enverra une personne en prison parce qu'elle a pris du LSD ! Il n'y a pas de problème avec le LSD si l'alcool n'a pas de problème. Le LSD est juste un nouveau venu - meilleur, plus développé, plus scientifique.

Je ne dis pas : Prends du LSD. Je ne dis pas : Passez à la drogue. Je dis : Enlevez vos oeillères. Si vous enlevez vos oeillères, vous n'aurez plus besoin de drogues. Vous vivrez alors chaque vingt-quatre heures dans un émerveillement si profond qu'aucune drogue ne pourra y ajouter. Au contraire, si une personne qui vit une vie, une vraie vie comme Lao Tseu, reçoit du LSD, de l'alcool ou quoi que ce soit d'autre, elle aura l'impression d'avoir été tirée vers le bas de son état élevé. Elle ne sera pas prête à l'accepter.

Si Bouddha, Mahavir, Krishna et Lao Tseu sont contre les drogues, c'est parce qu'ils vivent sur un sommet de conscience tellement élevé que si vous droguez cette conscience, elle s'effondre.

À moins que l'homme ne parvienne à un état supérieur de compréhension et d'innocence, ce qu'aucune drogue ne peut lui apporter, les drogues continueront. Les lois continueront, les drogues continueront. Rien ne change parce que les œillères sont là.

Vous n'entendez pas ! Vous êtes juste comme - vous êtes comme un avion qui a été conçu pour voler, mais quelques personnes primitives s'en sont emparées. Ils ne pouvaient même pas imaginer que ce mécanisme pouvait voler, alors ils l'utilisaient comme un char à bœufs, auquel étaient attelés des chevaux ou des bœufs. Peu à peu, certaines personnes se sont intéressées au fait qu'il semblait y avoir une sorte de mécanisme à l'intérieur. Ces curieux ont commencé à travailler dessus, à découvrir, à tâtonner dans le noir, et un jour, une personne a démarré le moteur. Alors ils ont enlevé les bœufs et ils ont utilisé l'avion comme une voiture.

Puis des personnes dangereuses ont essayé de lui donner le plus de vitesse possible. Soudain, un jour, il s'est envolé accidentellement. Ils ont alors compris qu'il était destiné à voler et non à être un char à bœufs.

Telle est votre situation. Vous étiez censé voler et vous êtes devenu un char à bœufs, un fardeau, et vous ne pouvez être heureux que si vous atteignez le fonctionnement total de votre être. C'est ce que nous entendons par "Dieu" : un homme qui a atteint le fonctionnement total de son être. S'il est censé être un avion, il est devenu un avion. Cet homme est divin.

Vous vivez en dessous, c'est pourquoi vous êtes toujours au plus bas. Quand vous êtes bas, vous devez vous forcer à vous relever d'une manière ou d'une autre. Mais vous ne pouvez pas rester en haut assez longtemps. Vous pouvez sauter, mais vous tombez aussi.

Découvrez votre sensibilité. Vos oreilles peuvent entendre la musique qui est au cœur de l'existence. Vos yeux peuvent voir l'invisible qui est caché derrière tous les visibles. Vos mains peuvent toucher ce qui ne peut être touché. Tu peux tomber amoureux de ce qui est le tout. Alors la vie est simple.

Si vous fonctionnez parfaitement, si votre être intérieur bourdonne d'un fonctionnement parfait, tout est simple et facile. Sinon, tout est difficile, très difficile, et vous continuez à essayer. Et plus vous essayez, plus cela devient difficile. C'est le problème de l'homme moderne.

Dans les temps anciens, les gens étaient mieux lotis parce qu'ils n'avaient pas fait autant d'efforts. L'homme moderne est vraiment en difficulté parce qu'il essaie trop fort de vivre ce qui peut être vécu facilement. Vous vous acharnez inutilement et vous rendez la chose impossible.

Maintenant les sutras de Lao Tseu :

MES ENSEIGNEMENTS SONT TRÈS FACILES À COMPRENDRE...

Mais si vous avez de la compréhension, alors seulement. La chose que vous appelez maintenant compréhension n'est pas la compréhension. C'est peut-être de l'intelligence, mais ce n'est pas de la compréhension.

Quelle est la différence entre l'intelligence et la compréhension ? L'intelligence comprend les mots, les concepts, la logique, les preuves, les arguments. La compréhension va plus loin. L'intelligence est juste à la surface, large mais pas profonde. L'intelligence peut être très vaste - un homme peut savoir des milliers et des milliers de choses, un homme peut devenir une encyclopédie vivante, mais cela ne signifie pas qu'il est devenu compréhensif. Plus son savoir est vaste, et plus il est vaste, moins il y a de possibilité de profondeur. Si vous le forcez à aller en profondeur, il va commencer à suffoquer.

La compréhension est une intelligence qui se déplace en profondeur. La connaissance, c'est l'intelligence qui va de plus en plus loin.

L'intelligence est quantitative, c'est pourquoi elle peut être mesurée - elle est quantitative. Les psychologues ont une mesure pour cela : le QI, le quotient intellectuel. Le degré d'intelligence que vous avez peut être mesuré.

Mais personne ne peut mesurer le degré de compréhension que vous avez. Ce n'est pas du tout une quantité, alors comment pouvez-vous la mesurer ? C'est une qualité, en profondeur. Et la compréhension ne dépend en aucun cas de la capacité de connaissance, elle dépend de la conscience - c'est là toute la différence.

Vous pouvez continuer à lire beaucoup de choses - pas besoin d'être conscient, il suffit de bachoter, la mémoire continue à absorber des choses. Si vous voulez comprendre, vous devez être alerte, vigilant. Ce n'est pas une question de mémoire, c'est une question de voir la vérité.

Vous pouvez m'entendre de deux façons. Vous pouvez m'entendre avec intelligence, et votre intelligence, peut dire : Oui, cet homme semble logique ou, il semble illogique. Votre intelligence peut dire : Oui, je suis d'accord avec cet homme, ou, je ne suis pas d'accord. Mais tout cela est superficiel. Si vous écoutez ce que je dis avec vigilance, sans esprit qui juge continuellement, mais en le pénétrant simplement, en regardant la vérité de ce que cet homme dit, en le pénétrant profondément, en le regardant de part en part, vous arriverez à la compréhension. Et la compréhension n'est ni pour ni contre, elle est simplement compréhension - l'intelligence est pour et contre.

Si vous me comprenez, vous ne serez pas pour moi, vous ne serez pas contre moi, vous vous réjouirez simplement de moi et passerez votre chemin. La compréhension est une dimension totalement différente. L'intelligence se déplace horizontalement, la compréhension se déplace verticalement.

Si vous voulez accumuler des connaissances, alors l'intelligence est nécessaire. Si vous voulez DEVENIR CONNAISSANT, alors la compréhension est nécessaire.

Il se peut que si vous rencontrez Lao Tseu quelque part sur la terre, vous ne le trouviez pas très intelligent. Si vous lui posez des questions, il ne sera peut-être pas capable d'y répondre. Mais si vous l'observez, vous pourrez constater sa compréhension. Il n'est peut-être pas un homme de savoir, mais il doit être un homme de connaissance.

Si vous vous contentez d'écouter ses paroles, il peut sembler inculte, sans culture, mais si vous regardez son être, vous verrez ce qu'il cache en lui : le cœur le plus pur possible. Et c'est cela qui compte finalement, qui compte enfin, parce que personne ne vit par la connaissance, il faut vivre par l'être.

Gurdjieff avait l'habitude de demander à ses disciples, chaque fois que quelqu'un voulait être initié, il demandait : "Qu'est-ce qui t'intéresse, la connaissance ou l'être ? C'était difficile pour une personne qui n'avait pas cherché profondément ; quelle était la différence ? La connaissance ou l'être ? Gurdjieff avait l'habitude de dire : Voulez-vous savoir davantage ou voulez-vous ÊTRE davantage ? Le fait d'ÊTRE PLUS EST la voie de la compréhension.

On recueille l'ÊTRE, pas les mots, les concepts et les philosophies.

MES ENSEIGNEMENTS SONT TRÈS FACILES À COMPRENDRE ET TRÈS FACILES À METTRE EN PRATIQUE.

En fait, aucune pratique n'est nécessaire. C'est la signification de TRES FACILE À PRATIQUER. Si vous comprenez, la compréhension même devient la pratique. C'est le sens du célèbre dicton de Socrate :

La connaissance est une vertu. Il a utilisé un mauvais mot - il était grec, nous pouvons le pardonner - il aurait dû utiliser CONNAISSANCE ou COMPRÉHENSION. Il a dit que la CONNAISSANCE EST une vertu, il voulait dire que la COMPRÉHENSION est une vertu.

Si tu comprends une chose, comment peux-tu faire quelque chose contre elle ? Si je sais bien que la porte est ici, comment puis-je essayer de passer à travers le mur ? Si je le sais, est-il nécessaire de le pratiquer ? La pratique ne vient qu'en remplacement de la connaissance.

Si vous connaissez vraiment une chose, il suffit de la pratiquer, il n'est pas nécessaire de faire quoi que ce soit pour l'obtenir.

C'est la signification de : les comprendre est très facile et leur pratique est très facile. En fait, la compréhension EST la pratique.

L'avez-vous observé dans votre propre vie ? Si vous comprenez une chose, vous demandez-vous comment la mettre en pratique ? Si vous ne la comprenez pas, si vous l'accumulez seulement comme une connaissance, alors bien sûr la question se pose : Comment la mettre en pratique ? La connaissance a besoin de la pratique. La compréhension est la pratique elle-même. Dès que vous comprenez une chose, elle vous transforme immédiatement. La compréhension n'est pas graduelle, elle est soudaine. En une fraction de seconde, vous êtes un homme totalement différent.

J'ai entendu une vieille histoire. Un grand bijoutier est mort. Il avait laissé de nombreuses pierres précieuses à sa femme, et celle-ci était en difficulté. Elle a donc appelé un autre bijoutier, un ami de son défunt mari, pour vendre ces pierres.

Il a regardé dans les pierres et il a dit : Garde-les. En ce moment, le marché ne va pas bien, et elles ne rapporteront pas grand-chose. Gardez-les, quand je verrai que le bon moment est venu, nous les vendrons.

Mais, envoyez votre fils à mon atelier tous les jours pour que je puisse lui apprendre l'art.

Les années passèrent. Puis la femme dit à nouveau : Ces pierres sont posées là, et nous sommes pauvres et en difficulté, maintenant vendez-les. Le bijoutier dit : Je viendrai aujourd'hui.

Le bijoutier arriva. Il a amené le fils de la femme qui avait appris l'art de la joaillerie avec lui et il a dit au garçon : Maintenant, apporte ces pierres. Le garçon a ouvert la boîte, a regardé les pierres. Elles étaient inutiles. Le garçon a ri, est sorti et a jeté la boîte entière sur la route.

La mère a commencé à pleurer : Qu'est-ce que tu fais ? Le garçon a dit : Ils sont tous inutiles. Ils n'ont pas de valeur du tout, pas même semi-précieux.

Mais pendant des années, la femme les avait gardés comme un grand trésor, les protégeant, alors elle a demandé à l'ami de son défunt mari : Pourquoi n'as-tu pas dit cela avant ? Il répondit : Alors tu ne m'as peut-être pas cru. Ils étaient inutiles, mais tu ne m'as peut-être pas cru parce que cela n'aurait été qu'une connaissance pour toi. Il aurait été difficile de me faire confiance. C'est pourquoi j'ai demandé à votre fils d'être formé. Maintenant il sait. Maintenant, je ne suis pas entre les deux.

Le fils a-t-il attendu un seul instant ? Dès qu'il a su qu'il s'agissait de pierres ordinaires, il est simplement sorti et les a jetées dans la rue. Pas un seul instant n'a été perdu. Ce n'était pas un trésor - terminé !

Il en va de même dans la vie. Si vous comprenez une chose, vous la comprenez. Vous ne demandez jamais : " Comment faire ? Le COMMENT ne vient qu'à une personne bien informée, pas à un homme qui comprend. C'est pourquoi J. Krishnamurti continue à enseigner à ses disciples : Ne demandez pas le comment ! Ecoutez simplement ce que je dis et essayez de comprendre. Soyez conscient ! Et il n'y a pas de "comment" à cela. Et ils l'écoutent - bien sûr avec des œillères. Et quand il a terminé et qu'il demande : Maintenant, y a-t-il des questions ? Quelqu'un va forcément venir et dire : Tout ce que vous dites est juste, mais comment le faire ? On passe à côté de l'essentiel. Même un homme de la compassion de Krishnamurti se sent irrité parce que pendant quarante ans il n'a dit qu'une seule chose : la compréhension se suffit à elle-même. Aucun effort n'est nécessaire pour la pratiquer. Si un effort est nécessaire, ce n'est pas une compréhension. Et ce n'est pas par l'effort que l'on atteint la vérité, mais seulement par la compréhension.

MES ENSEIGNEMENTS SONT TRÈS FACILES À COMPRENDRE ET TRÈS FACILES À METTRE EN PRATIQUE. MAIS PERSONNE NE PEUT LES COMPRENDRE ET PERSONNE NE PEUT LES METTRE EN PRATIQUE.

Pourquoi ? Pourquoi personne ne peut les comprendre et personne ne les met en pratique ? Parce que vous êtes dans un tel désordre que le facile semble difficile, le simple semble complexe. Et vous êtes dans un tel désordre que tout ce que vous voyez est déformé. Et alors vous commencez à créer des problèmes et à les résoudre.

Si vous n'élevez pas votre conscience à un autre plan, les problèmes ne changeront pas. J'ai observé, en travaillant avec des milliers de chercheurs, qu'aucun problème ne peut être résolu si votre plan de conscience reste le même.

Un homme est venu me voir quelques années auparavant, il souffrait de constipation depuis longtemps. Un homme très riche, il avait essayé tous les médicaments, tous les remèdes, de l'allopathie à la naturopathie - il avait tout essayé. Il avait assez d'argent à gaspiller, assez de temps, il n'y avait donc aucun problème. Il s'était déplacé dans le monde entier pour se débarrasser de sa constipation, mais plus il avait essayé, plus la constipation s'aggravait : elle était profondément enracinée. Il est venu me voir et m'a dit : Que faire ?

Je lui ai dit : La constipation ne peut être qu'un symptôme, elle ne peut pas être la cause. La cause doit être quelque part ailleurs dans votre conscience. Alors je lui ai dit de faire une chose très simple. Il ne pouvait pas le croire ; il a dit : Comment cela peut-il être possible ? Vous pensez que faire cette chose simple va m'aider ? Est-ce que tu te moques de moi ? Parce que j'ai tout fait, et une chose aussi simple peut-elle m'aider ? Je ne peux pas le croire.

Mais j'ai dit : Vous essayez simplement.

Je lui ai dit de ne faire qu'une seule chose : se souvenir continuellement que "je ne suis pas le corps". Rien d'autre. Bien sûr, il n'arrivait pas à y croire, car en quoi cela allait-il l'aider ?

L'homme est identifié à son corps. Une trop grande identification au corps vous donnera de la constipation.

Vous vous accrochez ! Vous rétrécissez ! Vous ne permettez pas au corps de faire ce qu'il veut. Vous ne lui permettez pas de s'écouler. C'est le sens de la constipation. La constipation est une maladie spirituelle. Il faut se désidentifier du corps.

Rappelez-vous continuellement que "je ne suis pas le corps, je suis un témoin".

Pendant trois semaines, il a essayé et dit : Ça marche. Quelque chose se détache en moi.

Cela doit arriver. Si vous n'êtes pas le corps, le corps commence à fonctionner, vous n'interférez pas, vous ne vous mettez pas en travers du chemin, le corps continue à travailler.

Avez-vous vu un animal constipé ? Aucun animal dans la nature n'est constipé. Dans les zoos, vous pouvez trouver des animaux constipés. Ou des animaux de compagnie, des chiens et des chats, qui vivent avec l'homme et sont infectés par l'humanité, qui sont corrompus par les êtres humains, ils peuvent être constipés. Sinon, dans la nature, il n'y a pas de constipation. Le corps a sa propre voie. Il coule. Il n'est pas gelé, il n'a pas de blocages.

Les blocs sont accompagnés d'une identification.

J'ai dit à l'homme : Ne vous identifiez pas au corps. Gardez la conscience que vous êtes un témoin.

Et ne dites jamais "Je suis constipé", dites simplement "Le corps est constipé, j'en suis témoin".

Le corps s'est relâché. L'estomac a commencé à fonctionner, car rien ne perturbe l'estomac comme le mental. Si vous êtes inquiet, l'estomac ne peut pas bien fonctionner. Si vous êtes identifié au corps, le corps ne peut pas bien fonctionner. C'est pourquoi, lorsque vous êtes très malade, un sommeil profond est nécessaire, car c'est seulement dans le sommeil profond que vous oubliez le corps et que les choses commencent à circuler.

Cela a changé. Mais il est venu me dire qu'une nouvelle chose se produisait : J'ai toujours été avare, et maintenant je ne me sens pas si avare.

Il doit en être ainsi. Parce que l'avarice est profondément liée à la constipation. Cela fonctionne dans les deux sens : si vous êtes avare, vous serez constipé, si vous êtes constipé, vous serez avare. La constipation est en fait une profonde avarice du corps - ne rien laisser partir, ne rien permettre de sortir du corps. Gardez tout fermé !

Changez le plan de votre conscience, et les problèmes commencent à changer.

Une femme est venue me voir - très grosse, et bien sûr elle était devenue laide. Elle avait aussi essayé tous les moyens : régime, gymnastique, yoga, toutes sortes de bêtises qu'elle avait essayées. Rien n'y faisait, elle continuait à grossir de plus en plus. Je lui ai dit : Cela ne semble pas être la vraie cause. Quelque part, au fond, quelque chose d'autre se cache. Ce n'est qu'un symptôme.

Je lui ai parlé - elle est venue plusieurs fois, et peu à peu elle a révélé, sans le savoir, son cœur. Dès son enfance, elle a été enfermée. Elle sent que personne ne l'aime.

Maintenant, si une femme sent que personne ne l'aime, elle devra trouver un responsable, quelque chose de responsable - personne ne peut penser : je ne suis pas aimable. Elle a donc trouvé une excuse dans son corps - personne ne m'aime parce que mon corps est laid. Je ne suis pas laide, mon corps est laid, c'est pourquoi personne ne m'aime. Toute la responsabilité revient donc au corps.

Elle continue à essayer de réduire le poids de son corps mais rien n'y fait, cela ne peut pas arriver, elle continue à se nourrir de plus en plus parce qu'une cause profonde fonctionne là. C'est sa seule protection.

Si le corps reste laid, elle est à l'aise. Personne ne l'aime à cause de son corps. Une fois que le corps devient correct et si personne ne l'aime alors, alors la responsabilité lui incombe.

Elle aura alors le sentiment qu'elle n'est pas aimable - et c'est trop dur à supporter, à affronter.

Une fois que cette chose a fait surface dans son être, les choses ont commencé à changer. Elle mangeait la même chose, mais le poids a baissé : pas de régime, juste l'émergence d'une cause. La comprendre était devenu une transformation. Elle est devenue maigre et mince. Et bien sûr, belle ! Et bien sûr, les gens ont commencé à ressentir son charme.

Tout le monde a un charme. Il n'y a pas un seul être humain qui ne possède pas une magie qui lui est propre. Vous pouvez ne pas la laisser se répandre autour de vous - sinon tout le monde a une belle aura autour de lui.

Et une fois que les gens ont commencé à l'aimer, à ressentir pour elle, elle a commencé à aimer son propre corps. Maintenant le corps était à l'aise. Et quand un corps est à l'aise, il est beau. Tous les corps sont beaux. Mais quelque chose devait être amené à sa compréhension.

C'est là tout l'effort de la psychanalyse en Occident : aider les faits à faire surface pour que vous les compreniez ; la compréhension même vous change. MAIS PERSONNE NE PEUT LES COMPRENDRE ET PERSONNE NE PEUT LES PRATIQUER.

Ni comme vous êtes, il sera très difficile de comprendre Lao Tseu. S'il avait dit : Faites quelque chose, vous auriez pu comprendre. S'il avait fixé un objectif très élevé - atteindre la lune, vous auriez pu essayer.

Mais il dit qu'il n'y a pas de but, pas d'objectif, aucun effort n'est nécessaire pour être, vous êtes déjà là. Tout ce dont vous avez besoin, c'est de participer à la célébration qui se déroule - et c'est une affaire permanente, continue, que vous participiez ou non ne fait aucune différence ; les oiseaux continuent à chanter, les arbres à fleurir, les nuages à se déplacer, les mers à rouler et à chanter, la célébration est un phénomène continu.

Vous pouvez vous isoler, vous tenir à l'écart et souffrir, mais vous pouvez aussi vous installer, vous perdre et faire la fête.

DANS MES PAROLES IL Y A UN PRINCIPE. DANS LES AFFAIRES DE L'HOMME IL Y A UN SYSTÈME.

Ces deux choses doivent être comprises - DANS MES MOTS, IL Y A UN PRINCIPE. Lao Tseu dit qu'il y a seulement un principe. Tao est le principe. TAO signifie être naturel et fluide, être dans un profond laisser-aller, ne pas se battre avec la vie mais la permettre, l'accepter. Ne pas pousser la rivière mais flotter avec la rivière où qu'elle mène. C'est le seul principe de Lao Tseu. Ne vous battez pas avec la vie, sinon vous serez vaincu. Abandonnez-vous, et votre victoire est certaine. Dans l'abandon se trouve la victoire, dans le combat se trouve la défaite. Si vous êtes frustré, cela montre simplement que vous vous êtes battu dur.

Si vous trouvez quelqu'un qui est heureux et victorieux, sachez bien qu'il a compris le principe.

Il ne se bat pas. Il flotte avec la vie, il est sur les vagues.

DANS MES MOTS IL Y A UN PRINCIPE DANS LES AFFAIRES DES HOMMES IL Y A UN SYSTÈME.

Mais dans les affaires des hommes, il n'y a pas un principe mais un système. Lao Tseu dit : "Si vous me demandez, je n'ai qu'un seul principe, et ce principe peut être appelé un profond lâcher-prise, une capitulation. Mais dans les affaires des hommes, il n'y a pas un principe, il y a un système, une chose très compliquée.

Les gens ne sont pas simples mais très compliqués, des puzzles. Ils ne savent même pas eux-mêmes, combien de complexité ils portent en eux. Et cette complexité ne leur permettra pas de comprendre un phénomène simple, un principe simple - que vous faites partie de la vie, une vague dans l'océan.

Ne vous battez pas avec l'océan, c'est stupide. Profite juste de l'océan - tant qu'il dure. Levez-vous avec l'océan, tombez avec l'océan. Ne créez aucune séparation entre vous et l'océan. C'est un principe simple.

Les maîtres zen ont dit qu'un seul mot résout tout. En fait, un seul mot peut tout résoudre. Plus votre philosophie est compliquée, plus vous aurez des problèmes, car toutes les philosophies sont une sorte de blindage, de défense.

Les gens viennent à moi, ils sont tellement accablés de pensées et ils viennent à moi pour rassembler plus de pensées... Je suis leur ennemi si je les accable davantage. Ils ont besoin de se décharger. Ils viennent et disent : Nous sommes venus pour apprendre quelque chose. Et je leur dis : Vous avez déjà trop appris. Oubliez-le, désapprenez-le, laissez-le tomber ! Votre tête est trop lourde, vous êtes trop lourds. Vous êtes tués par votre propre fardeau.

Oubliez tout ce que vous savez ! Le savoir est compliqué. Et le savoir devient une barrière entre vous et la vie.

Les philosophes ratent la vie comme personne d'autre ne la rate. Ils passent à côté de la vie, ils se déplacent parallèlement à elle, mais ils ne la rencontrent jamais, car une grande philosophie les entoure toujours comme un nuage. Ils ne peuvent pas regarder au-delà. Leurs yeux sont remplis de fumée.

Parce qu'ils ne les connaissent pas, ils ne me connaissent pas non plus, et parce que les gens ne peuvent pas comprendre un principe simple, et qu'ils sont toujours intéressés par les systèmes compliqués, c'est pourquoi "ils ne me connaissent pas".

PUISQUE PEU DE GENS ME CONNAISSENT, JE SUIS DONC DISTINGUÉ.

Lao Tseu est simplement paradoxal, mais ses paradoxes sont beaux et indiquent beaucoup de choses. Il dit :

CAR IL Y A PEU DE PERSONNES QUI ME CONNAISSENT - seul un petit nombre peut le connaître ; non pas qu'il soit difficile, mais parce qu'il est si simple que seules les personnes au cœur simple peuvent le connaître. Très peu ! Tous sont corrompus. Seuls les esprits non corrompus peuvent le connaître. Très peu de gens me connaissent, PAR

CONSÉQUENT, JE SUIS DISTINGUÉ. Et il dit que c'est pour cela qu'il est distingué.

D'ordinaire, lorsque beaucoup de gens vous connaissent, vous pensez que vous êtes distingué. Lorsque le monde entier vous connaît, vous vous sentez extraordinaire, superbe, quelque chose de supérieur.

En fait, Lao Tseu a raison. Si beaucoup de gens vous comprennent, cela montre simplement que vous êtes très ordinaire, sinon tant de gens ne pourraient pas comprendre - les gens sont si fous, vous devez avoir une certaine folie en vous, sinon tant de gens ne pourraient pas vous comprendre. Vous devez être du même niveau, du même plan.

C'est pourquoi les dirigeants politiques sont si distingués. Ils viennent des plus basses strates de l'esprit humain.

Ils appartiennent à la qualité la plus inférieure de la conscience humaine. Mais bien sûr, la majorité peut alors les comprendre, car la majorité appartient au même niveau. Ils parlent un langage qui peut être compris par tous.

Un Lao Tseu est rarement compris. En un siècle, si vous pouvez trouver trois personnes pour comprendre Lao Tseu, c'est trop demander. Mais il dit : "C'EST POURQUOI JE SUIS DISTINGUÉ".

Rappelez-vous toujours ceci : si beaucoup de gens vous reconnaissent, que vous êtes quelque chose de supérieur, rappelez-vous que vous devez être inférieur. Sinon, comment tant de gens peuvent-ils vous reconnaître ? Vous devez être sans valeur.

Si tant de personnes vous apprécient, sachez que vous devez être sur de mauvaises bases, sinon tant de personnes ne peuvent vous apprécier.

J'ai entendu parler d'une maison de fous. Un nouveau médecin avait pris la relève. L'ancien était parti à la retraite et un nouveau médecin était arrivé. Toute la maison de fous, les cinq cents fous, ont célébré la journée, ils ont dansé toute la nuit, et ils étaient très heureux. Cela ne s'était jamais produit ainsi ; le docteur avait été dans d'autres maisons de fous rattachées à d'autres hôpitaux, mais nulle part il n'avait été aussi bien accueilli.

Il a demandé aux fous du matin : Pourquoi faites-vous tant de fêtes ? Je ne suis qu'un médecin ordinaire, pourquoi êtes-vous si fous de joie ? Ils répondirent : Vous nous ressemblez tellement. L'autre médecin n'était pas l'un des nôtres. Chaque fois que tant de gens vous apprécient, souvenez-vous de ceci : vous devez leur ressembler. Il doit y avoir quelque chose d'inférieur en vous, quelque chose de bas. Vous ne pouvez pas être très précieux.

Sinon, seuls quelques bijoutiers seront en mesure de comprendre qui vous êtes.

Vous pouvez passer devant Lao Tseu, vous ne pourrez peut-être pas le reconnaître. Vous ne pouvez pas passer devant Alexandre sans le reconnaître. Comment pouvez-vous reconnaître si facilement un Alexandre ? Adolf Hitler ? Mao Tsé-toung ? Pourquoi est-ce si facile ?

Quelque chose en vous réagit. Vous avez aussi un petit Alexandre en vous. Vous aimeriez aussi devenir le conquérant du monde entier. Vous êtes du même type, de la même folie. Cette folie vous permet d'entrevoir qu'il y a là un homme qui est l'image de ce que vous aimeriez être. Vous n'appréciez que les personnes qui sont vos images, vos buts, vos idéaux. Lao Tseu passera, vous ne vous rendrez peut-être même pas compte que quelqu'un est passé.

Nous avons un beau mot pour désigner le Bouddha ; l'un de ses noms est TATHAGATA. Ce mot signifie : qui est venu comme le vent et est passé comme le vent ; ainsi est venu, ainsi est parti. Personne ne pouvait reconnaître quand il venait, quand il partait. Lorsqu'il est parti, les gens reconnaissent soudain que quelqu'un était là, une présence.

On ne sent pas un Bouddha, il vient comme une brise, pas comme une tempête. Alexandre arrive comme une tempête. Le Bouddha a une musique si douce que vous ne pourrez pas l'entendre ; vous vous êtes habitués au marché, à la musique forte, à la musique folle. Ce n'est que lorsque quelque chose devient complètement fou qu'il entre dans votre conscience. Sinon, non.

C'est pourquoi les gens s'intéressent à la politique. La politique est une folie, le jeu de la conscience très inférieure en vous. Vous pouvez le reconnaître. Mais Lao Tseu dit :

PUISQUE PEU DE GENS ME CONNAISSENT, JE SUIS DONC DISTINGUÉ. C'EST POURQUOI LE SAGE PORTE UN TISSU GROSSIER SUR LE DESSUS ET PORTE DU JADE EN SON SEIN.

Un sage ne doit pas être compris par son apparence, car c'est par l'apparence que l'on comprend les imbéciles.

Un sage ne doit pas être compris par ses vêtements extérieurs car ce sont les vêtements utilisés par les empereurs, les politiciens, les généraux, les conquérants. Un sage porte un vêtement grossier, et porte un diamant à l'intérieur.

Si tu as des yeux, alors seulement tu pourras le voir. Si tu as des oreilles, alors seulement tu pourras l'entendre. Si tu es vraiment vivant, si tu fonctionnes au maximum de tes capacités, alors seulement tu seras capable de reconnaître l'existence d'un sage. Et dans cette reconnaissance même, tu es aussi devenu un sage. Si vous pouvez reconnaître un sage dans cette reconnaissance même, vous avez fait un grand pas, car cette reconnaissance même montre que quelque chose a réagi en vous. Un ego a été blessé.

Quel est ce type de paradis ?

Question 1 :

QU'Y A-T-IL AU FOND DES GENS POUR QU'ILS RÉAGISSENT À CE QUE VOUS DITES ET À CE QUE VOUS ÊTES AVEC UN TEL ANTAGONISME ? POURQUOI LES GENS QUI NE SONT PAS D'ACCORD AVEC VOUS NE PEUVENT-ILS PAS VIVRE LEUR PROPRE VIE COMME ILS LE SOUHAITENT ET VOUS LAISSER À VOUS-MÊME ?

La responsabilité n'incombe pas au peuple, mais à moi.

Ils ne font rien. Ils peuvent me laisser à moi-même, c'est moi qui ne les laisse pas à eux-mêmes. Ils ne font que réagir, et leur réaction est naturelle. Il en a toujours été ainsi, et il en sera toujours ainsi.

Je suis un rebelle. Tout ce que je dis va absolument à l'encontre de leur conditionnement. Ils ont été conditionnés à voir la vie d'une certaine façon, à penser d'une certaine façon, à vivre d'une certaine façon. Ce que je dis les dérange.

Et je le fais en connaissance de cause, je dois les déranger, sinon il ne peut y avoir de transformation dans leur vie.

Et dès que vous dites quelque chose qui déstabilise le vieil esprit, le vieil esprit se met sur la défensive.

Il n'y a rien de mal à cela - c'est naturel, parce que le vieil esprit est habitué à un certain modèle de vie qui est facile ; le chemin qui offre le moins de résistance est facile. L'esprit connaît une certaine façon de vivre, puis soudain vous dites quelque chose qui perturbe l'esprit parce que maintenant un problème se pose : si ce qu'ils croient est vrai ou non. Je crée un doute.

Bien sûr, je crée un doute pour leur faire prendre conscience d'une confiance supérieure, mais cette confiance supérieure n'est pas visible pour eux ; ils deviennent seulement hésitants, hésitants ; tout ce qu'ils ont fait devient suspect.

Par exemple, si je dis : Vous allez au temple, et cela ne sert à rien parce que ces temples sont faits par l'homme, et comment l'homme peut-il faire un temple de Dieu ? Tout ce qui est fabriqué par l'homme sera tout au plus humain, pas plus que cela. Si vous êtes vraiment à la recherche du temple de Dieu, vous devez trouver quelque chose qui est incréé, non créé par l'homme.

Mais vous êtes allés dans une église, dans un temple, et vous étiez complaisants, vous étiez consolés par cela, vous aviez une routine fixe, et vous pensiez que tout allait bien, alors je viens soudainement sur votre chemin et je dis : Ce temple est fait par l'homme ! Et vous vous êtes prosternés devant vos propres créations ! Dieu a créé l'homme, l'homme ne peut pas créer Dieu ! Donc si vous voulez vraiment chercher le temple de Dieu, allez vers les horizons les plus vastes de l'existence. L'existence entière est le temple, et à moins que l'existence entière ne devienne le temple, vous n'atteindrez jamais son sanctuaire le plus intime, vous ne serez jamais capable de trouver ce qui est le centre de tout.

Ainsi, vos temples sont des tromperies, des jouets avec lesquels on peut jouer - bien sûr, cela vous dérange.

Un homme qui se rend au temple depuis cinquante ans devient soudainement méfiant - que va-t-il faire ? Il va réagir avec colère. Il va devenir antagoniste envers moi, parce que j'ai été une perturbation dans sa vie.

Mon dérangement était bien intentionné, mais là n'est pas la question. S'il s'approche de moi, je l'aiderai à voir le vrai temple - mais c'est une deuxième chose. Il faut d'abord le convaincre que son temple est faux et pseudo. C'est douloureux.

Lorsque vous vivez dans un rêve et que quelqu'un vous réveille soudainement, vous vous sentez en colère. Et si le rêve était beau, agréable, doux, le réveil va être douloureux et une souffrance. C'est pourquoi ils ont crucifié Jésus. Les gens qui ont crucifié Jésus n'étaient pas de mauvaises personnes - ne pensez jamais comme ça - ils n'étaient pas de mauvaises personnes. Ils étaient bons, moraux - de très bonnes personnes ; mais ils ont crucifié Jésus parce qu'il dérangeait toute leur façon de penser. Il était un grand destructeur ! Une grande force destructrice ! Il les a fait sortir de leur sommeil, et ils ont voulu rêver, et leurs rêves étaient doux. Jésus devait être crucifié.

Ils ont empoisonné Socrate. Les gens qui ont empoisonné Socrate étaient des gens bien, ce n'étaient pas des forces du mal mais des moralistes, des juges de l'époque, des politiciens, des fonctionnaires sociaux - ils étaient tous ensemble pour empoisonner un homme simple comme Socrate, qui n'avait rien fait d'autre que de parler aux gens.

Mais ce discours était très dangereux, très potentiel, parce qu'il a fait sortir beaucoup de gens de leurs rêves, a sauvé beaucoup de gens de leurs consolations, a choqué beaucoup de gens de leurs croyances mortes - c'était nécessaire, si on veut aider les gens, il faut briser leurs rêves et briser leurs croyances.

Bien sûr, ils réagissent. Il ne faut pas s'en sentir mal. Cette réaction est simple et naturelle. Ils deviennent antagonistes, cet antagonisme n'est rien d'autre qu'une mesure de défense. Ils se défendent.

Ce ne sont pas les gens qui ne me permettent pas de vivre à ma façon. Ils ne peuvent rien faire - je continue à vivre à ma façon ; quoi qu'ils fassent, cela ne fait aucune différence. Ils ont crucifié Jésus mais ils n'ont pas pu perturber son mode de vie. Ils ont empoisonné Socrate, mais ils n'ont pas pu perturber son mode de vie.

Les juges avaient posé un ultimatum à Socrate ; le tribunal estimait que cet homme n'avait rien fait de mal ; ses idées étaient peut-être dangereuses, rebelles, mais il n'avait pas agi de manière injuste ; le tribunal lui a donc donné une dernière alternative : Si tu promets au tribunal que plus jamais tu n'enseigneras aux gens ce que tu appelles la vérité, alors tu pourras être gracié.

Socrate a dit : Il vaut mieux que vous me tuiez. Parce que c'est toute ma profession - parler de la vérité, toute mon habitude, je ne peux pas laisser tomber ça, il vaut mieux que je meure.

Il n'était pas prêt à abandonner son style de vie, sa façon de penser ; il était prêt à abandonner son corps - c'est peu. Non, personne ne peut perturber mon mode de vie, parce que ce n'est pas une chose extérieure, c'est quelque chose de profond en moi où personne ne peut entrer, sauf moi. En fait, c'est exactement l'inverse qui se produit : Je dérange la vie des gens et il est naturel qu'ils réagissent avec antagonisme.

Je n'ai aucune plainte contre eux, aucune rancune, je sais que c'est naturel. Et je ne peux pas faire autrement. Quand je vois que quelque chose est faux, je dois dire que c'est faux. Quand je vois que quelque chose est profondément faux. Je dois dire que c'est faux. Vous aider n'est pas quelque chose que je fais pour vous ; je ne peux pas m'empêcher de le faire.

Il faut le comprendre. De même qu'une lumière ne peut s'empêcher de répandre la lumière, une fleur ne peut s'empêcher de répandre le parfum, quel qu'en soit le coût, et quel qu'en soit le résultat - ce que je vois, je dois le dire.

Il ne s'agit pas de ma décision de dire ou de ne pas dire. C'est comme une fleur qui s'ouvre et dont le parfum se répand ; que les gens aiment ou non, ce n'est pas la question. S'ils l'aiment, ils seront aidés rapidement ; s'ils ne l'aiment pas, ils seront aidés un peu plus tard, c'est tout.

Question 2 :

QUAND TOUT CE QUE JE CONNAIS DE L'AMOUR, CE SONT SES ATTACHEMENTS, COMMENT PUIS-JE LES LAISSER TOMBER ? TOUT CE QUE JE PEUX VOIR, C'EST L'EGO QUI S'ACCROCHE À CE QU'IL CROIT ÊTRE L'AMOUR.

Quand tu dis : "Quand tout ce que je connais de l'amour, ce sont ses attaches, comment puis-je les laisser tomber ?".

vous ne comprenez pas correctement votre esprit. Si vous savez vraiment que ce sont des attachements, ils tombent.

Alors il n'y a pas de question de COMMENT les laisser tomber. Le COMMENT ne vient que lorsque la compréhension n'est pas mûre.

Si vous voyez simplement que quelque chose est un déchet, vous le jetez ! Vous me demandez : Je sais que ces diamants ne sont pas de vrais diamants, ce ne sont que des faux, des imitations, comment puis-je les jeter ? - tu demandes ceci.

Si vous avez vu le fait, si vous avez réalisé la vérité qu'ils sont faux, est-il nécessaire de les laisser tomber ? Y a-t-il une question possible sur la façon de les laisser tomber ? Vous les laissez simplement tomber ! Cet abandon n'est même pas un effort de votre part - il se produit. Sachant bien que cela ne sert à rien, il s'en débarrasse. Je voudrais dire : elle se laisse tomber elle-même, et non pas que vous la laissez tomber. Quand une fausseté est connue en tant que fausseté, elle tombe. Quand la contre-vérité est connue comme contre-vérité, elle tombe.

Comment laissez-vous tomber vos rêves ? Vous savez que ce sont des rêves - ils disparaissent. Dès que vous savez que c'est un rêve, il a déjà commencé à disparaître.

Vous dites : QUAND JE NE CONNAIS DE L'AMOUR QUE SES ATTACHES... Non, vous ne savez pas, vous êtes confus ; vous m'avez écouté trop longtemps. Je continue à dire que ce que vous appelez amour est un attachement, et j'ai mis dans votre esprit l'idée que ce que vous appelez amour est un attachement - ce n'est pas VOTRE compréhension, c'est ma compréhension. Pour vous, ce n'est qu'une information. Quelqu'un d'autre vous l'a dit. Vous m'aimez peut-être, vous me faites peut-être confiance, alors vous considérez que cela doit être vrai. Mais la vérité ne peut pas être considérée comme acquise, il faut grandir en elle.

La vérité n'est pas une information. Ce n'est pas quelque chose qui peut être transféré d'une main à l'autre. Même si j'essaie de vous transférer ma vérité, au moment où elle arrivera dans vos mains, elle sera fausse. C'est la nature même de la vérité : intransmissible. Vous devez grandir en elle. C'est votre propre maturité, c'est votre propre réalisation.

Alors n'oubliez pas : en m'écoutant, restez toujours en alerte.

Les pièges sont nombreux, et le plus grand est que, en m'écoutant continuellement, vous pouvez commencer à penser que tout ce que je dis EST VRAI POUR VOUS. C'est la vérité pour moi, sinon je ne l'aurais pas dit, mais ce n'est pas la vérité pour vous. Restez vigilant - c'est la CONNAISSANCE. Ce n'est pas encore la connaissance et la compréhension.

La connaissance est empruntée, la connaissance est votre propre floraison, épanouissement. La connaissance est la vôtre de manière authentique, la connaissance provient toujours d'une source quelconque : Vedas, Bible, Coran, ME. Il vient toujours d'ailleurs.

Et c'est la nature intrinsèque de la connaissance : empruntée, elle pèse. Elle ne vous rend jamais libre. Seul le savoir vous libère, vous délivre. Jésus a dit : La vérité libère. Mais pas la vérité d'un autre. Sinon, tous les chrétiens seraient déjà libérés.

Un chrétien n'est pas libéré. En fait, la vérité de Jésus est devenue SON esclavage. Un Christ est une âme libérée, mais un chrétien ? Il vit dans une prison ; bien sûr, décorée de façon chrétienne. Un hindou vit dans une autre prison, décorée de divinités hindoues, de photos, d'images et de mantras. Un jaïn vit dans une prison jaïn. Leurs prisons sont différentes, mais l'esclavage ? L'esclavage est le même. Vos entraves peuvent être différentes. Il est même possible que vos entraves aient plus de valeur que celles des autres - vous pouvez en avoir des en or, mais cela ne fait aucune différence - vous n'êtes pas encore libéré.

La vérité libère. La vérité de qui ? Comment MA vérité peut-elle te libérer ? Votre servitude vous appartient, comment MA vérité peut-elle couper VOTRE servitude ? VOUS avez créé votre esclavage à partir de votre ignorance, vous devez créer votre propre liberté à partir de votre réalisation de la vérité. Personne d'autre ne peut vous libérer. Seulement toi, et SEULEMENT TOI.

Et ne vous accrochez jamais à l'espoir que quelqu'un d'autre puisse vous libérer. Si cela était possible, un Bouddha aurait suffi, un Jésus aurait suffi, un Krishna aurait tout fait. Il n'y aurait eu aucun besoin.

C'est la différence entre la connaissance scientifique et la CONNAISSANCE religieuse. Lorsqu'un Einstein découvre une vérité scientifique, une fois découverte, elle l'est pour tous. Il n'est donc pas nécessaire de la découvrir encore et encore - ce serait stupide ! Alors même un petit enfant à l'école peut apprendre la vérité de la théorie de la relativité. Mais la vérité du Bouddha ? Ma vérité ? - Non, elle ne peut être apprise de cette façon.

C'est pourquoi il n'y a pas de possibilité d'enseignement religieux. L'éveil est possible, l'enseignement ne l'est pas. Et tous les grands enseignants religieux n'étaient pas du tout des enseignants - ils étaient des maîtres. Ils essayaient de créer des dispositifs dans lesquels VOUS vous éveillez. Ils n'essayaient pas de vous donner des informations.

Bouddha a découvert SA vérité. Cette vérité disparaît avec Bouddha. Il n'en reste rien. Seulement des mots dans l'air. Ces mots que vous pouvez recueillir, vous pouvez devenir très savant, un grand expert, un grand érudit. Mais Jésus n'a pas dit que l'érudition libère. Elle décore votre prison d'une belle manière.

On peut y vivre plus confortablement. Mais il ne libère pas.

La vérité doit être individuelle. Elle doit être fondamentalement la vôtre, ce n'est qu'alors qu'elle tranche le nœud, sinon non.

Vous avez donc dû vous embrouiller. Je continue à vous parler et pendant que je parle, je ne vous donne pas vraiment d'informations. En fait, je crée simplement un dispositif autour de vous pour que dans ce dispositif, dans cette situation, vous puissiez devenir plus alerte.

Par exemple, cette question - pourquoi est-ce que je réponds à cette question ? Je ne vous donne pas une réponse, je crée une situation de réponse. Et cela a une dimension qualitativement différente. Je crée simplement une situation de réponse dans laquelle vous pouvez voir le fait que : Oui, votre propre vérité peut vous libérer, celle de personne d'autre ; dans laquelle vous en arrivez à réaliser, à prendre conscience, que : Oui ! Comment la vérité de quelqu'un d'autre peut-elle me libérer ? Personne n'a créé ta servitude, personne ne peut créer ta liberté. Vous créez votre servitude, vous seul créez votre liberté.

QUAND TOUT CE QUE JE SAIS DE L'AMOUR EST SES ATTACHEMENTS - NON, vous ne savez pas ce qu'est l'amour, vous ne connaissez que les attachements ; et ces attachements que vous ne connaissez pas COMME des attachements, vous les connaissez comme de l'amour, c'est là que tout va mal. Si l'attachement est connu en tant qu'attachement, il tombe. Et j'insiste encore une fois : il tombe - vous ne le laissez jamais tomber.

Juste voir le fait que c'est un attachement, que l'attachement est une servitude - un beau mot pour dire servitude - que l'attachement n'est pas l'amour... juste voir la laideur de l'attachement - il tombe ; alors surgit l'amour. La même énergie qui devenait de l'attachement, libérée de l'attachement devient une énergie totalement différente ; elle devient de l'amour.

Mais il faut que ce soit VOTRE compréhension. Alors regardez. Lorsque vous êtes attaché à une personne, ou que vous sentez que vous l'aimez, observez simplement : Êtes-vous possessif ? Si vous êtes possessif, vous essayez de tuer la personne, car aucune personne ne peut jamais être possédée, seules les choses peuvent être possédées, pas les personnes.

Comment pouvez-vous posséder une personne vivante ? Vous pouvez posséder une maison, vous pouvez posséder une voiture, vous ne pouvez pas posséder un être humain. Comment pouvez-vous posséder un enfant, un mari, une femme ou un être cher ?

Non. L'effort même de posséder dit que vous essayez de tuer la personne et de la transformer en une marchandise, de la transformer en un objet, une possession.

Et tous les amoureux continuent à faire ça. C'est pourquoi il y a tant de conflits. L'amour est toujours - le soi-disant amour bien sûr - toujours une lutte continuelle entre les amants : tous deux essaient de posséder l'autre.

La possession fait naître la jalousie, la peur que l'autre puisse déménager, aller vers quelqu'un d'autre, que la femme ne vous aime plus, ou que l'homme commence à aimer une autre femme. C'est alors que la jalousie apparaît.

La jalousie est l'ombre de la possessivité. Et quand la jalousie surgit, la peur surgit. Toute la beauté de l'amour est perdue, tout est devenu une maladie, un malaise.

L'amour ne possède jamais, car l'amour sait que l'amour n'est possible que dans la liberté totale. Quand l'autre est totalement libre, alors seulement l'amour est possible. L'amour est un événement de liberté totale. Lorsque l'autre n'est en aucune façon asservi, mais libre de donner, libre de ne pas donner, TOTALEMENT libre - alors seulement le don est beau.

Lorsque quelqu'un vient vous donner son amour sans le demander, sans rien exiger en retour, cela a une beauté, ce n'est pas de ce monde, cela a une qualité surnaturelle, c'est sacré.

C'est pourquoi tout amour au début est beau : parce qu'au début il n'y a pas d'attente, au début il n'y a pas de possessivité. Vous rencontrez quelqu'un, un étranger dans le train - comment pouvez-vous posséder ? Comment pouvez-vous lier l'autre à vous ? Comment pouvez-vous vous attacher ? Comment pouvez-vous être jaloux ? Non, la chose est si nouvelle. Au début, chaque amour donne un beau parfum, une bénédiction, mais plus vous connaissez la personne, plus l'esprit rusé commence à créer des politiques.

L'attachement est la politique, l'amour est la religion.

Posséder une autre personne est politique. Posséder un pays entier est l'effort des politiciens. Posséder un autre être est l'effort, à petite échelle, d'être politique, de dominer, de dicter, de contrôler, de manipuler ; votre ego est renforcé. Vous commencez à tuer.

Plus l'amour s'installe, plus l'amour meurt. Quelque chose d'autre surgit. Alors il n'y a plus qu'un cadavre, un souvenir mort. Quelque chose était beau - pense chaque amoureux : Que se passe-t-il ? Qu'est-ce qui ne va pas ?

Quelque chose est beau au départ, alors où est-ce que tout va mal ? Dès que l'esprit entre en jeu - l'esprit est le plus grand politicien qui soit.

Dans les premiers moments de l'amour, l'esprit ne fonctionne pas, il est étourdi. Le cœur fonctionne. Ne pas connaître le terrain, ne pas connaître l'autre - exactement qui il est, comment il est, ce qu'il est, comment pouvez-vous manipuler ? Non, la manipulation n'est pas encore entrée. Vous vous déplacez dans un territoire inexploré, sans carte ; vous vous déplacez dans l'inconnu.

Le début est innocent, c'est vierge. Puis, plus vous vous sentez à l'aise, installés - les choses se sont arrangées, maintenant vous savez que l'autre est là, et vous êtes là, et vous êtes engagés l'un envers l'autre - maintenant l'esprit entre par la porte arrière. Il essaie de posséder le cœur ; maintenant l'amour devient attachement, possessivité, jalousie, peur - tout devient laid. Quand l'amour devient laid, il devient le plus laid.

Lorsque vous tombez d'un pic, vous tombez tout au fond du puits. Plus le pic est élevé, plus la vallée sera grande. Pour cette raison, les penseurs sociaux ont choisi le mariage. Toutes les anciennes cultures ont adopté le mariage - ne donnez pas du tout le premier aperçu, parce que ce premier aperçu donnera toujours une comparaison.

Le mariage signifie vivre ensemble avec une personne sans la gloire initiale et l'innocence initiale de l'expérience. Il n'y a pas de sommet dans le mariage, c'est une affaire arrangée. On ne tombe jamais dans la vallée.

Le mariage est sûr. L'amour est dangereux.

Mais je suis en faveur de l'amour parce que je suis en faveur du danger. La vie est dangereuse, la mort est sûre.

Le mariage est comme la mort, absolument sûr - aucun problème ne surviendra. Mais c'est la mort, même si aucun problème ne survient. Il n'est pas vivant ! Avec l'amour, des millions de problèmes surviendront, mais c'est ainsi que la vie se développe - en faisant face, en rencontrant, en souffrant, en grandissant, en traversant la vallée dangereuse, en tombant plusieurs fois et en se relevant, et en essayant d'atteindre le sommet encore et encore et encore. C'est grâce à tous ces efforts que l'on grandit.

L'amour a disparu du monde à cause de l'esprit. Les gens ont pris conscience que si vous tombez amoureux, si vous permettez aux gens de tomber amoureux, ils deviennent rapidement malheureux. Une personne mariée n'est jamais malheureuse ; jamais heureuse bien sûr, mais jamais misérable non plus. Il s'est installé sur un terrain plat, il se déplace sur l'autoroute - tout est propre, réglé. Aucun danger. Il ne se déplace jamais dans la forêt, dans l'inconnu. Il se déplace toujours avec une carte, et à chaque carrefour, il y a une borne indiquant le chemin, où aller et quoi faire. Il vit comme un canal, pas comme une rivière - il coule et se déplace et cherche, sans savoir où se trouve l'océan.

N'oubliez pas que lorsque vous êtes amoureux, soyez très vigilants, rien d'autre ne nécessite plus de vigilance. Si vous voulez que la pureté de l'amour se développe, ne laissez pas le mental interférer ; vivez dans l'inconnu, n'essayez en aucun cas de sécuriser l'avenir. Ce moment devrait être le seul moment. L'ici-maintenant devrait être le seul espace.

En ce moment, vous êtes amoureux - parfaitement beau ; soyez amoureux. Ne pensez pas au moment suivant, à ce qui va se passer. Personne ne le sait. Et personne ne peut le planifier. Et toutes les planifications tournent mal.

La vie reste une affaire inconnue - et c'est pourquoi elle est si belle. Le moment suivant est toujours une surprise inconnue. N'essayez pas de le rendre prévisible. Un bien-aimé est imprévisible, une épouse prévisible.

Dès qu'une personne devient prévisible, elle est morte. Lorsque l'humanité sera plus consciente, le mariage disparaîtra. Non pas que les gens ne seront pas ensemble, mais c'est seulement à ce moment-là que les gens seront ensemble ; aujourd'hui ils vivent ensemble mais ils ne sont pas ensemble. Ils vivent dans la même maison mais ils ne vivent pas dans la même maison. Ils sont physiquement ensemble, spirituellement éloignés.

De vastes distances existent entre les gens. Pas de communication, pas de communion. Ils peuvent faire l'amour l'un avec l'autre - cela aussi est une chose physique. Et lorsque l'amour est uniquement physique, c'est comme si vous aviez un avion avec quatre moteurs et qu'un seul fonctionnait. Il est déséquilibré et risque toujours de tomber. Lorsque les quatre moteurs fonctionnent, c'est ce que je vous ai dit et redit :

un moteur est le sexe, un autre moteur est l'amour, le troisième moteur est la prière, le quatrième moteur est la méditation. Lorsque les quatre moteurs fonctionnent en accord, dans une profonde harmonie, alors vous savez ce que c'est d'être ici, ce que c'est d'ÊTRE !

Puis vous devenez religieux - non pas que vous alliez dans un temple ou un GURUDWARA ou à l'église ; soudain, quand vous fonctionnez dans une profonde harmonie, votre être tout entier étant un concert musical, un orchestre, toutes les notes tombant ensemble, se rencontrant et fusionnant en un tout, quand vous êtes à l'unisson - c'est ce que nous avons appelé en Inde SAMADHI, atteindre l'absolue at-homeness, l'unité, de votre être - alors vous vous sentez reconnaissant, alors vous vous inclinez simplement. Non pas qu'il y ait un Dieu et que vous vous prosterniez devant lui, non, vous vous prosternez simplement par gratitude - non pas qu'il y ait un Dieu, mais parce qu'il y a de la gratitude.

Rappelez-vous l'importance que je donne à la gratitude, pas à Dieu. Tous les concepts de Dieu sont enfantins, anthropomorphiques. L'homme a créé Dieu à son image.

Non pas que Dieu existe, mais soudain, lorsque vous fonctionnez à merveille, que vous vous sentez si bien, qu'un profond bien-être vous entoure, une profonde gratitude surgit comme un pilier de lumière en vous. Elle pénètre tous les cieux ; elle va au plus haut, elle va au plus profond ; soudain vous vous prosternez - pas devant quelqu'un, rappelez-vous, vous vous prosternez simplement dans une profonde gratitude parce que vous ne savez pas maintenant quoi faire - une telle bénédiction ! une telle bénédiction ! une telle extase - que faire ? Vous vous prosternez simplement dans une profonde gratitude DEVANT LE TOUT. Vous devenez une personne pieuse.

H. G. Wells a dit de Bouddha, et j'aime le citer encore et encore, qu'il n'y a jamais eu d'homme PLUS SANS DIEU ET PLUS JUSTE. Il a dit de Bouddha que Bouddha est le plus grand des hommes.

et l'homme le plus pieux de toute l'histoire de l'humanité. Il l'est. Il ne croit en aucun Dieu, mais vous ne pouvez pas trouver un être plus divin.

Une gratitude absolue. Une profonde gratitude.

Restez vigilants, car si l'amour devient attachement, vous ne pourrez jamais fonctionner dans votre totalité. L'énergie s'est déplacée dans une mauvaise direction. Ne laissez pas l'amour se transformer en attachement, restez vigilants ! Laisse à l'amour une liberté absolue, même si parfois c'est douloureux - ça l'est. Mais cette douleur est aussi belle.

Lorsque vous souffrez pour la liberté, cette souffrance est bonne. Lorsque vous êtes confortable à cause de l'esclavage, ce confort est mauvais.

J'ai entendu une histoire, celle d'un homme, un grand prêtre, qui rêva une nuit qu'il se trouvait dans un endroit magnifique, dormant sous un arbre, une brise fraîche passant, un parfum subtil de fleurs, des oiseaux chantant ; il ne pouvait pas imaginer un moment plus céleste. Il regarda autour de lui - c'était vraiment paisible, magnifique. Il pensait dans son esprit qu'il devait être au paradis ! Mais il avait faim, alors il a pensé : Mais où trouver de la nourriture ? Je me sens affamé. Soudain, un ange est apparu, avec une nourriture délicieuse, et il avait tellement faim qu'il n'a pas pris la peine de demander : "D'où vient cette nourriture, et qui êtes-vous ? Il mangea. Puis il voulut de l'eau, l'eau apparut d'un autre ange ; puis il eut envie de dormir à nouveau, très fatigué, alors il dit : Mais où dormir ? Il n'y a pas de lit. Un lit est apparu du néant, à l'improviste. Il dormit. Quand il se réveilla à nouveau, il eut un peu peur. Que se passait-il ?

Maintenant, il voulait faire quelque chose. Il se sentait plein d'énergie, alors il a dit à nouveau dans son esprit : S'il vous plaît, envoyez un ange, je voudrais faire quelque chose. Un ange apparut. Il dit : Je voudrais faire quelque chose, maintenant je suis plein d'énergie, reposé. L'ange répondit : C'est difficile. Nous pouvons te fournir tout ce que tu demandes, mais il est interdit de faire quelque chose ici. Tu ne peux rien faire - tu peux te reposer ! Tu peux être confortable, aussi confortable que tu le souhaites. Tout ce dont tu as besoin, tu n'as qu'à le demander, et nous te le fournirons.

Quelques jours ont passé, puis l'homme s'est senti très très ennuyé : il ne pouvait rien faire et tout lui était fourni - sur commande, immédiatement, sans délai. Un jour, il dit : Quel genre de paradis est-ce là ?

Il aurait mieux valu que je sois jeté en enfer. L'ange est apparu et a dit : Où crois-tu être ? C'est l'enfer.

J'aime cette histoire. L'enfer doit être très confortable. Il doit être absolument confortable, de sorte qu'aucune vie n'est nécessaire. Tout est fourni et vous devenez mort, vous végétez ; vous ne vivez pas.

N'essayez pas de rendre votre vie seulement confortable. C'est ainsi que l'amour devient attachement - vous avez peur des changements. L'être aimé peut partir. Demain, ce ne sera peut-être plus pareil, alors vous prenez des dispositions.

Vous allez au tribunal pour vous faire enregistrer, de sorte que lorsque demain la bien-aimée veut partir, ou le mari veut partir, le tribunal les obligera à ne pas partir.

Dans tous les pays, le mariage est très facile, le divorce difficile. Il devrait en être autrement. Le mariage devrait être très très difficile. Les gens devraient être mis en période d'essai, de sorte que vous attendiez trois ans, puis vous vous mariez - il n'y a pas d'urgence. Et le divorce devrait être immédiat.

Mais non, le mariage est absolument facile ; si vous voulez vous marier, il suffit d'aller au tribunal, de le dire, et vous êtes mariés. Personne ne s'en préoccupe, car c'est à vous d'entrer en enfer - si vous le voulez, vous y allez ; mais si vous voulez en sortir, alors toute la loi et la force de la loi vous en empêcheront.

La société vit pour le confort. Seuls de rares individus choisissent la souffrance - pour grandir. La société est une mort collective ; elle se traîne en quelque sorte.

Ne permettez pas que votre amour devienne un attachement - mais que ferez-vous ? Restez vigilant, il n'y a rien d'autre à faire. Soyez simplement intensément vigilant ; cette intensité de conscience est un feu ; dans ce feu, l'amour reste pur ; il ne devient pas un esclavage, et il n'essaie pas de manipuler l'autre. L'amour devient alors la porte de la prière.

S'il tombe, il devient un enfer et se transforme en attachement, en possessivité, en jalousie, et alors vous souffrez, alors c'est un cauchemar. Alors il est préférable de ne pas tomber amoureux. Restez seul et souffrez seul. Pourquoi créer de la souffrance pour quelqu'un d'autre ?

Lorsque vous faites entrer l'autre, lorsque vous évoluez dans une relation, rappelez-vous que la relation ne peut se développer que dans la liberté. Ne devenez jamais un esclave et n'essayez jamais de faire de quelqu'un un esclave. Tel devrait être notre credo.

Et vous dites :

TOUT ce que je vois, c'est l'ego qui s'accroche à ce qu'il croit être l'amour - cela aussi n'est pas votre compréhension. Si vous pouvez voir l'ego, vous l'avez transcendé. QUI voit l'ego ? Qui voit l'ego s'accrocher ? Vous devez avoir transcendé, vous devez être devenu un témoin. Et quand on devient un témoin, l'ego disparaît comme une goutte de rosée disparaît dans le soleil du matin.

Il disparaît tout simplement. Il ne peut pas rester dans la lumière, le feu et la chaleur du témoignage - il disparaît tout simplement. C'est un phénomène nocturne. Il ne peut vivre que dans l'obscurité.

Non, c'est l'ego qui voit, rien d'autre n'est arrivé.

Il est très difficile de voir l'ego, car il est très subtil. La chose la plus subtile au monde est l'ego, plus subtile que les atomes, les électrons, plus subtile que n'importe quelle énergie, parce qu'il est si insaisissable que vous ne pouvez pas le saisir. En fait, il est inexistant, c'est pourquoi vous ne pouvez pas vous en emparer. Mais si vous devenez alerte - plus vous êtes alerte, moins il y a d'ego à voir - un moment vient où vous êtes parfaitement alerte, toute l'énergie est transformée, il n'y a pas d'ego.

Ne cherchez donc pas à acquérir des connaissances auprès de moi. Cela ne vous aidera pas ; au contraire, cela vous gênera. Parce que vous penserez que maintenant vous savez, et que vous ne savez pas. Restez toujours attentif à votre ignorance, car l'ignorance a des possibilités, la connaissance aucune. Si vous êtes ignorant, vous pouvez devenir un jour un savant, mais si vous devenez savant, toutes les portes sont fermées.

Question 3 :

JE SENS QU'IL EST PLUS FACILE D'ÊTRE DÉTENDU ET NATUREL AUTOUR DE VOUS QUE DANS LE MONDE. MAIS PAS DANS VOTRE ASHRAM. POURQUOI CELA ?

L'ashram fait également partie du monde, l'ashram ne fait pas partie de moi - ne peut pas l'être.

Avec moi, c'est totalement différent. L'ashram fait partie du monde, du marché. L'ashram ne peut pas faire partie de moi. Je partirai un jour, l'ashram sera là, encore plus établi qu'il ne l'est aujourd'hui.

maintenant. Je disparaîtrai de ce monde tôt ou tard, l'ashram peut continuer pendant des siècles - il fait partie du monde. Le christianisme fait partie du monde, pas le Christ.

Ainsi, avec moi, vous pouvez vous sentir détendu et naturel, car je ne vous impose rien. Si j'essaie de vous imposer quoi que ce soit, vous ne vous sentirez pas libre et naturel. Je vous donne la liberté parce que j'aime la liberté, mais l'ashram ne peut pas vous donner la liberté, l'ashram fait partie du monde, du monde terrestre. Vous devez garder cette distinction à l'esprit. Ne m'identifiez pas à l'ashram.

Je suis peut-être un invité ici, comme vous l'êtes, mais je suis aussi un étranger. Cet ashram n'est pas le mien - aucun ashram ne peut l'être. L'ashram existe pour d'autres fonctions. C'est une organisation ! Une organisation doit être une organisation. Règles et règlements. Comment pouvez-vous y être libre ? Vous ne pouvez pas être. Mais vous devez souffrir l'ashram pour moi. Alors ayez pitié de lui et ne soyez pas perturbé.

Question 4 :

JE NE ME SENS PAS SINCÈRE ENVERS TOI. JE NE FAIS PAS CE QUE TU ME DIS DE FAIRE. POURQUOI ?

Il n'y a pas besoin de se sentir sincère envers moi. Qui t'a dit de te sentir sincère envers moi ? Je ne te l'ai jamais dit. Mais tu es un grand créateur de culpabilité. Vous continuez à créer des sentiments de culpabilité. Maintenant c'est une nouvelle culpabilité, comme si tu commettais un péché. Vous ne vous sentez pas sincère envers moi. Je ne me sens jamais sincère envers vous, alors pourquoi vous donner cette peine ? Je me sens sincère pour moi-même, vous vous sentez sincère pour vous-même. Et si tu veux faire une certaine chose, fais-la ! Si tu ne veux pas faire une certaine chose, tu ne la fais pas !

Je ne suis pas ici pour vous imposer ma volonté, car cela créerait une servitude, un esclavage. C'est ce que toutes les religions ont fait. Je vous aide simplement à voir le jeu dans son ensemble, et ensuite, si vous voulez y jouer, jouez-y ; si vous ne voulez pas y jouer, laissez tomber.

Mais vous n'avez pas besoin de vous sentir sincère envers moi - qui suis-je ? Pourquoi devriez-vous vous sentir sincère envers moi ?

Soyez sincère envers vous-même.

Je vous enseigne à être vous-même. Je ne vous enseigne pas à devenir des imitateurs. Vous ne devez pas me suivre ! Vous devez suivre votre propre être, votre propre besoin intérieur.

Un Maître peut tout au plus indiquer le chemin ; tout au plus un Maître peut être un pointeur. Mais c'est VOUS qui devez marcher. Et si vous voulez marcher - alors seulement vous marchez.

Même si parfois vous avez envie de vous rendre et que vous venez et vous vous rendez, en fait c'est VOTRE idée, que vous voulez vous rendre à moi, alors que puis-je faire ? Rends-toi ! Si vous ne voulez pas vous rendre, que puis-je faire ? Ne vous rendez pas. Lorsque tu te soumets à moi, tu penses peut-être que tu me suis - non, tu suis ton propre désir de te soumettre. Vous pouvez me quitter à tout moment. Comment puis-je t'empêcher de me quitter ?

Mais l'esprit est une force qui crée de la culpabilité. Et vous avez été entraînés à ne créer que de la culpabilité. Pendant tous les siècles passés, les prêtres, les politiciens - ils ont dominé l'humanité en créant de la culpabilité. Ils disent "C'est mal", et une fois qu'ils vous ont convaincu que c'est mal, si vous le faites, vous vous sentez coupable, et si c'est quelque chose de naturel et que vous ne le faites pas, alors vous vous sentez en difficulté.

Par exemple, quelqu'un dit que manger de la nourriture avec du goût est mauvais. Le Mahatma Gandhi avait l'habitude de dire à ses disciples : Il faut aller au-delà du goût. Dans son ashram, le goût n'était pas autorisé. Vous deviez manger, mais ne pas sentir le goût. Il avait l'habitude de détruire son propre goût avec un chutney fait de feuilles de margousier - très amères, les feuilles les plus amères que l'on puisse trouver en Inde. Et il mangeait le chutney avec sa nourriture, pour détruire le goût, parce que c'est si amer, toute la bouche devient si amère, que vous ne pouvez plus rien goûter.

Les gens qui goûteraient quelque chose - et c'est naturel, la langue est faite pour goûter - ils se sentiraient coupables, ils se sentiraient coupables d'avoir commis un péché.

Les religions ont enseigné et prêché que le sexe est mauvais - un péché. Or, le sexe est un désir naturel ! Un phénomène très naturel. Vous n'avez rien à voir avec cela. Mais elles ont conditionné l'esprit en lui faisant croire que le sexe est mauvais, et c'est ce que l'on enseigne à chaque enfant, de sorte que lorsque l'envie de sexe se manifeste, il se sent coupable. Les deux voies sont alors difficiles : si vous ne vous engagez pas dans la voie du sexe, la pulsion naturelle devient un cauchemar. Si vous faites l'amour, l'esprit cultivé se sent coupable. Donc, soit la culpabilité, soit le fait de faire de mauvaises choses, le péché, c'est le choix qui vous a été donné.

Les choses changent, les idées changent, mais la force culpabilisante d'origine reste la même.

Maintenant, vous êtes là. Je suis ici pour vous déculpabiliser, pour vous rendre naturel, fluide, parce que c'est ainsi que j'ai connu l'ultime : en étant naturel et fluide, en acceptant et non en refusant, non pas en disant Non mais en disant un Oui total à la vie, en l'affirmant et non en la niant - c'est ainsi que j'ai connu l'ultime.

Vous aussi, je voudrais être déculpabilisé. Faites ce que vous voulez. Faites-le totalement. Ne créez pas de culpabilité - si c'est mal de le faire, faites-le totalement ; si c'est mal de le faire, vous finirez par comprendre que c'est mal ! Cela tombe. Si ce n'est pas mal de le faire, et qu'en le faisant, vous vous rendez compte que c'est beau, cela va grandir. Il n'y a pas d'autre moyen.

Ne créez pas d'idéaux. Une fois que vous aurez créé des idéaux, vous serez toujours en difficulté parce que vous penserez toujours en termes de DEVRAIT, OUGAL : ceci DOIT être fait ; cela DEVRAIT être fait ; cela DEVRAIT être fait... et vous vous sentirez toujours infirme, coupable, un pécheur. Vous vous sentirez toujours malade. Vous ne serez jamais capable de vous accepter. Vous ne serez jamais capable de vous aimer, et une personne qui ne peut pas s'aimer malgré toutes les erreurs qu'un être humain est enclin à faire, si vous ne pouvez pas vous aimer malgré tout, vous passerez à côté de tout l'intérêt d'être ici dans la vie. S'aimer soi-même en dépit de tout ce qui existe, cela vous donne une base. C'est seulement sur cette base que vous aimez les autres, c'est seulement sur cette base que l'édifice des amours supérieures est érigé.

N'oubliez pas que l'expérience est toujours bonne ; je dis bien TOUJOURS, sans condition. Même si elle est mauvaise, elle est bonne, car vous savez qu'elle est mauvaise, et vous ne le savez que par l'expérience. Une fois que vous le savez, ça tombe, rien à craindre.

N'ayez pas peur des erreurs - et tous les péchés ne sont que des erreurs - il n'y a pas grand-chose à faire, juste des petites erreurs. N'ayez pas peur de les commettre. Commettez-les ! Mais souvenez-vous de ne les commettre qu'une seule fois, parce que lorsque vous les avez connues, et qu'elles sont futiles et inutiles, laissez-les tomber. Elles tombent toutes seules.

Vous ne devez donc pas vous soucier d'être sincère envers moi. Si vous êtes vraiment sincère envers vous-même, vous êtes sincère envers moi. Si vous devenez vous-même, vous m'avez suivi. EN NE ME SUIVANT PAS, en atteignant votre centre individuel, vous me suivez. En me suivant, vous manquerez votre centre. Et c'est ainsi que vous ne serez pas sincère envers vous-même et envers moi aussi. Comprenez-vous le point ?

C'est simple, ça peut paraître paradoxal. En vous atteignant à vous-même, vous avez été sincère envers moi. Si vous vous culpabilisez, si vous vous inquiétez de ne pas me suivre, vous serez de plus en plus déprimé. Et une personne triste et déprimée, et une personne rongée par la culpabilité, ne peut pas célébrer, ne peut pas devenir religieuse.

Pour devenir religieux, il faut avoir un cœur qui danse. Pour devenir religieux, il faut faire la fête.

Pour devenir religieux, il faut apprécier et se réjouir des petites choses. Si vous apprenez à vous réjouir des petites choses : manger, prendre un bain, faire une promenade le matin ; si vous pouvez vous réjouir des petites choses - et il n'y a pas de grandes choses dans la vie, il n'y a que des petites choses - si vous vous réjouissez des petites choses, alors les petites choses deviennent grandes. Et l'effet total accumulé des petites choses vécues, célébrées, vous transforme. Vous devenez religieux. C'est la clé magique pour ouvrir la porte de la religion.

Ne soyez pas triste - il y a assez d'églises pour les gens tristes, je ne vais pas créer une autre église pour les visages tristes et longs. Ne vous sentez pas coupable, il y a déjà assez d'enfers. L'homme est trop accablé.

Si je peux vous aider à danser un peu, à chanter un peu, à vous amuser un peu, à vous sentir un peu reconnaissant, c'est suffisant.

Question 5 :

J'AI VU BEAUCOUP DE FEMMES AVOIR UNE FORTE CATHARSIS DANS LA MÉDITATION, MAIS JAMAIS D'HOMMES. POURQUOI ? N'EN ONT-ILS PAS BESOIN ?

Ils en ont plus besoin que n'importe quelle femme. Mais ils ont été conditionnés à ne pas pleurer, à ne pas crier ; dès l'enfance, on apprend à un garçon à ne pas être une mauviette, à ne pas être comme une fille. S'il pleure, on lui dit : Arrête ! Tu es un homme ; un garçon ne pleure jamais, c'est seulement pour les filles.

On a appris aux hommes et on les a conditionnés à ne pas pleurer, à ne pas se lamenter. Ils sont devenus des pierres. Et souvenez-vous, si une personne ne peut pas pleurer de bon cœur, elle ne peut pas non plus rire. Et Dieu ne fait aucune différence entre la femme et l'homme, il a donné les mêmes glandes lacrymales aux deux. S'il devait y avoir une distinction - que l'homme ne doit pas pleurer - il n'y aurait pas eu de glandes lacrymales dans ses yeux, ou il y en aurait eu moins que pour les femmes. Mais elles sont exactement les mêmes. La nature n'a donc pas fait les choses de cette façon. C'est la société humaine qui crée un ego selon lequel l'homme doit être hautain et fier.

C'est du chauvinisme masculin. Une femme peut pleurer - elle est un être si bas, pas besoin de s'inquiéter pour elle, elle peut pleurer. Des mauviettes. L'homme est puissant.

Mais dans un sens, cela a été bénéfique pour les femmes - elles sont plus naturelles que les hommes. C'est pourquoi elles sont plus belles que l'homme, plus détendues que lui.

Avez-vous observé les données ? Les hommes sont plus nombreux à se suicider que les femmes. Vous pouvez avoir l'idée inverse, car plus de femmes parlent de se suicider - mais elles ne le font jamais :

ils continuent à parler. Même s'ils prennent des somnifères, ils en prennent toujours une telle quantité qu'ils ne meurent jamais. Les hommes se suicident plus que les femmes - ils doivent se suicider, la vie devient un tel fardeau.

Pleurer et pleurer est un moyen naturel, une soupape de sécurité, pour permettre aux émotions accumulées - la tristesse - d'être expulsées du système : c'est un nettoyage en profondeur. Chaque homme et chaque femme devrait apprendre à pleurer parfaitement. Et comment y prendre plaisir ! C'est un processus tellement déchargé et rafraîchissant ; non seulement vos yeux deviennent frais lorsque les larmes ont coulé, mais votre être tout entier devient pur, simple, innocent.

Tu retrouves une virginité qui t'a appartenu, mais qui est perdue, tu redeviens non corrompu.

Après avoir bien pleuré et pleuré, vous vous sentez baigné, l'âme même a pris une douche. Vous êtes à nouveau prêt et plus jeune.

Les femmes paraissent plus jeunes que les hommes, en meilleure santé qu'eux. Dans le monde entier, les femmes tombent moins souvent malades que les hommes et vivent plus longtemps que ces derniers - cinq ans de plus. Si un homme vit soixante-quinze ans, une femme en vit quatre-vingts en moyenne. C'est pourquoi, si vous allez en Occident, vous trouverez beaucoup de femmes âgées, mais pas autant d'hommes âgés. Ils se préparent tous les jours, ils permettent, ils ne sont pas si égoïstes.

Les femmes deviennent moins folles que les hommes parce qu'elles ont leur quota quotidien de folie, elles ne deviennent jamais folles en gros. Les femmes, presque tous les jours, de temps en temps, elles deviennent folles - mais juste pour quelques minutes ; c'est beau, il n'y a rien de mal à cela : elles crient et sautent et jettent une assiette - ce n'est pas cher non plus, mais l'homme continue à accumuler les folies. Il ne peut pas pleurer, il ne peut pas jeter une assiette - ce n'est pas viril.

Il doit être toujours sur ses gardes, puis la folie continue de s'accumuler dans son cœur - un jour, elle explose.

Il y a plus d'hommes dans les maisons de fous. Et si vous regardez la société, les hommes sont intéressés par la politique, pas les femmes. Parfois, quelques femmes sont intéressées, mais elles doivent avoir des hormones mâles dans le corps.

Des recherches scientifiques sont nécessaires.

Et les femmes qui s'intéressent à la politique, et qui parviennent au sommet, n'ont jamais été très féminines, elles n'ont jamais aimé leurs maris, leurs enfants ; jamais ; elles ont été plus orientées vers la politique, vers leur ego.

Et bien sûr, quand une femme se lance dans la politique, elle en écarte tous les hommes. C'est naturel, car lorsqu'elle s'y lance, elle y devient vraiment folle. Un homme peut avoir des manières, mais elle n'en a aucune.

Parce que l'homme a été forcé de cultiver les bonnes manières ; même s'il se bat, il se bat de façon correcte, il suit certaines règles - mais la femme est sauvage ; quand elle se bat, elle ne suit aucune règle, elle se bat tout simplement. C'est pourquoi, lorsque vous vous disputez avec une femme, vous serez toujours vaincu, parce qu'elle ne suit aucune règle du jeu, il n'y a aucune logique en elle ; elle saute d'un point à un autre sans lien visible !

Les hommes ont créé toutes les guerres parce que l'homme est plus fou. Tous les dix ans, il faut une grande guerre mondiale. Cela détend. Quand l'homme peut tuer les autres, alors seulement il ressent une petite libération.

À moins que l'on ne permette à l'homme de pleurer et d'être naturel, et que l'on apprenne à chaque enfant à pleurer et à sangloter, et qu'on lui dise : C'est beau ; quand tu te sens blessé - pleure ! quand tu te sens mal, laisse les larmes sortir de tes yeux... Vous ne me croirez peut-être pas, parce que la chose peut sembler trop farfelue, mais je vous dis que si les hommes peuvent commencer à pleurer et à pleurer comme le font les femmes, il y aura moins de guerres dans le monde, moins de folie dans le monde, moins de suicides dans le monde, moins d'accidents sur la route dans le monde.

Cinquante pour cent des accidents de voiture sont dus à un homme en colère. Il ne pouvait pas crier, alors il a hurlé en appuyant sur l'accélérateur. Il a dépassé la limite de vitesse, il est devenu fou avec la voiture, et il a profité de la griserie que procure cette vitesse.

Les femmes au volant ne sont pas de bonnes conductrices, mais elles ne causent jamais autant d'accidents que j'ai collecté de données. Les femmes ne sont pas de bonnes conductrices parce qu'elles n'ont pas un bon esprit mécanique, elles ne sont pas technologiques ; mais si une femme sait conduire, elle est toujours en sécurité. J'ai moi-même Laxmi comme conductrice ; toujours en sécurité, parce qu'elle ne dépassera jamais la limite.

L'homme a été mal conditionné, c'est pourquoi la catharsis devient difficile. Mais la catharsis est très, très nécessaire. Si vous ne pouvez pas entrer dans une catharsis profonde, vous ne pouvez pas entrer dans la méditation. Avant de prendre votre envol, vous devez vous décharger de votre fardeau. C'est là tout l'intérêt de la catharsis.

Question 6 :

QUAND LES MOMENTS DE PEUR ARRIVENT, QUE FAIRE ?

Pourquoi devriez-vous demander de faire quoi que ce soit ? Quand il y a de la peur - ayez peur ! Pourquoi créer une dualité ? Quand les moments de peur arrivent - soyez craintifs, tremblez de peur, laissez la peur prendre possession. Pourquoi cette interrogation constante : QUE FAIRE ? Ne pouvez-vous pas permettre à la vie de prendre possession de vous d'une manière ou d'une autre ?

Quand l'amour prend possession, que faire ? Soyez aimant ! Ne faites rien, laissez l'amour prendre possession de vous. Quand la peur arrive - tremble, comme une feuille dans un vent fort. Et ce sera beau. Quand elle sera partie, tu te sentiras si serein et si calme, comme lorsqu'une forte tempête passe, tout reste calme et tranquille après elle. Pourquoi toujours se battre contre quelque chose ? La peur vient - c'est naturel, absolument naturel. Il est impossible de penser à un homme qui n'a pas peur, car il serait mort. Puis quelqu'un klaxonnera sur la route et un homme sans peur continuera, il ne s'en souciera pas. Il y aura un serpent sur le chemin et un homme sans peur ne s'en souciera pas, il continuera. Un homme sans peur sera absolument insensé, stupide.

La peur fait partie de votre intelligence, il n'y a rien de mal à cela. La peur montre simplement qu'il y a la mort ; et nous, les êtres humains, ne sommes ici que pour quelques instants. Ce tremblement dit que nous ne sommes pas là en permanence, nous ne sommes pas là éternellement, encore quelques jours et vous serez partis.

En fait, c'est à cause de la peur que l'homme a été à la recherche de la religion - sinon, cela n'aurait servi à rien. Aucun animal n'est religieux, car aucun animal n'est dans la peur. Aucun animal ne peut être religieux parce qu'aucun animal ne peut être conscient de la mort. L'homme est conscient de la mort, à chaque instant la mort est là, elle vous entoure de partout, à chaque instant vous allez disparaître ; cela vous fait trembler. Pourquoi avoir peur - tremblez ! Mais encore une fois l'ego dit : Non, VOUS - vous avez peur ? Non, ce n'est pas pour vous, c'est pour les lâches. Tu es un homme courageux.

Ce n'est pas pour les lâches. Permettez la peur. Une seule chose doit être comprise : lorsque vous autorisez la peur et que vous tremblez, observez-la, appréciez-la ; et dans cette observation, vous la transcenderez, vous verrez que le corps tremble, vous verrez que l'esprit tremble, mais vous en viendrez à sentir un point en vous, un centre profond, qui n'est pas affecté.

La tempête passe, mais quelque part au fond de vous, il y a un centre qui n'est pas touché : le centre du cyclone.

Laissez la peur s'exprimer, ne la combattez pas. Observez ce qui se passe. Continuez à regarder. Alors que votre regard devient plus pénétrant et plus intense - le corps tremble, l'esprit tremble - au fond de vous se trouve la conscience, qui est simplement un témoin, qui ne fait que regarder.

Elle reste intacte, comme une fleur de lotus dans l'eau.

Ce n'est que lorsque vous atteindrez cela que vous atteindrez l'absence de peur.

Mais ne pas avoir peur ne signifie pas ne pas avoir peur. Cette absence de peur n'est pas de la bravoure. Cette absence de peur est une prise de conscience que vous êtes deux - une partie de vous va mourir, et une partie de vous est éternelle. La partie qui va mourir va toujours avoir peur. Et la partie qui ne va pas mourir, qui est immortelle, pour elle, il n'y a pas de raison d'avoir peur. Alors une profonde harmonie existe.

Vous pouvez utiliser la peur pour la méditation. Utilisez TOUT ce que vous avez pour la méditation, afin d'aller au-delà.

Question 7 :

PLUS JE SEMBLE GRANDIR, PLUS JE SEMBLE DEVENIR LAID. POURQUOI EST-CE AINSI ?

Il y a un dicton zen qui dit que lorsqu'un chercheur vient vers un Maître, les rivières sont des rivières, les montagnes sont des montagnes, mais une fois en contact avec le Maître, bientôt les rivières ne sont plus des rivières, les montagnes ne sont plus des montagnes, tout est perturbé.

Mais s'il continue, et ne s'échappe pas au milieu - à nouveau un moment arrive : les montagnes sont des montagnes, les rivières sont des rivières.

Voici le processus. Lorsque vous commencez à méditer, vous avez une fausse personnalité, un visage peint, que vous avez rendu beau en fonction des besoins sociaux. Elle est fausse, mais vous vous y identifiez. Puis vous commencez à méditer ; ce visage commence à se détacher, parfois il glisse, vous en venez à sentir votre vrai visage - vous avez peur, c'est laid.

C'est pourquoi vous l'aviez peint. C'est pourquoi vous le cachiez sous un masque. Mais la méditation fait tomber tous les masques. C'est une recherche du visage original.

Un moment viendra, vous grandirez et vous sentirez que vous êtes de plus en plus laid, parce que maintenant vous commencez à vous voir correctement. Jusqu'à présent, vous voyiez la laideur chez les autres, maintenant vous commencez à vous regarder. Vous avez vu les erreurs, les laideurs, les mauvaises choses, chez les autres, maintenant vous commencez à les voir en vous. Pour la première fois, vous commencez à refléter votre propre être. Tout semble aller à vau-l'eau, c'est le chaos - tu as peur, tu peux t'échapper et te refaire une beauté. Allez au marché, cachez-vous derrière le masque, et oubliez la méditation.

Mais si vous êtes vraiment en recherche, c'est un bon signe, une belle indication, que quelque chose se passe.

Continuez. Bientôt, cette laideur disparaîtra également, car cette laideur appartient à votre esprit. Cette beauté que vous pensez être là ne vous a jamais appartenu, ce n'était qu'un masque. Il doit être enlevé. Maintenant, vous êtes face à face avec l'esprit.

Si vous continuez, tôt ou tard, le mental tombera aussi - c'est aussi un masque. Alors vous vous retrouverez face à face avec votre être. Et c'est extrêmement beau. En fait, c'est la seule beauté qui existe.

Lorsqu'on se retrouve face à face avec son propre être, c'est comme si deux miroirs se faisaient face. Quand deux miroirs se font face, que se passe-t-il, le savez-vous ? Ils reflètent l'éternité. L'immensité infinie.

Lorsque vous venez à vous, vous vous reflétez. L'éternité se reflète. C'est la gloire de Dieu. Tu es venu à Dieu.

Dans les Upanishads, ceux qui ont connu, ils ont dit - à ce moment : AHAM BRAHMASMI :

Je suis l'absolu. C'est le but.

Mais pour atteindre ce but, vous devrez passer par une période intermédiaire où tout deviendra un chaos. Vous serez toujours comme un fou furieux. Il faut passer par là.

Avant de devenir absolument normal, vous aurez l'impression d'être devenu absolument anormal.

Car ce que vous appelez aujourd'hui la normalité n'est rien d'autre qu'un visage social.

La société doit être abandonnée. Ensuite, vous devez laisser tomber vos SAMSKARAS passés, les conditionnements passés de l'esprit. Ce n'est qu'alors que vous parvenez à la source la plus pure, la source même, le fondement même de l'être. Nous appelons ce fondement de l'être DIEU. Dieu n'est pas une personne. Dieu est une expérience de pureté vierge absolue, d'innocence - et cela est caché derrière vous.

N'ayez donc pas peur de la laideur, si vous la ressentez maintenant, c'est bon signe - soyez-en heureux. Vous grandissez. Cela montre la croissance. Vous êtes sur la bonne voie. Les rivières ne seront pas des rivières, les montagnes ne seront pas des montagnes. Encore une fois : les rivières seront des rivières, les montagnes seront des montagnes.

C'est pourquoi Bouddha se déplace dans la forêt, Mahavir va dans les montagnes, Jésus et Mahomet, ils se retirent dans les montagnes - pour faire face à leur laideur.

Mais une fois que cette laideur a disparu, que la maladie a disparu, que la lèpre s'est évaporée, ils reviennent sur la place du marché, ils reviennent dans le monde beaux ; suprêmement beaux.

Vous reviendrez aussi. Mais ce passage doit être franchi. Ce prix doit être payé.

Sickmindedness

LAO TSEU DIT :
CELUI QUI SAIT QU'IL NE SAIT PAS EST LE PLUS ÉLEVÉ ; CELUI QUI PRÉTEND SAVOIR CE QU'IL NE SAIT PAS EST UN MALADE.

ET QUI RECONNAÎT LA MAUVAISE HUMEUR COMME UNE MAUVAISE HUMEUR, N'EST PAS UNE MAUVAISE HUMEUR. LE SAGE N'EST PAS UNE MAUVAISE HUMEUR. PARCE QU'IL RECONNAÎT LA MAUVAISE HUMEUR COMME UNE MAUVAISE HUMEUR, IL N'EST DONC PAS UNE MAUVAISE HUMEUR.

L'homme est comme un oignon, exactement comme un oignon ; des couches et des couches de personnalité ; et derrière toutes ces couches se cache l'essence.

Cette essence est comme la vacuité, SUNYA, le vide. Elle ressemble plus au non-être qu'à l'être, car l'être a une limite, une frontière. Mais ce noyau le plus intime n'a pas de limite, il n'a aucune restriction, c'est juste une liberté, un libre flux d'énergie, infini dans ses dimensions.

Si l'on ne continue pas à éplucher les couches de sa personnalité jusqu'au bout, et à en retrouver l'essence, on reste malade. L'étourderie, c'est être coincé quelque part, figé quelque part.

La mauvaise volonté, c'est être bloqué. C'est une impasse - c'est exactement comme le mot se prononce : vous ne pouvez pas la franchir. Vous êtes bloqué. Vous n'avez pas la liberté de circuler, d'être et de ne pas être. Vous êtes forcé d'être quelque chose. Vous êtes plus comme un rocher solide que comme une rivière.

La liberté, c'est la santé. Être bloqué, coincé, c'est être malade. Et tout le monde, presque tout le monde, est malade. Il arrive rarement que l'on trouve le courage de pénétrer jusqu'au cœur le plus intime du non-être. On devient alors un bouddha : entier, sain, saint.

Nous devons comprendre ces couches parce que la compréhension même est une force de guérison. Si vous comprenez exactement où vous êtes bloqué ? les blocages commencent à fondre - c'est le miracle, le miracle de comprendre une chose. La compréhension même l'aide à fondre. Il n'y a rien d'autre à faire. Si vous savez exactement où vous êtes bloqué, où vous êtes gelé, où se trouve l'impasse, le simple fait d'en être conscient, de le savoir dans sa totalité, fait fondre le blocage.

Le savoir est une force de guérison. Et une fois qu'elle commence à fondre, vous retrouvez le flux. Vous devenez fluide !

La première couche de votre personnalité est la plus superficielle - la couche de formalités, de socialités. Elle est nécessaire ; il n'y a rien de mal à cela. Vous rencontrez une personne sur la route, vous la connaissez, si vous ne dites rien et qu'elle ne dit rien non plus, aucune formalité sociale n'est remplie, vous êtes tous deux gênés.

Il faut faire quelque chose. Non pas que vous le pensiez, mais c'est un lubrifiant social ; donc la première couche que j'appelle :

LA COUCHE DU LUBRIFIANT. Elle favorise l'onctuosité. C'est la couche de : Bonjour ; Comment allez-vous ? Très bien ! Bien ! Beau temps ! Bien, au revoir ; cette couche. C'est bon ! Il n'y a rien d'anormal.

Si vous l'utilisez, elle est belle. Mais si vous vous en servez, si vous vous y figez, si vous avez perdu tout contact avec votre être le plus profond, si vous n'allez jamais au-delà, alors vous êtes bloqué, vous êtes malade.

C'est beau de dire "Bonjour" à quelqu'un, mais une personne qui ne dit jamais plus que cela est très malade. Elle n'a aucun contact avec la vie. En fait, ces formalités ne sont pas un lubrifiant pour lui, au contraire, elles sont devenues un retrait, un évitement. Vous voyez quelqu'un, vous lui dites "Bonjour" pour l'éviter, pour que vous puissiez continuer votre chemin, et lui le sien ; pour lui échapper.

Cette formalité sociale est devenue une chose figée chez des millions de personnes ; elles vivent sur cette couche, elles ne la dépassent jamais : l'étiquette, le maniérisme, les mots, le bavardage - toujours à la surface. Ils parlent, non pas pour communiquer, mais pour éviter la communication. Ils parlent pour éviter la situation embarrassante dans laquelle vous rencontrez l'autre. Ce sont des personnes fermées. Si leur vie est une misère, il n'y a rien d'étonnant à cela. S'ils vivent en enfer, il est évident qu'ils doivent vivre en enfer. En fait, ce sont des personnes mortes.

Le fondateur de la Gestalt-thérapie, Fritz Perls, avait l'habitude d'appeler cette couche la couche CHICKEN SHIT ; morte, sèche.

Beaucoup de gens vivent dans la merde de poulet. Leur vie entière n'est qu'une formalité inutile. Ils ne vont nulle part, ils sont bloqués à la porte, ils ne sont pas entrés dans la chambre de la vie. Elle a beaucoup de chambres, ils sont juste debout à la porte, sur les marches. Les marches sont bonnes si on les dépasse, elles sont dangereuses si on commence à s'y accrocher.

Souvenez-vous donc qu'une personne en bonne santé utilise la couche de formalité ; alors c'est un lubrifiant, c'est beau. Une personne malsaine en fait sa vie entière ; elle sourit - elle ne le pense pas, elle rit - elle ne le pense pas. Si quelqu'un est mort - il devient triste, pleure -, même les larmes coulent ; tout est faux ! Il ne le pense pas.

Il ne signifie jamais rien. Il est juste continuellement en exposition, continuellement en exposition. Sa vie entière n'est qu'une exposition. Il ne peut pas en profiter, parce qu'il ne peut pas aller vers l'intérieur.

La formalité n'est pas une relation. Elle peut aider, elle peut nuire. Une personne saine l'utilise pour aller plus loin. Une personne malsaine s'y enlise. Vous pouvez voir ces gens tout autour, souriant dans les Lions Clubs, les Rotary Clubs. Des gens qui ont la trouille. Toujours bien habillés, soignés, ayant l'air parfaitement bien - et absolument mauvais. Complètement malades. Totalement malsains. Mais ils ne font que le MONTRER.

Cela devient un modèle fixe pour eux. Lorsqu'ils reviennent du Rotary Club ou du Lions Club, ils parlent à leurs enfants, mais au même niveau. Ils font l'amour à leur femme - mais juste au même niveau. Leur vie entière est une longue série de manières. Les livres sur l'étiquette sont leurs bibles, la Gitas et le Coran, et ils pensent que s'ils remplissent tout ce que la société exige d'eux, ils ont réussi.

Cette couche doit être brisée. Restez conscient pour ne pas vous faire prendre. Restez conscient ; si vous êtes bloqué à ce niveau, prenez-en conscience ! La conscience même aidera le blocage à fondre, à s'évaporer ; et l'énergie sera disponible pour entrer dans la deuxième couche.

La deuxième couche est celle des rôles et des jeux. La première couche n'a aucun contact avec la vie, la deuxième couche peut parfois en avoir des aperçus. Dans la deuxième couche, on trouve : Je suis le mari, tu es la femme ; ou, je suis la femme, tu es le mari ; je suis le père, tu es l'enfant ; je suis le président des États-Unis, la reine d'Angleterre, ou le président Mao Tsé-toung, Adolf Hitler, Mussolini, tous les politiciens du monde - ils vivent sur la deuxième couche, celle des jeux de rôles.

Tout le monde continue à penser qu'il est le plus grand homme du monde. L'autre jour, un sannyasin me disait qu'il rêvait qu'il était le plus grand homme du monde. Je lui ai répondu :

Ne soyez pas perplexe, tout le monde rêve de la même chose - le plus grand homme du monde, le plus grand poète, le plus grand philosophe, le plus grand ceci et cela..... La couche de l'ego - la deuxième couche.

Vous continuez à jouer des rôles. Vous devez continuellement changer de rôle. Vous êtes assis dans votre chambre et le serviteur entre ; vous devez changer votre rôle pour celui du maître, du tyran. Vous regardez le serviteur comme s'il n'était pas un être humain. Le patron ! - Vous êtes le patron, et lui n'est qu'une entité. Et puis votre patron entre - soudain le rôle change. Maintenant, vous n'êtes personne, vous remuez la queue, le patron est arrivé et vous êtes debout.....

En permanence, vingt-quatre heures par jour, dans chaque relation, vous avez un rôle différent à jouer. Rien de mal à cela, un beau drame - si vous n'êtes pas coincé dedans. Il faut le jouer, la vie EST un grand drame.

En Orient, nous l'avons appelé le LEELA du divin, le jeu de Dieu.

C'est une pièce de théâtre ; on doit jouer de nombreux rôles mais on ne doit pas se fixer dans un rôle. Les rôles doivent être comme des vêtements - on peut s'en défaire à tout moment. Si cette capacité est conservée, vous n'êtes pas coincé, alors vous pouvez jouer un rôle - il n'y a rien de mal à cela. Dans la mesure où cela va, c'est beau, mais si cela devient votre vie et que vous ne connaissez rien au-delà, alors c'est dangereux. Vous continuez alors à jouer à mille et un jeux dans la vie et vous n'entrez jamais en contact avec la vie. Fritz Perls appelle cela la couche de BULLSHIT.

Une couche très importante. Beaucoup de gens sont pris dedans ; jusqu'au cou, ils sont pleins de conneries. Ils portent tout le fardeau du monde, comme si le monde entier dépendait d'eux. S'ils ne le sont pas, qu'arrivera-t-il au monde ? Ce sera le chaos. Tout sera détruit s'ils ne sont pas là - ils maintiennent tout en place.

Ces personnes sont très malades. Le premier type de personnes est absolument malade mais il n'est pas très dangereux. Les personnes de la deuxième catégorie ne sont pas aussi malades, mais elles sont plus dangereuses, car elles deviennent des politiciens, des généraux, des détenteurs de pouvoir, des millionnaires, elles accumulent de l'argent, du pouvoir, du prestige, et ainsi de suite, et elles jouent à de grands jeux. Et à cause de leurs jeux, des millions de personnes n'ont même pas le droit d'entrevoir la vie. Des millions de personnes sont sacrifiées à cause de leurs jeux.

Si vous êtes bloqué dans la seconde - devenez vigilant. Rappelez-vous toujours qu'il y a deux possibilités à chaque niveau. La première couche est un lubrifiant pour un homme qui la comprend ; rien de mal à cela, cela aide ; cela facilite le mouvement dans le monde. Des millions de personnes sont là, il y a beaucoup de conflits - c'est inévitable - et si vous êtes un peu formel avec les gens, si vous savez comment vous comporter, cela aide - vous et les autres aussi ; rien de mal à cela. Mais si cela devient le tout, alors tout va mal. Le médicament devient alors le poison.

Il faut se souvenir de cette distinction en permanence et à tous les niveaux. Au deuxième niveau, si vous ne faites qu'apprécier le jeu, en sachant pertinemment qu'il s'agit d'un jeu, et que vous n'êtes pas sérieux - dès que vous devenez sérieux, ce n'est plus un jeu, c'est devenu la réalité, alors vous êtes pris - si vous l'appréciez comme un amusement : c'est parfait ! Appréciez-le ! Aidez les autres à en profiter ; le monde entier est une grande scène, mais ne prenez pas cela au sérieux.

La gravité signifie que la maladie est entrée dans votre être. Maintenant, vous pensez que c'est tout, que devenir président des États-Unis est tout ; vous vous sacrifiez et sacrifiez les autres et vous utilisez toutes sortes de moyens pour atteindre cette fin, et quand elle est accomplie, vous trouvez que rien n'est accompli. Parce que c'était juste sur la couche de jeu, une chose de rêve. Lorsque vous vous réveillez, vous êtes profondément frustré - toute votre vie a disparu, rien n'a été accompli.

C'est la frustration des gens riches. C'est la frustration des pays riches. C'est la frustration de tous ceux qui réussissent. Quand ils réussissent, ils échouent soudainement. Ils sont alors confrontés au fait qu'ils ont gaspillé leur vie dans un jeu.

N'oubliez pas, soyez vigilant, sinon, si vous n'êtes pas bloqué à la première couche, vous serez bloqué à la deuxième.

Puis il y a une troisième couche : la couche du chaos. À cause de cette troisième couche, les gens ont peur d'aller vers l'intérieur ; c'est pourquoi ils restent bloqués dans la deuxième couche.

Dans la deuxième couche, tout est propre, clair. Les règles sont connues, car chaque jeu a ses règles. Si vous connaissez les règles, vous pouvez jouer au jeu. Rien n'est mystérieux dans la deuxième couche. Deux plus deux font toujours quatre dans la deuxième couche - ce n'est pas le cas dans la troisième. La troisième couche n'est pas comme la deuxième, c'est le chaos : une énergie énorme, sans règles ! Vous avez peur. La troisième couche vous fait peur.

C'est pourquoi, lorsque vous commencez à méditer et que vous passez de la deuxième à la troisième couche, vous ressentez le chaos.

Soudain, vous ne savez plus qui vous êtes ! Le monde de qui est qui, est la deuxième couche, la couche de la connerie. Si vous voulez connaître la seconde couche, allez consulter le livre WHO'S WHO ? Ils sont publiés dans le monde entier. Les noms des personnes qui s'y trouvent sont de la deuxième couche.

Dans la troisième couche, vous prenez soudainement conscience que vous ne savez pas qui vous êtes ! L'identité est perdue, les règles disparaissent, un chaos énorme, un vaste océan dans une tempête ; magnifique si vous pouvez comprendre. Si vous ne pouvez pas comprendre : très très terrible. Cette troisième couche, si vous la comprenez bien, et si vous pouvez y rester attentif, vous donnera le premier aperçu, le premier aperçu vital de la vie. Sinon, vous deviendrez névrosé.

Dans la troisième couche, les gens deviennent fous. Ils sont plus honnêtes que ceux qui appartiennent à la première et à la deuxième couche. Un homme qui est devenu fou a simplement laissé tomber les formalités, les jeux de rôles et s'est laissé envelopper par le chaos. Il est meilleur que vos politiciens, il est au moins plus sincère et plus fidèle à la vie.

Je ne dis pas : Allez et devenez névrosés, allez et devenez fous ; mais la folie se produit à la troisième couche. Tous les grands artistes appartiennent à la troisième couche, et tous les grands artistes sont enclins à devenir fous. Un

Van Gogh devient fou. Pourquoi ? Les artistes, les musiciens, les poètes, les peintres - ils appartiennent à la troisième couche ; ce sont des gens sincères, plus sincères que vos politiciens, que vos soi-disant moines, papes, soi-disant mahatmas - ils appartiennent tous à la deuxième couche, jouant un rôle - celui de mahatma. La troisième couche est constituée de personnes plus sincères, plus honnêtes, mais - le danger est là ; ils sont tellement sincères et honnêtes qu'ils tombent dans le chaos ; ils ne s'accrochent pas au monde des règles, et alors ils sont dans la tempête.

Si l'on peut rester alerte dans la troisième couche, conscient, méditatif - ce chaos se transforme en un cosmos. C'est le chaos parce que vous n'êtes pas centré, pas conscient. Si vous êtes conscient, cela devient un cosmos, un ordre ; et pas l'ordre des règles humaines - l'ordre du Tao, l'ordre de ce que les Indiens ont appelé le DHARMA, DHAMMA, RIT ; l'ordre ultime, non créé par l'homme.

Et, si vous restez vigilant, le chaos est là mais vous n'êtes pas dans le chaos, vous le transcendez - la conscience est un phénomène de transcendance. Vous savez que tout autour de vous, c'est le chaos, mais au fond de vous, il n'y a pas de chaos.

Soudain, vous êtes au-dessus de tout ça, vous n'êtes pas perdu dans tout ça.

Les poètes, les peintres, les musiciens, s'y perdent parce qu'ils ne savent pas comment être conscients. Mais ce sont des gens plus honnêtes. Dans les maisons de fous du monde, il y a plus de gens honnêtes que dans les capitales du monde. Et si on me laisse faire, je transformerai les capitales en maisons de fous. Les gens qui sont dans des maisons de fous ont besoin d'aide, ils ont besoin de maîtres, pour les emmener au-delà de la troisième et de la quatrième. Les soufis ont un mot particulier pour les personnes de la troisième couche, ils les appellent MASTAS : fous, mais fous dans l'amour de Dieu.

Ils sont fous ! A toutes fins utiles, ils sont fous. Ils ont besoin d'un Maître qui puisse leur tenir la main et les amener à la quatrième. A la troisième couche, un Maître est nécessaire.

Si vous appartenez à la première couche, vous n'avez pas besoin d'un Maître. Si vous appartenez à la deuxième couche, il n'est pas question de chercher un Maître. Seules les personnes de la troisième couche commencent à chercher, à chasser, un Maître, quelqu'un qui puisse les aider dans leurs moments de chaos.

Dans la troisième couche, les possibilités sont au nombre de deux. Vous pouvez devenir fou - c'est la peur, c'est pourquoi les gens s'accrochent à la deuxième couche, ils s'accrochent profondément, ils ont peur, car s'ils perdent prise, ils tomberont dans le chaos - vous le savez tous, si vous ne vous accrochez pas aux rôles, vous tomberez dans le chaos.

Vous jouez le jeu du mari ou de la femme ; si vous cessez de jouer ce jeu, vous savez que vous deviendrez fou. Vous continuez à jouer le jeu que la société vous a imposé, de peur que si vous en sortez, où allez-vous tomber ? Si vous quittez la société, vous tombez dans le chaos. Alors toute certitude est perdue.

La confusion.

Une possibilité est donc la confusion, la névrose, la folie ; une autre possibilité est : si vous restez alerte, méditatif, conscient, le chaos devient tout à fait beau. Alors ce n'est pas le chaos, il a un ordre propre, un ordre intérieur qui lui est propre. Même la tempête est belle si vous pouvez rester vigilant et ne pas vous identifier. Le chaos vous entoure alors comme une formidable énergie qui se déplace tout autour, et vous vous tenez juste au centre, sans être affecté, votre conscience n'étant pas du tout touchée. Cela vous donne pour la première fois un aperçu de ce qu'est la SANTE.

Les personnes qui appartiennent à la deuxième couche ont seulement l'air sain d'esprit, elles ne le sont pas. Forcez-les à passer à la troisième et elles deviendront folles. Les personnes qui sont dans la troisième couche ET conscientes - elles sont saines d'esprit, on ne peut pas les forcer à devenir folles ; aucune situation ne peut les forcer à devenir folles. Les personnes de la deuxième couche sont toujours à la limite. Un petit coup de pouce - le marché baisse, ils font faillite, leur femme meurt ou leur fils devient un hippie - et ils tombent dans la troisième couche ; ils deviennent fous.

Les personnes du deuxième niveau sont toujours prêtes à devenir folles ; n'importe quelle situation, il suffit d'un petit coup de pouce. Ils sont en ébullition à quatre-vingt-dix-neuf degrés ; il ne faut qu'un degré de plus - et cela peut arriver à tout moment. Et ils seront fous.

Celui qui passe à la troisième, consciente, va au-delà de la folie. Ensuite, il y a la quatrième couche. Si vous passez la troisième, alors seulement vous pouvez entrer dans la quatrième. Si vous avez fait face au chaos, si vous avez fait face à l'anarchie du monde intérieur, alors vous devenez capable d'entrer dans la quatrième.

Le quatrième est le niveau de la mort, le plan de la mort. Après le chaos, on doit faire face à la mort - le chaos vous prépare.

Sur le quatrième, si vous l'atteignez, vous aurez une sensation soudaine de mourir - vous êtes en train de mourir. Dans la méditation profonde, lorsque vous touchez le quatrième, vous commencez à sentir que vous êtes en train de mourir. Ou - parce que la méditation n'est pas une expérience universelle - dans un orgasme sexuel profond, on a aussi l'impression de mourir.

Partout dans le monde, des gens de culture, de langue, de conditionnement différents, dès qu'ils ressentent un orgasme, un sentiment de mort les envahit soudainement. On a même constaté que les gens prononcent - en particulier les femmes, lorsqu'elles sont dans un orgasme profond et que tout leur corps vibre à un rythme inconnu, est rempli d'énergie vitale, est devenu une danse, les femmes du monde entier sont connues pour prononcer des mots comme : Je meurs ! Tuez-moi complètement !

Dans les traités indiens sur le sexe, il est dit : Ne gardez jamais un perroquet ou un oiseau mynah dans la chambre d'amour, parce qu'il peut apprendre, quand vous faites l'amour et si vous poussez des cris de joie extrême comme : Je meurs ! le perroquet ou le mynah peut l'apprendre, et ensuite il peut faire de même, et cela peut être une chose embarrassante avec les invités et les autres personnes. Ne gardez donc jamais un perroquet dans la chambre d'amour.

C'est pourquoi les femmes ont été réprimées dans le monde entier, à travers tous les siècles, pour ne pas prononcer un seul mot - en fait, elles ont été conditionnées pour ne PAS avoir d'orgasme parce que c'est très dangereux ; vous ressentez une liberté semblable à la mort. L'ego meurt. Soudain, toute l'identité est perdue. Vous n'êtes plus là, juste la vie qui vibre, la vie inconnue ! La vie sans nom ! La vie qui ne peut être catégorisée. Juste la VIE.

Vous n'êtes pas là, la vague a disparu, l'océan est là.

Avoir un orgasme profond, c'est avoir une sensation océanique d'être totalement perdu. Les femmes ont été obligées de ne pas être actives pendant l'amour, parce que si elles sont actives, elles sont plus susceptibles - parce qu'elles ont un corps plus subtil et plus délicat - de ressentir le phénomène de mort de l'orgasme. On les a obligées à ne pas prononcer un seul mot, à ne pas bouger ; elles doivent rester en SHAVASAN, allongées, mortes, gelées.

Et l'homme a aussi pris conscience que s'il va vraiment au fond de l'orgasme, cela donne une expérience très très secouante, terriblement secouante, choquante ; c'est la mort. Il ne sera plus jamais le même.

L'homme a donc appris un orgasme local, juste au niveau des organes génitaux, son corps entier n'est pas impliqué. Et pendant des siècles, les femmes ont complètement oublié qu'elles pouvaient avoir un orgasme. Ce n'est que depuis une vingtaine d'années que nous avons redécouvert que la femme a une capacité d'orgasme ; pas seulement d'orgasme, mais une capacité d'orgasme MULTIPLE ; qu'elle est plus puissante que l'homme, et qu'elle peut aller plus loin que l'homme dans l'orgasme - aucun homme ne peut rivaliser avec une femme. Mais cela a été supprimé et caché pendant des siècles.

En Orient, les femmes ont complètement oublié ce qu'est l'orgasme. Si je parle à une Indienne et que j'utilise le mot orgasme, elle ne comprend pas - Que voulez-vous dire ? Impossible ! On lui a appris que seul l'homme jouit du sexe, pas la femme, que ce n'est pas féminin d'en jouir.

Pourquoi cette suppression ? Et pourquoi, dans le monde entier, le sexe a-t-il été si profondément réprimé ? Le sexe est similaire à la mort, voilà la raison. Et toutes les cultures répriment deux choses : le sexe et la mort. Et elles sont si semblables qu'on peut presque dire qu'elles sont les deux aspects d'une même pièce.

Et ils doivent l'être, car c'est par le sexe que la vie naît ; ce doit être par le sexe que la vie disparaît à nouveau. La source originelle doit aussi être la fin du cercle. C'est par le sexe que la vague de vie surgit - elle doit se résorber dans le sexe à nouveau. Ainsi, le sexe EST la vie et le sexe EST la mort.

La même chose se produit dans la méditation. Vous vous accordez si profondément, vous vous repliez sur vous-même, que soudain vous passez la troisième couche du chaos. Tu es en train de mourir ! Et si vous avez peur, alors il y aura un blocage. Chez les personnes qui ont eu peur de la méditation, et qui ont ensuite fait toutes sortes de rationalisations pour ne pas la faire, un blocage existe. Mais si vous restez vigilant et permettez la mort, vous devenez sans mort. Vous savez que la mort se produit tout autour de vous, et vous ne mourez pas. MOURIR et pourtant ne pas mourir. Mourir totalement - et pourtant vivre totalement ! C'est la plus belle expérience qu'un homme puisse faire.

A ce quatrième stade, il y a encore deux possibilités. (La première : si vous devenez vraiment mort sans conscience, alors vous existerez comme un zombie, un robot, terne, distrait. Vous pouvez trouver dans de nombreuses maisons de fous des personnes appartenant à la quatrième catégorie qui ont perdu toute vie, toute vitalité. Ils existent, mais leur existence ressemble plutôt à de la végétation. En Orient, nous avons un nom particulier pour ce quatrième type qui n'a pas de conscience ; nous l'appelons un FAKIR. Fakir est un terme soufi : il signifie un yogi qui a manqué. Il est allé jusqu'au bout, et soudain, il n'a pas pu rester alerte. Alors maintenant il est mort. Une partie de la chose s'est produite, une autre ne s'est pas produite ; il est mort et il n'a pas pu renaître. Il restera absent, il vous regardera avec des yeux vides. Si vous lui donnez de la nourriture, il mangera, si vous ne lui donnez pas de nourriture, il restera assis sans manger pendant des jours. Il vivra une vie morte. Il est au quatrième stade, mais il a manqué.

A partir du troisième stade, un Maître devient une nécessité absolue. Au quatrième, sans un Maître, c'est presque impossible. Mourir est facile pour vous, mais qui vous donnera la renaissance ? Qui vous sortira de cette expérience de mort qui est si choquante et si bouleversante que l'ego tombe tout simplement ?

La quatrième est l'expérience où le symbole chrétien de la croix prend tout son sens. C'est au quatrième que la croix prend tout son sens ; on meurt. Mais ce n'est pas tout, Jésus ressuscite.

Croix et résurrection.

Si quelqu'un meurt simplement au quatrième, il vivra une vie de zombie.

Il se déplacera dans le monde comme s'il dormait profondément. Comme dans un profond sommeil hypnotique. Ivre. Vide. La croix sera là en lui, mais la résurrection n'aura pas eu lieu. Si l'on reste alerte - et il est très difficile d'être alerte quand la mort arrive ; mais avec un Maître qui travaille lentement, c'est possible. Si vous vous endormez, le Maître fonctionne comme une alarme, il vous rend alerte et éveillé. Il vous donne un choc, vous rend attentif, et si vous pouvez devenir attentif, conscient, alors que la mort survient tout autour, vous devenez sans mort. Alors entre la cinquième couche.

La cinquième est la couche de la vie. L'énergie devient absolument libre, sans blocages. Vous êtes libre d'être ce que vous voulez être. Bouger, ne pas bouger : agir, ne pas agir ; quoi que ce soit ; vous êtes absolument libre. L'énergie devient spontanée. Mais il y a aussi deux possibilités - pour la dernière fois.

On peut s'identifier à l'énergie vitale au point de devenir un épicurien. C'est là qu'Epicure et Bouddha se séparent. Les épicuriens, les CHARWAKAS en Inde, et les autres hédonistes du monde, qui ont vraiment pénétré jusqu'au cinquième noyau de la vie, ont fini par savoir ce qu'est la vie - et ils se sont identifiés à la vie : Manger, boire, s'amuser, est devenu leur credo, parce qu'ils ne connaissent rien au-delà de la vie. La vie est au-delà de la mort. Vous êtes même au-delà de la vie. Vous êtes une transcendance ultime.

Donc, dans la cinquième, il y a une possibilité - si vous ne restez pas vigilant à nouveau dans la cinquième, vous deviendrez une victime de l'hédonisme. Bien ! Vous êtes arrivé tout près de la maison ; un pas de plus - mais ensuite vous pensez : Le but est atteint.

Epicurus est magnifique. Un pas de plus et il serait devenu un Bouddha. Les Charwakas sont beaux. Un pas de plus et ils seraient devenus des Christs. Juste un pas de plus.

Au dernier moment, ils se sont identifiés à la vie. Et souvenez-vous, il est difficile de s'identifier à la mort, car qui veut s'identifier à la mort ? Il est très facile d'être identifié à la vie, car tout le monde veut avoir la vie éternelle. La vie, la vie et la vie !

La personne qui se transforme à ce moment en Epicure, qui s'identifie à la vie, continue à vivre une vie très orgasmique. Tout son corps fonctionne d'une manière extraordinairement belle et gracieuse. Il apprécie les petites choses : manger, danser, marcher dans la brise, prendre le soleil ; les petites choses de la vie lui procurent un immense plaisir. La joie est le mot qui convient à cet homme. Ou vous pouvez l'appeler délice. Mais pas la béatitude, la béatitude n'est pas pour lui. Il jouit, mais il n'est pas béat. Quelle est la différence entre la joie et la félicité ? Lorsque vous appréciez quelque chose, votre joie dépend de cette chose, c'est objectif Vous avez une belle femme à aimer, et vous ressentez de la joie. Mais si la belle femme s'en va, la tristesse s'installe. Le climat est bon, vibrant, VIVANT - vous avez une danse à vos pieds ; mais ensuite le climat est terne, nuageux - et toute joie disparaît. L'homme de joie ressentira aussi de la tristesse. Il y aura des hauts et des bas.

Il se déplacera vers le sommet et reviendra dans la vallée. Il y aura des jours et des nuits - la dualité restera.

Si l'on reste alerte au moment où la vie se déroule ; conscient, attentif, conscient - on transcende aussi la vie ; alors il y a la félicité. La félicité est la joie sans aucune cause visible ou invisible. La félicité est une joie non causée. Vous êtes heureux - quoi qu'il arrive. Maintenant, la félicité est votre nature, pas quelque chose qui vous arrive. C'est VOUS.

Ce sont les couches. Et elles se produisent de cette façon parce que lorsqu'un enfant naît, IL EST LA VIE. Chaque enfant est Epicure. La vie qui vibre. Une énergie en mouvement libre, sans blocages. Un enfant est l'énergie, le pur plaisir de l'énergie, sautant sans raison, et si heureux que même si vous atteignez le paradis, vous ne sauterez pas comme cela - et il saute pour rien ; ou bien il a rassemblé quelques pierres de couleur et il est simplement fou de joie. Regardez les petits enfants assis, ne faisant rien - et ils semblent si heureux : sans aucune raison !

Quand un enfant naît, il n'a qu'une seule couche, c'est la VIE. Si un enfant peut devenir conscient, il peut passer immédiatement à l'état de Bouddha - mais c'est difficile, il ne peut pas devenir conscient ; parce que pour devenir conscient, il devra entrer dans la vie, la souffrance ; il devra rassembler de nombreuses couches, cela fait partie de la croissance. C'est pourquoi Jésus dit : Vous n'entrerez dans le royaume de Dieu que lorsque vous serez comme des enfants, mais il ne dit pas que les enfants entreront, non. Des gens qui sont comme des enfants, pas des ENFANTS ! Les enfants n'entreront pas. Ils doivent grandir, ils doivent tout perdre pour tout regagner. Ils doivent se perdre dans le monde, ils doivent s'oublier complètement, ce n'est qu'en s'éloignant, loin loin d'eux-mêmes, en souffrant beaucoup, qu'ils reviendront à leur maison, qu'ils la redécouvriront - alors ils sont COMME des enfants ; pas des enfants mais comme des enfants.

Un enfant naît avec la couche de vie qui fonctionne. Un enfant n'a que deux couches : la couche de vie et la couche transcendantale. Le transcendantal est le centre, pas une couche ; le noyau même. Vous pouvez l'appeler l'âme, le Soi, ou tout autre nom que vous voulez lui donner. Il n'a qu'une seule couche de vie, et puis, au fur et à mesure que l'enfant grandit, il prend conscience de la mort. Il voit des gens mourir, des fleurs tomber, il voit soudain un oiseau mort, ou le chien mort - il prend conscience de la mort. Quand il voit des choses et regarde autour de lui, il commence à penser que la vie doit se terminer un jour. Puis, immédiatement, il accumule une autre couche - c'est la couche de la mort ; il commence à avoir peur de la mort. C'est la deuxième couche qu'un enfant atteint.

Puis, à mesure qu'il grandit, il y a de nombreux SHOULDS et SHOULD NOTS : tu dois faire ceci et tu ne dois pas faire cela ; il n'a pas le droit à une liberté chaotique totale, il doit être discipliné, forcé - et il est un chaos, une liberté totale, il aimerait n'avoir aucune règle dans le monde. Mais cela ne peut être autorisé - il devient un membre de la société. Donc son chaos, son énergie multidimensionnelle rapide, doit être supprimé. Il faut lui imposer des règles, lui apprendre des choses - l'apprentissage de la propreté et autres - et tout doit devenir bon ou mauvais, divisé ; il doit choisir. Une troisième couche de chaos, ou névrose, est créée.

Les enfants à qui on a enseigné trop de règles sont plus névrosés ; ils portent plus de névrose en eux ; c'est pourquoi la névrose n'apparaît que dans une société très civilisée. Dans une société primitive, les gens ne deviennent pas névrosés ; on ne leur a jamais imposé trop de règles, en fait, on leur a permis de garder leur chaos en eux, un peu. Peu de règles - alors peu de possibilités de névrose ; plus de règles - plus de possibilités de névrose. La troisième couche.

Ensuite, l'enfant commence à apprendre à jouer à des jeux. Il doit jouer à des jeux parce qu'il n'a pas le droit d'être authentique et réel. Il y a des moments où il a l'impression de détester sa mère, parce que celle-ci continue à lui imposer des choses, mais il ne peut pas dire à sa mère qu'il la déteste. Il doit dire : Je t'aime. Il doit toucher ses pieds, et prétendre qu'il l'aime profondément. Maintenant, les jeux commencent - une quatrième couche. Il va jouer des rôles.

Les petits enfants deviennent des politiciens. Le père rentre à la maison et l'enfant sourit, car il sait que si tu ne souris pas, tu ne pourras pas avoir de glace aujourd'hui. Si tu souris, le père devient très généreux, sa main va dans sa poche. Si tu ne souris pas, il est très dur. Maintenant, l'enfant est devenu un politicien. Vous voyez des photos de politiciens - toujours souriants.

Avez-vous vu quelqu'un faire du porte-à-porte pour son élection ? Il continue à sourire - juste en étirant les lèvres, sans sourire à l'intérieur. Parfois ça arrive, ça devient une telle habitude..... J'ai connu un politicien - malheureusement, une nuit, j'ai dû dormir avec lui - dans la nuit, je me suis levée et j'ai regardé - il souriait.

Cela devient une telle habitude que même en dormant, il ne peut pas se détendre. Il a dû faire du porte-à-porte ou autre chose...

L'enfant apprend qu'il doit faire semblant. Il n'est pas accepté tel qu'il est. Il doit montrer qu'il est exactement comme vous le voudriez. Il devient divisé : il a maintenant un monde privé qui lui est propre. S'il veut fumer une cigarette, il doit se cacher quelque part - dans le garage, ou sortir dans une rue pour se cacher. Vous avez peut-être vu un enfant fumer, mais si vous le lui demandez, il le nie tout simplement - et si innocemment ; il dit : Qu'est-ce que vous dites ? Moi, je fume ? Jamais ! Et regardez son beau visage innocent ; il est devenu parfait, un politicien, un joueur de rôle.

Et puis il apprend que ses jeux paient. Si vous êtes vrai, vous souffrez. Si vous devenez expert en mensonges, c'est payant. Maintenant il apprend les manières du monde des fous. Une quatrième couche de jeu de rôle.

Puis un cinquième - de formalités. Quelqu'un arrive, et il déteste cette personne, mais la famille dit : "C'est un invité et tu dois l'accueillir ; non seulement l'accueillir, mais aussi l'embrasser - et il déteste l'idée même ; c'est dégoûtant ! Mais que faire ? Un enfant est sans défense, sans pouvoir. Vous avez le pouvoir, la famille a le pouvoir, vous pouvez l'écraser. Alors il sourit, il embrasse, il dit bonjour, sans rien vouloir dire ; il crée maintenant une cinquième couche.

Ce sont les cinq couches. Vous devez revenir en arrière, à la source originelle. C'est ce que Patanjali appelle PRATYAHARA, revenir à l'état originel. C'est ce que Mahavir a appelé PRATIKRAMANA, revenir, retomber dans son originalité. C'est ce que le Christ a appelé CONVERSION ; redevenir un enfant.

Ensuite, lorsque toutes les couches de votre oignon sont épluchées - c'est une chose ardue ; même éplucher un oignon ordinaire est difficile, les larmes vous viennent aux yeux, et lorsque vous épluchez l'oignon de votre propre personnalité, de nombreuses larmes seront là ; c'est dur, c'est ardu, mais cela DOIT être fait, sinon vous vivez une vie fausse, et vous vivez une vie malade.

Maintenant, ce sutra de Lao Tseu.

QUI SAIT QU'IL NE SAIT PAS EST LE PLUS HAUT ; L'innocence de l'enfance atteinte. CELUI QUI SAIT QU'IL NE SAIT PAS EST LE PLUS ÉLEVÉ. Un enfant ne sait pas, mais il ne sait pas non plus qu'il ne sait pas - Un sage ne sait pas, mais il sait qu'il ne sait pas - c'est la seule différence entre un enfant et un sage. L'enfant est ignorant, mais il ne sait pas qu'il est ignorant. Le sage est également ignorant, mais il sait parfaitement qu'il est ignorant. Telle est sa sagesse, tel est son savoir - savoir qu'il ne sait pas.

CELUI QUI SAIT QU'IL NE SAIT PAS EST LE PLUS ÉLEVÉ ; CELUI QUI PRÉTEND SAVOIR CE QU'IL NE SAIT PAS EST UN MALADE.

Faire semblant, c'est être malade. Faire semblant, c'est être faux. Être faux, c'est être coincé quelque part. Être coincé quelque part, c'est être bloqué : l'énergie ne circule pas, elle n'est pas libre de se déplacer. Vous n'êtes pas comme une rivière, mais gelés, des blocs de glace. En partie morts, en partie vivants.

QUI PRÉTEND SAVOIR CE QU'IL NE SAIT PAS EST UN MALADE MENTAL.

Analysez juste votre propre personne. Que savez-vous ? Si vous pénétrez profondément, vous finirez par comprendre que vous ne savez rien. Vous avez peut-être beaucoup d'informations, mais ce n'est pas de la connaissance. Les Écritures - vous pouvez en avoir lu beaucoup, mais ce n'est pas la connaissance. Si vous ne lisez pas l'écriture de votre propre être, il n'y a pas de connaissance possible. Il n'y a qu'un seul Coran, une seule Bible et une seule Gita, et ils sont cachés en vous. À moins que vous ne le décodiez - et c'est ce dont je vous ai parlé ce matin :

comment le décoder, comment il s'est perdu dans la jungle de vos personnalités, couches de personnalités, masques, prétentions. Il est perdu.

Mais il n'est pas absolument perdu, il est toujours là. Cherchez, et vous pourrez le trouver. Cherchez un peu, avancez vers elle, et tôt ou tard - vous êtes sur la piste. Et au moment où vous êtes sur la piste, vous sentez soudain que tout se met en place, tout s'assemble, tout devient une symphonie, les divisions se dissolvent, l'unité apparaît.

QUI PRÉTEND SAVOIR CE QU'IL NE SAIT PAS EST UN MALADE MENTAL.

Et la connaissance n'est possible que lorsque vous transcendez la vie et la mort, pas avant. Comment pouvez-vous savoir si vous n'avez même pas atteint votre être le plus profond ? Que pouvez-vous savoir d'autre si vous ne vous connaissez pas vous-même ? D'où l'insistance de tous les sages sur la CONNAISSANCE DE SOI. Car c'est la clé secrète de toute connaissance. Et cette clé unique ouvre mille et une serrures, c'est un passe-partout. En connaissant l'un, disent les Upanishads, on connaît tout. Sans cette connaissance, même si vous savez tout, cela ne sert à rien.

Elle peut vous accabler. Il peut devenir lourd pour vous. Elle peut vous tuer, mais elle ne peut pas vous libérer.

ET QUI RECONNAÎT LA MALADIE COMME UNE MALADIE N'EST PAS UNE MALADIE.

C'est ce que je vous disais. Si tu restes vigilant, et que tu connais un blocage particulier, que - Voici où se trouve ma blessure, voici l'impasse, voici le blocage, la maladie ; si tu peux être vigilant à ta maladie - soudain elle commence à fondre.

Celui qui RECONNAÎT - la reconnaissance n'est possible que dans une conscience très profonde, la conscience.

La reconnaissance signifie que vous êtes vigilant et que vous reconnaissez que CELA est le problème. Une fois que vous avez identifié le problème, celui-ci est déjà en voie de résolution. Rien d'autre n'est nécessaire. Pour les maladies spirituelles, la reconnaissance suffit. Aucun autre médicament n'est nécessaire.

Médecine et méditation - ce sont les deux médecines du monde. Et les deux mots viennent de la même racine. La médecine pour le corps, la méditation pour l'âme. Et les deux signifient médecine.

ET QUI RECONNAÎT LA MALADIE COMME UNE MALADIE N'EST PAS UNE MALADIE.

LE SAGE N'A PAS L'ESPRIT MALADE.

Pourquoi ? Parce qu'il est simplement alerte, vigilant. Il se souvient de lui-même. Il n'est pas identifié à une quelconque couche de la personnalité. Il n'est pas les formalités, il n'est pas le rôle et le jeu, il n'est pas le chaos, il n'est pas la mort, il n'est pas la vie. Il est la transcendance même de tout.

PARCE QU'IL RECONNAÎT LA MALADIE COMME UNE MALADIE, IL N'EST DONC PAS MALADE.

Prenez-le comme un outil très très utile. Utilisez-le dans la redécouverte intérieure de votre être. Partez de la première couche, et ne soyez pas pressé, car si vous laissez quelque chose d'incomplet dans une couche, vous devrez revenir à cette couche.

Rappelez-vous toujours que tout ce qui est incomplet restera une gueule de bois. Donc, lorsque vous cherchez dans une couche, cherchez-la entièrement. Finissez-en avec elle. Ne l'emportez pas dans une autre couche. Elle ne peut être résolue que dans son propre espace.

Lorsque vous entrez dans la deuxième couche du jeu - observez-les, ne soyez pas pressé. Et ne vous contentez pas d'accepter ce que je dis, car cela ne vous aidera pas. Vous pouvez dire : Oui, c'est ce que dit Maître, et j'en suis venu à le reconnaître. Non, cela n'aidera pas. Ma reconnaissance ne peut pas être votre reconnaissance. Vous devez parcourir le chemin sur vos propres pieds. Je ne peux pas voyager pour vous. Je peux tout au plus vous indiquer le chemin. Mais vous devez le suivre, marcher, vous devez vous déplacer sur ce chemin, et vous déplacer très prudemment afin de ne rien laisser d'incomplet et de non vécu, sinon cela s'accrochera à vous, et vous l'emporterez dans une autre couche, et tout sera chaos et confusion.

Finissez-en avec chaque couche, et quand je dis finissez-en, ne vous méprenez pas, je ne dis pas d'arrêter de l'utiliser, je ne dis pas d'arrêter de dire bonjour aux gens - je dis de ne pas en faire tout votre monde. Dites bonjour, et si vous pouvez le penser, c'est magnifique ; dites bonjour ! Si vous êtes vraiment vivant, vos formalités deviendront également vivantes. Quand vous allez dire "bonjour", pourquoi ne pas le penser aussi ? Si vous allez déjà le dire, il faut le dire, alors pensez-le ! Je ne dis pas qu'il faut abandonner les formalités, non, parce que cela s'est souvent produit dans le passé - en Occident, cela se produit en ce moment même, les gens en ont assez des fausses prétentions. Ils se retirent de la société.

C'est une réaction, pas une révolution. Ensuite, ils passent à l'extrême opposé. Ils ne croient alors à aucune formalité et leur vie devient difficile, et ils rendent la vie des autres également difficile. Parce qu'ils perdent la douceur, et ils laissent tomber tout ce qui lubrifie.

Maintenant, c'est devenu courant en Occident - vous pouvez approcher une femme et lui demander simplement : Voulez-vous coucher avec moi ? Même à un étranger !

C'est peut-être sincère, c'est ce que vous voulez, mais c'est agressif et violent. Et même si la femme est prête à y aller, la façon dont vous le proposez va devenir un obstacle - et ça fait mal ; alors la femme a l'impression que vous allez seulement l'utiliser Non, un peu de lubrification est nécessaire.

Vous allez chez votre père et vous lui demandez simplement de l'argent - sans même lui dire bonjour ; il semble alors que votre seule relation passe par l'argent. Les choses deviennent difficiles, les choses sont déjà difficiles, pourquoi les rendre plus difficiles ?

Je ne dis pas que vous devez laisser tomber toutes les formalités - elles sont belles dans la mesure où elles vont, elles vont magnifiquement bien. Rappelez-vous simplement d'une chose, c'est que vous ne devez pas devenir le monde du formel. Vous devez rester vigilant.

Et si quelqu'un est prêt, vous devriez être capable de passer à la deuxième couche de jeu.

Et si quelqu'un est disposé à le faire, vous devriez pouvoir passer à la troisième couche - celle du chaos.

Lorsque vous aimez une personne, et qu'une personne vous aime, vous pouvez vous asseoir ensemble dans un chaos profond ; cela a une beauté énorme, austère. Deux personnes dans un chaos profond, comme deux nuages qui se rencontrent.

Mais si quelqu'un est disposé, et si quelqu'un est prêt à se déplacer dans votre chaos, alors seulement, sinon n'empiétez sur personne. N'interférez pas dans la vie de quelqu'un - ces formalités sont juste de bons moyens d'éviter les intrusions.

Les jeux et les jeux de rôle sont bons, car si quelqu'un n'est pas prêt à aller en profondeur, qui êtes-vous pour le forcer à aller en profondeur ? Cela ne sert à rien ! C'est à vous de bouger ! Et si quelqu'un est prêt à aller avec vous jusqu'au quatrième niveau, le niveau de la mort, si quelqu'un est vraiment amoureux de vous et veut une relation totalement intime, alors seulement - laissez tomber le troisième, passez au quatrième, passez au cinquième.

Du cinquième au sixième - le transcendantal, vous devez vous déplacer un.one. Jusqu'à la cinquième, un maître peut être utile. Mais de la cinquième à la sixième, vous devez vous déplacer seul - mais alors vous êtes prêt. Au moment où vous atteignez le cinquième, vous êtes prêt. Il ne vous reste plus qu'un pas à faire, dans la solitude totale, vous vous dissolvez dans votre propre infini, le vide intérieur.

C'est ce que nous avons appelé le nirvana - la cessation complète de votre être, comme si une goutte était tombée dans l'océan. et était devenue l'océan. La vague disparaît, l'individualité n'existe plus, vous êtes devenu le tout. Et lorsque vous êtes devenu le tout, c'est seulement à ce moment-là que vous êtes vraiment en bonne santé ; c'est pourquoi Lao Tseu dit : Le sage n'a pas l'esprit malade. En fait, le sage n'a pas d'esprit. Comment pourrait-il être malade ?

Et si vous me demandez, j'aimerais dire que tous les esprits sont malades, plus ou moins. Être dans l'esprit, c'est être malade. Les degrés diffèrent.

Jusqu'au cinquième, il y a une possibilité de l'esprit, parce qu'il y a une possibilité de s'identifier.

S'identifier à quelque chose, c'est créer un esprit. Si vous vous identifiez à la vie, vous créez immédiatement un esprit L'esprit n'est rien d'autre qu'une identification. Si vous restez non-identifié, distant, un observateur sur la colline, un témoin - alors vous n'avez pas de mental. Témoigner n'est pas un processus mental. Tout le reste est mental.

Ainsi, le sage est en bonne santé parce qu'il n'a pas d'esprit. Atteignez l'absence d'esprit. Avancez couche par couche. Pelez complètement votre oignon, jusqu'à ce qu'il ne reste que du vide dans votre main.

C'est le monde entier que j'ai

Question 1 :

EST-IL POSSIBLE D'AVOIR UNE PENSÉE ORIGINALE ?

Il est impossible, absolument impossible d'avoir une pensée originale. Parce que le mental est la mémoire, le mental est le passé, le mental est ce que vous avez déjà connu, c'est une chose empruntée, et tout ce que le mental peut faire ne peut être qu'une répétition ; de nouvelles combinaisons de mots, de notions, de concepts ; mais au fond, tout sera emprunté. L'esprit ne peut jamais être original. La nature même de l'esprit est telle - c'est un bio-ordinateur. Avant qu'il puisse vous donner quelque chose, vous devez le nourrir. Et ce que vous lui donnez à manger sort de lui. Parfois, vous pouvez avoir des combinaisons de pensées qui semblent être originales mais qui ne le sont pas - par exemple, vous pouvez imaginer un cheval d'or volant dans le ciel. Cela semble original. Il ne l'est pas.

Il n'y a pas de chevaux d'or, bien sûr, et aucun cheval ne vole, mais vous avez vu un cheval, vous avez vu des oiseaux volants, vous avez vu de l'or ; voilà une nouvelle combinaison. Mais tout est ancien, du passé, du connu.

L'originalité n'est pas possible, seule l'originalité fictive est possible. L'esprit reste mort, c'est la mémoire.

Alors, est-ce que je dis qu'il n'y a pas de possibilité d'être original ? Non, je ne dis pas cela. La pensée ne peut pas être originale, aucune pensée ne peut l'être, l'originalité dans la pensée n'est pas possible. L'originalité dans l'être EST possible.

On peut être original, mais on ne peut pas penser de manière originale. Un Bertrand Russell n'est pas original, ne peut pas l'être - un penseur très profond, mais pas original. Un Bouddha peut être original - non pas dans sa pensée, mais dans son être ; la façon dont il est, un terrain absolument vierge. Personne ne l'a encore parcouru. Il est absolument frais, il vient de naître, il change d'instant en instant, il est vivant, il ne permet jamais à la mort de s'installer sur lui. L'être peut être original, la pensée ne peut pas l'être. Les penseurs ne sont jamais originaux, seuls les non-penseurs le sont - si vous me permettez ce terme. Au fond de vous, si vous atteignez la vacuité, vous serez original. Tout ce qui surgit de cette vacuité est toujours nouveau. Mais il faut se souvenir de la distinction.

Même un Bouddha, lorsqu'il parle, n'est pas original. Son être est original, mais lorsqu'il utilise le langage, là encore, l'esprit doit être utilisé, la mémoire doit être utilisée. La langue appartient aux autres, pas à vous ; vous n'avez pas apporté de langue au monde, vous avez apporté un être nouveau, bien sûr, mais la langue a été donnée par la société, par les autres, de sorte que même un Bouddha doit utiliser une langue empruntée.

Dès que le Bouddha dit quelque chose, l'originalité est perdue. Et si vous écoutez le Bouddha, pas ses mots, mais si vous pouvez avoir un aperçu de son être à travers les mots, alors vous sentirez l'originalité, alors IL Y A la fleur de lotus, chaque pétale est frais, comme les gouttes de rosée du matin - mais alors vous devez pénétrer le langage, les mots.

Lorsque le Bouddha communique, il communique aussi. Il dit quelque chose et il est aussi quelque chose. Si vous écoutez ses paroles, vous pouvez les trouver dans les Upanishads, dans les Vedas, quelque part, mais si vous écoutez son être, pas ses paroles, si vous écoutez son cœur, le battement, le rythme de son être, si vous écoutez sa respiration, la façon dont il est, juste en ce moment, le miracle qu'il est, la magie qu'il est - si vous écoutez cela, alors aucune Upanishad ne peut rapporter quoi que ce soit à ce sujet. Cet homme n'a jamais été là ! Pour la première fois, il est là ; il est original.

Je vous parle, je dois utiliser le langage. Si vous n'écoutez que ce que je dis et pas ce que je suis, vous ne verrez pas mon originalité. Écoute les vides entre les mots. Écoute le vide entre les lignes. Écoutez-moi, pas ce que je dis. Alors une compréhension surgira, et soudain, comme un éclair, vous serez capable de me voir - et l'original qui est en train de se produire devant vous.

Mais il ne fait pas partie de l'esprit. L'esprit est un mécanisme. Il ne peut pas être original ; il n'est même pas vivant - comment peut-il être original ? Il est social. D'où l'insistance de tous les éveillés sur le fait que si vous ne laissez pas tomber le mental, vous ne pourrez pas connaître la vérité, car la vérité est toujours originale. Le mental : toujours emprunté ; la vérité : toujours originale. Le mental et la vérité ne peuvent pas se rencontrer.

La méditation consiste à atteindre un état de non-pensée, un état de non-pensée. Dans cet état de non-pensée, dans ce genre d'espace, vous devenez soudainement pur, innocent, non corrompu. Vous n'avez jamais été comme ça avant, personne n'a jamais été comme ça avant, personne ne sera comme ça à nouveau. Unique.

Et savoir cela, c'est se réaliser soi-même. Savoir cela, c'est savoir tout. Si vous ne savez pas cela, tout ce que vous savez d'autre n'est que des déchets, des ordures.

Si vous connaissez cet UN, l'original en vous - le sans nom, parce que l'original ne peut pas avoir de nom ; le sans forme, parce que l'original ne peut pas avoir de forme ; l'inconnu, parce que l'original ne peut pas être connu ; l'inexploré, le non pénétré, le vierge, alors seulement vous parvenez à ressentir l'extase de l'existence, sa beauté.

C'est arrivé une fois, dans un commissariat de police ; un mystique soufi est entré ; il était nu, et une foule le suivait. Il dit à l'officier de police : On m'a volé. Tout ce que j'avais a été volé, et comme vous pouvez le voir, je suis debout, nu ; mon manteau, mes vêtements, mon lit, ma couette, mon coussin, mon oreiller, mon parapluie - tout a été volé ; mais il était très calme et tranquille. L'agent de police a écrit toute la liste - elle était très longue.

Et soudain apparut un homme qui suivait la foule, et il jeta une vieille couverture devant l'officier de police, et il dit : C'est tout, une misérable vieille couverture, que j'ai volée à cet homme, et il dit que c'était tout son monde !

Le soufi a pris la couverture, s'est couvert le corps, a commencé à sortir du poste de police - l'officier de police l'a arrêté, il a dit : D'abord vous devrez donner une explication parce que vous avez donné une si grande liste, c'est faux !

L'homme dit : Non ? parce que c'est tout ce que j'ai. Quand il pleut, je l'utilise comme un parapluie.

Parfois, je l'utilise comme lit. Et c'est mon seul vêtement. Dans le froid, c'est mon manteau. Le jour, je l'utilise comme coussin. La nuit, parfois comme un oreiller. Ce sont les fonctions de ma couverture, mais c'est tout le monde que j'ai et la liste n'est pas fausse.

C'est un message profond. Le soufi dit que si vous atteignez l'un, vous atteignez le tout. C'est une parabole. Alors cette couverture unique couvre tout. Elle devient votre parapluie, elle devient votre lit, elle devient vos vêtements, elle vous sert de millions de façons. Le simple fait de connaître celle qui est cachée derrière vous permet de tout connaître. Savoir cela, être cela, c'est être tout. Et si vous manquez cela, vous avez été dépouillé du monde entier. Vous n'avez rien, vous êtes tout nu.

Celui-là est original. Vous devez essayer de pénétrer le mot ORIGINAL, ce qu'il signifie Il signifie - ce qui vient de la source. Cela ne veut pas dire nouveau, cela ne veut pas dire inédit, cela veut dire ce qui vient de la source, de l'origine même ; ce qui vient du tout début, qui appartient à la base même de l'existence - cela est original.

Les pensées ne peuvent être originelles, seulement vous, car vous appartenez à la source même. Vous étiez là au début, et vous serez là à la fin, car vous ÊTES l'existence.

Penser est une chose qui s'apprend. On peut l'apprendre, on peut la désapprendre. C'est acquis. Vous pouvez la laisser tomber n'importe quel jour où vous voulez la laisser tomber. Mais votre nature, ce que Lao Tseu appelle Tao, votre nature originelle, n'est pas acquise, elle a toujours été là, elle est la source.

Aucune pensée ne peut être originale, mais AUCUNE PENSÉE ne peut être originale. Rappelez-vous cela.

Question 2 :

QUELLE EST LA DIFFÉRENCE ENTRE LA MATURITÉ ET LE VIEILLISSEMENT ?

Une grande différence, une vaste différence, et les gens restent toujours confus à ce sujet. Les gens pensent que vieillir, c'est devenir mature, mais le vieillissement appartient au corps.

Tout le monde vieillit, tout le monde deviendra vieux, mais pas nécessairement mature. La maturité est une croissance intérieure.

Le vieillissement n'est pas une chose que vous faites, le vieillissement est quelque chose qui se produit physiquement. Chaque enfant qui naît, quand le temps passe, devient vieux. La maturité est quelque chose que vous apportez à votre vie - elle est le fruit d'une prise de conscience.

Lorsqu'une personne vieillit en pleine conscience, elle devient mature. Vieillir plus conscience, expérimenter plus conscience, c'est la maturité.

Vous pouvez faire l'expérience d'une chose de deux façons. Vous pouvez simplement la vivre comme si vous étiez hypnotisé, inconscient, non attentif à ce qui se passe ; la chose s'est produite mais vous n'étiez pas là. Elle ne s'est pas produite en votre présence, vous étiez absent. Vous n'avez fait que passer. Cela ne vous a jamais marqué. Elle n'a jamais laissé de trace sur vous. Vous n'avez jamais rien appris de lui. Il se peut même qu'il soit devenu une partie de votre mémoire parce que, d'une certaine manière, vous étiez présent, mais il n'est jamais devenu votre sagesse. Vous n'avez jamais grandi à travers elle.

Alors vous vieillissez.

Mais si vous apportez la qualité de la conscience à une expérience, cette même expérience devient une maturité.

Il y a deux façons de vivre : la première, c'est de vivre dans un profond sommeil. Alors vous vieillissez, à chaque instant vous devenez vieux, à chaque instant vous continuez à mourir, c'est tout, votre vie entière consiste en une longue et lente mort. Mais si vous prenez conscience de vos expériences - quoi que vous fassiez, quoi qu'il vous arrive, vous êtes vigilant, attentif, conscient, vous savourez l'expérience sous toutes ses coutures, vous essayez d'en comprendre le sens, vous essayez d'en pénétrer la profondeur, ce qui vous est arrivé, vous essayez de le vivre intensément et totalement - alors, ce n'est pas seulement un phénomène de surface. Au fond de vous, quelque chose est en train de changer. Vous devenez plus alerte. Si c'est une erreur, cette expérience, vous ne la commettrez plus jamais.

Une personne mature ne commet jamais plus la même erreur. Mais une personne âgée continue à commettre les mêmes erreurs encore et encore. Il vit dans un cercle. Il n'apprend jamais rien.

Vous serez en colère aujourd'hui, vous étiez en colère hier, et avant-hier, et demain aussi vous allez être en colère, et après-demain aussi. Encore et encore, vous vous mettez en colère, encore et encore, vous vous repentez, encore et encore, vous prenez la décision profonde de ne plus recommencer, mais cette décision ne change rien. Chaque fois que vous êtes perturbé, la rage prend le dessus, vous êtes possédé. La même erreur est commise. Vous vieillissez.

Si vous vivez totalement une expérience de colère, vous ne serez plus jamais en colère. Une seule expérience suffira à vous apprendre que c'est insensé, que c'est absurde, que c'est tout simplement stupide - non pas que ce soit un péché, c'est tout simplement stupide. Vous vous faites du mal, et vous faites du mal aux autres, pour rien. La chose n'en vaut pas la peine. Alors vous devenez mature. Demain, la situation se répétera, mais la colère ne sera pas répétée. Et un homme qui gagne en maturité n'a jamais décidé qu'il ne serait plus en colère, non, c'est le signe d'un homme qui ne devient pas mature. Un homme qui gagne en maturité ne décide jamais pour l'avenir.

La maturité elle-même s'en charge. Vous vivez aujourd'hui. C'est cette vie même qui décidera de ce que sera le lendemain - elle en découlera.

Si la colère était douloureuse, empoisonnée, que vous avez souffert l'enfer à travers elle, quel est l'intérêt de décider, ou de faire un vœu et d'aller au temple et de dire devant le Maître : "Je fais le voeu de ne plus jamais me mettre en colère" ? Tout cela est puéril. Il n'y a aucun intérêt ! Si vous avez su que la colère est un poison - c'est terminé ! Cette voie est fermée. Cette porte n'existe plus pour toi. La situation se répétera demain mais vous ne serez pas possédé par la situation. Vous avez appris quelque chose - cette compréhension sera là. Vous pouvez même rire, vous pouvez même vous amuser de la façon dont les gens deviennent si stupides. Votre compréhension grandit à travers chaque expérience.

Vous pouvez vivre votre vie comme si vous étiez en hypnose - c'est ainsi que vivent quatre-vingt-dix-neuf pour cent des gens - ou vous pouvez vivre avec intensité, avec conscience. Si vous vivez avec conscience, vous mûrissez, sinon vous devenez simplement vieux. Et devenir vieux ne signifie pas devenir sage. Si vous avez été un imbécile quand vous étiez jeune et que maintenant vous êtes devenu vieux, vous ne serez qu'un vieil imbécile, c'est tout. Rien. En devenant vieux, vous ne pouvez pas devenir sage. Vous pouvez même être encore plus fou, parce que vous avez peut-être atteint des habitudes mécaniques, semblables à celles des robots.

La vie peut être vécue de deux manières. Si vous vivez inconsciemment, vous mourrez tout simplement ; si vous vivez consciemment, vous atteignez de plus en plus de vie. La mort viendra, mais elle ne viendra jamais à un homme mûr, elle ne viendra qu'à un homme qui a vieilli et qui vieillit. Un homme mûr ne meurt jamais, car il apprend même à travers la mort. Même la mort sera une expérience à vivre intensément, à observer, à autoriser.

Un homme mature ne meurt jamais. En fait, devant un homme mûr, sur le rocher de la maturité, la mort se débat et se brise, se suicide. La mort meurt, mais jamais un homme mûr - c'est le message de tous les éveillés : vous êtes sans mort. Ils l'ont su, ils ont vécu leur mort. Ils ont regardé, et ils ont constaté qu'elle peut vous entourer mais que vous restez à l'écart, que vous restez loin.

La mort arrive près de vous, mais elle n'arrive jamais à vous.

Votre être est sans mort, votre être est bienheureux, votre être est divin, mais ces expériences ne peuvent pas s'inscrire dans l'esprit et dans la mémoire. Vous devez traverser la vie et les atteindre.

Beaucoup de souffrance est là, beaucoup de douleur est là. Et à cause de la douleur et de la souffrance, les gens aiment vivre stupidement - il faut comprendre pourquoi tant de gens insistent pour vivre dans l'hypnose ; pourquoi les Bouddhas et les Christs continuent à dire aux gens d'être éveillés, et personne n'écoute. Il doit y avoir une implication profonde dans l'hypnose, il doit y avoir un investissement profond. Quel est cet investissement ?

Le mécanisme doit être compris, sinon vous m'écouterez et vous ne prendrez jamais conscience Vous écouterez et vous en ferez une partie de vos connaissances : Oui, cet homme dit d'être conscient et c'est bien d'être conscient. Et ceux qui atteignent la conscience deviennent matures... Mais vous ne l'atteindrez pas vous-même, cela restera une connaissance. Vous pouvez communiquer votre savoir aux autres, mais cela n'aide personne.

Pourquoi ? Vous êtes-vous déjà posé cette question ? Pourquoi n'atteignez-vous pas la conscience ? Si cela mène à la félicité infinie, à la réalisation de SATCHITANANDA, à la vérité absolue - alors pourquoi ne pas être conscient ?

Pourquoi insistez-vous pour avoir sommeil ?

Il y a un certain investissement - et voici l'investissement : si vous prenez conscience, il y a de la souffrance. Si vous prenez conscience, vous prenez conscience de la douleur, et la douleur est telle que vous voudriez prendre un tranquillisant et vous endormir.

Cette somnolence dans la vie fonctionne comme une protection contre la douleur. Mais c'est là le problème : si vous vous endormez contre la douleur, vous vous endormez aussi contre le plaisir.

Pensez-y comme s'il y avait deux robinets : sur l'un est écrit "douleur" et sur l'autre "plaisir". Vous voudriez fermer le robinet sur lequel est écrit "douleur", et vous voudriez ouvrir le robinet sur lequel est écrit "plaisir". Mais c'est le jeu - si vous fermez le robinet "douleur", le plaisir se ferme immédiatement, car derrière les deux, il n'y a qu'un seul robinet sur lequel est écrit "conscience". Soit les deux restent ouverts, soit les deux restent fermés, car les deux sont deux faces du même phénomène, deux aspects.

Et c'est là toute la contradiction du mental : le mental veut être de plus en plus heureux ; le bonheur est possible si vous êtes conscient. Et puis le mental veut être de moins en moins dans la douleur, mais la douleur de moins en moins grande n'est possible que si vous êtes inconscient.

Maintenant, vous êtes face à un dilemme. Si vous ne voulez pas de douleur, le plaisir disparaît immédiatement de votre vie, le bonheur disparaît. Si vous voulez le bonheur, vous ouvrez le robinet - immédiatement, la douleur coule aussi. Si vous devez être conscient, vous devez être conscient des deux. La vie est douleur, plaisir. La vie est bonheur, malheur. La vie est jour et nuit. La vie est vie et mort. Vous devez être conscient des deux.

Alors, souvenez-vous-en. Si vous avez peur de la douleur, vous resterez en hypnose, vous vieillirez, vous deviendrez vieux et vous mourrez. Vous avez manqué une occasion. Si vous voulez être conscient, alors vous devez être conscient des deux, de la douleur et du plaisir. Ce ne sont pas des phénomènes séparés. Et un homme qui devient conscient devient très heureux, mais devient aussi capable d'un profond malheur, dont vous n'êtes pas capable.

C'est arrivé, un maître zen est mort, et son principal disciple - qui était un homme célèbre par lui-même, même plus célèbre que le maître, en fait le maître était devenu célèbre à cause du disciple - le principal disciple a commencé à pleurer ; assis sur les marches du temple, il a commencé à pleurer avec des larmes qui coulaient. Un million de personnes s'étaient rassemblées ; elles ne pouvaient pas le croire car on ne voit jamais un homme éveillé pleurer et pleurer, avec des larmes qui coulent. Ils disaient : Nous ne pouvons pas le croire. Que se passe-t-il ? Vous pleurez, et vous nous avez dit vous-même que l'être le plus profond ne meurt jamais. La mort n'existe pas. Nous t'avons entendu dire des millions de fois que la mort n'existe pas - alors pourquoi pleures-tu ? Votre Maître est toujours vivant dans son être.

Le disciple a ouvert les yeux et a dit : Ne me dérange pas. Laisse-moi crier et pleurer. Je ne pleure pas pour le Maître et son être. Je pleure pour son corps. Son corps était aussi beau. Ce corps n'existera plus jamais.

Et puis quelqu'un a essayé de le "persuader" que cela créerait une mauvaise réputation pour lui : Tant de gens se sont rassemblés, et ils vont penser que tu n'es pas éclairé. Le disciple a dit : Laisse-les penser ce qu'ils veulent. Mais depuis le jour où je suis devenu éveillé, je suis devenu infiniment bienheureux, mais je suis aussi devenu infiniment sensible à la douleur et à la souffrance.

Il semble que ce soit comme cela doit être. Si vous frappez Bouddha, Bouddha souffrira plus que vous si quelqu'un vous frappe. Parce qu'il est devenu infiniment sensible. Sa sensibilité est très délicate. Il est comme un pétale de lotus. Votre pierre va le frapper très profondément. Elle lui causera une profonde souffrance.

Bien sûr, il en sera conscient. Bien sûr, il en sera distant. Bien sûr, il en sera transcendant, il saura que cela se produit, et il n'en fera pas partie, il sera un phénomène semblable à un nuage qui l'entoure - mais cela se produit.

Vous ne pouvez pas être si sensible à la douleur, vous êtes si profondément endormi. Vous bougez comme un ivrogne - l'ivrogne tombe dans la rue, se cogne la jambe, la tête dans le caniveau - rien ne se passe. S'il était conscient, il aurait eu mal.

Un Bouddha souffre infiniment, un Bouddha jouit infiniment. N'oubliez jamais que chaque fois que vous atteignez un sommet élevé, une vallée profonde se crée simultanément près de ce sommet. Si vous voulez atteindre les cieux, vos racines devront aller jusqu'en enfer.

Parce que vous avez peur de la douleur, vous ne pouvez pas prendre conscience - et vous ne pouvez donc rien apprendre.

C'est comme si vous aviez tellement peur de vos ennemis que vous avez fermé les portes de votre maison. Maintenant, même l'ami ne peut pas entrer, même l'amant est exclu. L'amoureux continue à frapper à la porte mais vous avez peur, peut-être que c'est l'ennemi. Vous êtes donc fermés - c'est ainsi que je vous vois tous : fermés, effrayés par l'ennemi, et l'ami ne peut pas entrer.

Vous avez donc transformé l'ami en ennemi. Maintenant, personne ne peut entrer, vous avez tellement peur.

Ouvrez la porte. Quand l'air frais entre dans la maison, il y a toutes les chances que les dangers entrent aussi. Quand l'ami vient, l'ennemi vient aussi. Car le jour et la nuit entrent ensemble, la douleur et le plaisir entrent ensemble, la vie et la mort entrent ensemble.

N'ayez donc pas peur de la douleur, sinon vous vivrez dans l'anesthésie. Par peur de la douleur, vous prenez des anesthésiants.

Le chirurgien vous anesthésie avant de vous opérer, parce que vous allez avoir très mal, vous ne pourrez pas le supporter. Votre conscience doit être atténuée, assombrie. Ensuite, il peut couper votre corps entier et vous ne souffrirez pas.

À cause de la peur de la douleur, vous vous êtes forcé à vivre dans une conscience faible, dans une existence très faible, presque sans vie. C'est la peur - vous devez abandonner cette peur, vous devez faire face à la douleur, vous devez traverser la souffrance, alors seulement la possibilité s'ouvre à l'ami d'entrer.

Et lorsque vous connaissez les deux, vous devenez immédiatement le troisième. Quand vous connaissez les deux, la douleur et le plaisir, la dualité, le jour et la nuit - soudain vous êtes devenu transcendantal. C'est ce dont je parlais hier. "Le sixième" qui transcende tout.

La maturité est une prise de conscience. Vieillir, c'est se gâcher.

Question 3 :

JE SAIS QUE JE SUIS ASSIS DEVANT UN BOUDDHA, UN LAO TSEU. POURTANT J'AI L'IMPRESSION DE RETOURNER EN OCCIDENT. POUVEZ-VOUS ME DIRE CE QUI SE PASSE ?

Vous pouvez être assis devant un Bouddha ou un Lao Tseu, mais ce n'est pas en étant assis devant un Bouddha ou un Lao Tseu que vous deviendrez un Bouddha ou un Lao Tseu. Le contraire peut même se produire. En regardant un Lao Tseu, vous pouvez avoir très peur - parce qu'il est un abîme. Vous pouvez recevoir un tel choc que vous pouvez vous retourner et vous échapper.

C'est ce que j'ai observé chez de nombreuses personnes. Ils viennent à moi avec un fort désir, avec un cœur ardent, et quand ils viennent à moi et qu'ils regardent dans l'abîme, ils ont peur.

Ils étaient venus pour réaliser quelque chose, et soudain ils se rendent compte qu'ils doivent tout perdre.

Ils étaient venus ici pour atteindre quelque chose et soudain, ils réalisent que la seule façon de s'atteindre est de tout perdre, de n'être rien. Une peur s'empare de leur cœur. Ils commencent à penser à s'échapper, ou ils s'échappent.

C'est exactement ce qui s'est passé. Cette question vient de Deva Ninad. C'est exactement ce qui s'est passé. Comme je l'ai étudié, c'est un esprit orienté vers le résultat, non pas dans le présent, mais dans le futur. Un ego très subtil qui cherche à atteindre quelque chose. Intelligent, bien informé, avec de nombreuses possibilités, mais si cet ego continue à fonctionner, il va échouer.

Il était venu pour obtenir quelque chose. Et ici, il découvre qu'il doit tout perdre.

La peur a pris possession des lieux, maintenant il veut s'échapper. Il rationalisera la raison pour laquelle il va à l'Ouest, il trouvera un moyen de rationaliser le tout, mais c'est une fuite pure et simple.

Mais c'est naturel. Et cela arrive à beaucoup de gens, et plus ils sont intelligents, plus cela arrive, parce que l'intelligence leur montre immédiatement qu'ils se sont trompés d'endroit.

Mais c'est ce qui arrivera à tout le monde quand il viendra vers moi. Quand vous commencez à venir vers moi, bien sûr vous venez pour atteindre quelque chose : l'illumination, moksha, Dieu, et toutes sortes d'absurdités.

L'ego est toujours en quête, à la recherche de quelque chose. L'ego est toujours à la recherche de gratifications. L'ego est avide. Il désire Dieu. Et l'ego lui-même est la barrière. Mais l'ego dit : je désire Dieu, je ne désire rien de ce monde. L'ego condamne les mondanités ; mais l'ego est très rusé. Soyez attentifs au piège, car l'ego est la barrière, sinon qui vous a dit que Dieu vous a manqué ?

Qui vous a dit que vous n'étiez pas déjà éclairé ? Vous l'êtes !

C'est là le problème. Quand vous venez me voir, vous venez chercher quelque chose. Lorsque vous m'écoutez, lorsque vous prenez conscience de ma réalité, vous commencez à ressentir qu'il n'y a rien à atteindre, qu'il n'y a pas d'avenir. Ce moment est tout. Et mon insistance est la suivante : vous êtes déjà ce que vous cherchez.

L'ego ne peut pas le concéder, car s'il le concède, il va se suicider. L'ego va disparaître. Rien à réaliser dans le futur - l'ego ne peut pas exister. Pas de but dans le futur - l'ego tombe : à plat, mort. L'ego a besoin d'accessoires pour réaliser quelque chose. L'ego est celui qui réalise, celui qui est orienté vers le résultat, vers le but. Il crée des illusions dans le futur pour se réaliser, et à travers ces illusions, il se réalise.

Quand je dis que vous êtes déjà ce que vous essayez de trouver, que vous demandez, je coupe la racine même de l'ego. Si l'ego disparaît - et il ne disparaît que lorsque vous laissez tomber le futur - vous êtes Dieu.

Mais je ne dis pas que Dieu doit être atteint. Je ne dis pas qu'il y a un but à atteindre. Je ne dis pas que la vie a un but. Je dis que la vie est un jeu. Profitez de ce moment car il n'y a pas d'autre moment, il n'y a pas de demain. Le futur est illusoire. Seul le présent est réel.

En m'écoutant, en étant avec moi, ton ego a peur. L'ego commence à créer des rationalisations. Il dit : Va-t'en ! Rentrez chez vous ! Au moins, il y avait là quelques possibilités à réaliser, et cet homme laisse tomber tout l'avenir, et vous n'êtes pas encore devenu l'homme le plus célèbre du monde, vous n'êtes pas encore devenu le plus grand du monde, vous n'êtes pas encore devenu quoi que ce soit, et cet homme dit - laissez tomber toute recherche ; et cet homme dit - cherchez et vous perdrez, ne cherchez pas et c'est déjà là. L'ego a l'impression que le sol, le sol même qui le sous-tend, est en train d'être arraché. Il va créer de nouvelles rationalisations dans l'esprit. Il dira : Va vers l'ouest. Rentrez chez vous. Faites autre chose. Allez voir un autre Maître qui peut vous aider à atteindre quelque chose, qui peut vous aider à être quelque chose. Ici, j'enseigne à n'être rien. C'est cela le problème.

Et rappelez-vous, Ninad a posé une autre question Il a demandé : Si je vais en Occident, je voudrais avoir le mala, je voudrais - pour continuer avec le nom que vous m'avez donné, mais je voudrais laisser tomber l'orange. Quelle est l'utilité de l'orange ? - C'est une chose extérieure. Sannyas devrait être une chose intérieure.

Alors pourquoi le Mala ? Mala n'est pas extérieur ? Alors pourquoi le nom sannyas ? Le nom n'est-il pas également extérieur ? Pourquoi voulez-vous vous accrocher au nom et au mala et laisser tomber l'orange ? Est-ce que le Mala est quelque chose d'intérieur ? Le nom est-il quelque chose d'intérieur ? Non, ce sont les astuces de l'esprit ; c'est ce que je dis des rationalisations.

Maintenant ? l'orange va créer des problèmes, le mala vous pouvez le cacher. Le nom ne va pas créer de gros problèmes, mais à l'Ouest, si vous vous déplacez en orange, vous aurez l'air fou.

Et si tu veux être avec moi, tu dois être en colère, moins que ça ne suffira pas.

Si vous voulez abandonner sannyas, ce n'est rien - vous pouvez l'abandonner, mais ne créez pas de rationalisations. Alors dites simplement : J'ai peur. Pourquoi créer tant de philosophie autour de cela ? Entrer et sortir ! - Et qui sait ce qui est dehors et ce qui est dedans ? Y a-t-il une démarcation ? Où commence l'intérieur et où commence l'extérieur ? Pouvez-vous délimiter la ligne où se trouve votre intérieur ?

Qu'est-ce qui est à l'intérieur ? Qu'est-ce qui est à l'extérieur ? Ils ne font qu'un ! L'extérieur fait partie de votre intérieur et l'intérieur fait partie de votre extérieur. L'extérieur n'est rien d'autre que la couche la plus externe de l'intérieur. L'intérieur n'est rien d'autre que la couche la plus interne de l'extérieur. Ce ne sont pas deux choses.

Lorsque vous avez faim, dites-vous : la faim est à l'intérieur, pourquoi devrais-je manger de la nourriture qui est à l'extérieur ? La faim est à l'intérieur, la nourriture est à l'extérieur. Mais il y a un miracle - vous mangez de la nourriture extérieure et votre faim intérieure est satisfaite.

A un moment donné, la nourriture pénètre à l'intérieur, elle devient votre sang et vos os.

Vous respirez, l'air est dehors, pourquoi respirez-vous ? Laisse tomber ! Quel est l'intérêt de respirer quelque chose qui est à l'extérieur ? Vous restez à l'intérieur, alors vous saurez en quelques secondes que c'est insensé, que cela ne peut pas être fait. Le souffle entre, devient intérieur ; le même souffle sort, devient extérieur.

L'intérieur et l'extérieur sont deux polarités de votre être, tout comme les deux rives d'une rivière - vous coulez entre elles.

Vous n'êtes ni à l'intérieur ni à l'extérieur, vous êtes les deux ou aucun.

Alors s'il vous plaît, si vous voulez abandonner le sannyas, abandonnez-le simplement ; soyez au moins simple, n'essayez pas d'être rusé et intelligent. Toutes les rationalisations sont astucieuses. N'essayez pas de vous convaincre que vous faites quelque chose de grand que les autres ne font pas parce que vous avez compris ce qui est à l'intérieur et ce qui est à l'extérieur.

Et Ninad est en orange ici. Y a-t-il une différence entre l'Est et l'Ouest concernant l'intérieur et l'extérieur ? Si c'est dehors, c'est dehors ici aussi. Vous devriez le laisser tomber ici !

Mais ici, il n'y a aucun problème pour un occidental. Personne ne vous dérange, personne ne vous connaît. Ici, c'est un problème pour les Indiens. Ils réfléchissent beaucoup avant de prendre sannyas. Ils essaient de s'échapper.

Un occidental peut prendre sannyas facilement, car ici vous n'êtes personne. Votre famille n'est pas là, vos connaissances, les gens qui vous connaissent, personne n'est là. Vous êtes un étranger. Que vous soyez en orange, en noir ou en vert ne fait aucune différence.

Chez vous, vous avez un prestige, un certain nom autour de vous, une identité, vous devez la protéger.

Mais je ne dis pas qu'il ne faut pas le protéger. Si vous voulez le protéger, protégez-le. Mais soyez simple. N'essayez pas, au moins, d'être rusé, car la ruse serait très destructrice pour vous. Dites simplement : J'ai peur. Je peux comprendre. Il est naturel d'avoir peur. Mais n'apportez pas de grands mots et de philosophies, que c'est vers l'extérieur.

Vous pouvez être en face d'un Lao Tseu ou d'un Bouddha, et vous pouvez ne pas être prêt pour lui. Lao Tseu dit qu'il est prêt. Si vous voulez entrer en moi, je suis prêt. Mais entrer en moi, c'est se dissoudre. Être avec moi, c'est perdre les frontières. Être avec moi, c'est devenir sans visage, sans nom. Etre avec moi, c'est devenir personne - je suis personne, et je suis contagieux.

Si tu veux être personne, reste ici. Si vous voulez être quelqu'un - fuyez, aussi vite que possible, et ne regardez jamais en arrière, car même ce regard en arrière créera des problèmes car il montrera qu'un désir s'accroche encore autour de vous, que vous voudriez vous rapprocher de moi. Fuis et oublie-moi.

Chaque fois que tu voudras mourir, je t'attendrai ici. Si tu n'es pas prêt, reste vigilant, éloigne-toi. Si vous êtes prêt, ne perdez pas de temps, entrez. Il faut être très clair sur ce que l'on fait, sinon vous allez créer de la confusion pour vous-même.

Si vous ne voulez pas devenir un inconnu et que vous restez avec moi, vous deviendrez confus. Si tu veux devenir personne, alors ne t'en va pas - oublie que n'importe quel autre endroit existe, alors sois juste ici.

Il faut être clair sur ce que l'on fait. Si vous n'êtes pas clair, vous devenez divisé, confus, un chaos.

Question 4 :

DANS LES MOMENTS DE PROFOND AMOUR ET DE FUSION AVEC L'EXISTENCE ENVIRONNANTE, O PARFUM, TON PARFUM, VIENT À MOI, ET LA GRATITUDE SURGIT DANS MON CŒUR.

L'AMOUR EST-IL LA SEULE COMMUNION POSSIBLE AVEC UN MAÎTRE ?

Il n'y a pas d'autre communion, pas seulement avec un Maître - il n'y a pas d'autre communion avec quiconque que l'amour.

Il y a trois façons d'être en relation. La première est la communication. C'est d'esprit à esprit. Vous parlez. Les mots se rencontrent, pas vous. Les intellects tâtonnent, essaient de se comprendre, mais vous restez éloignés. C'est une relation très réservée. Ce n'est pas vraiment une relation, juste un tâtonnement, pour essayer de savoir si vous voulez vous rapprocher ou non.

L'intellect est très méfiant, non confiant. Dans la vie ordinaire, quatre-vingt-dix-neuf pour cent de vos relations restent intellectuelles. Vous parlez pour juger. Vous parlez pour protéger. Vous parlez pour éviter. En fait, lorsque vous parlez aux gens, vous ne dites pas grand-chose, en fait vous essayez de ne pas dire grand-chose.

Les mots créent l'illusion que vous dites beaucoup de choses. Il se peut que ce soit juste autrement, que vous vous cachiez. Avez-vous observé ? Quand vous ne voulez pas dire quelque chose à quelqu'un, vous parlez BEAUCOUP. Pas de cette chose, mais de beaucoup d'autres. Parce que si vous ne parlez pas, le silence peut être révélateur.

Un mari rentre à la maison, il n'a pas vraiment envie de parler avec sa femme mais il parle de beaucoup de choses insignifiantes, de ceci et de cela - il évite certains faits. S'il reste silencieux, la femme peut commencer à ressentir quelque chose. La femme peut être capable de percer le silence, elle est intuitive ; il doit créer une fumée de mots autour de lui pour que son vrai visage soit caché.

Les gens parlent non pas pour communiquer mais pour éviter de communiquer.

Il s'agit de votre relation ordinaire avec les gens. Ce n'est que rarement dans cette relation qu'il y a des contacts, sinon il n'y a pas de contact.

Tout le monde souffre, a faim de contact humain, mais ne peut pas sortir de son armure, et ne peut pas étendre ses mains. Tout le monde attend sous sa carapace que quelqu'un vienne la briser.

Mais les autres ont aussi peur. Chacun se cache dans son cocon, il a profondément besoin d'amour, il a profondément besoin d'être lié - parce que l'homme n'est pas une île ; on ne peut pas exister seul. Une relation est une nourriture, vous avez besoin d'être en relation.

Si vous vous installez dans la solitude pendant quelques jours, ce sera bien. Puis vous commencerez à vous sentir affamé. Une énergie subtile manque. Lorsque vous entrez en contact avec des gens, vous redevenez vivant.

Les chercheurs disent maintenant que la mère ne nourrit pas seulement l'enfant au sein, mais qu'elle le nourrit aussi de son amour - et l'amour est maintenant un aliment ; une qualité subtile de sa chaleur, de son amour, de son acceptation, est transférée au corps de l'enfant.

C'est une énergie très subtile, mais si un enfant ne reçoit pas cela... on peut lui donner de la nourriture, du lait, des soins, et si un enfant ne reçoit pas d'amour, il se rétrécit en lui-même, il meurt.

Si l'on donne de l'amour, juste le sentiment d'amour - maintenant ils ont fait des expériences sur les plantes : vous pouvez prendre deux plantes de la même taille, du même âge, et pour l'une vous vous asseyez tous les jours pendant trente minutes. quarante minutes, avec un profond sentiment d'amour - touchez la plante, sentez-la, parlez un peu, dites quelque chose à la plante, parlez du temps, des nuages, dites cela : Aujourd'hui le soleil ne s'est pas levé mais n'ayez pas peur, il va bientôt arriver - répandez simplement votre chaleur autour de la plante. Et l'autre plante - vous lui donnez une nourriture exacte, mais pas d'amour. Vous donnez des engrais, de l'eau, du soleil, tout - la même chose aux deux - mais pas d'amour ; et soudain vous verrez - la première plante monte plus haut ; en quelques semaines elle a doublé ; et l'autre plante rétrécit, elle se bat pour grandir - mais il lui manque quelque chose.

Vous pouvez le faire avec trois plantes ; la troisième plante chaque jour vous maudissez, dites des mauvaises choses, des choses décourageantes, telles que : Ne pensez pas que ce nuage va partir, il va rester pour toujours, vous êtes condamnés..... Et ce sont maintenant des faits scientifiques - la plante maudite va mourir. Malgré tous les soins, vous ne pourrez pas la faire revivre. Et la plante aimée va pousser, et de plus grosses fleurs vont apparaître sur la plante aimée. Elle sera presque deux fois plus grande que l'autre plante qui n'a pas été aimée.

Un arôme subtil entoure l'amour. C'est un aliment. Allez vous isoler. Pendant quelques jours, vous vous sentirez bien.

Puis, soudain, l'envie de bouger et d'aller vers les gens se fait sentir, car c'est là que se trouvent vos racines. C'est pourquoi je ne suis pas en faveur d'un renoncement total, je ne suis pas en faveur d'un renoncement à la vie, parce que vous êtes nés ici, vous faites partie de ce continent, vous ne pouvez pas être des îles.

Pendant quelques jours, c'est magnifique parce que parfois, être dans la foule, c'est trop, trop fatigant - parce que vous n'avez pas d'espace. Et chacun a besoin d'un certain espace autour de lui, d'un certain territoire, où il est totalement libre.

Ce sont les deux besoins : l'amour, qui n'est pas possible quand on est seul, et l'espace, qui n'est pas possible quand on est dans une foule - et tous deux sont des besoins.

Vous avez besoin d'espace, sinon vous vous sentez étouffé. Regardez les gens dans un train - il y a beaucoup de monde, tout le monde est debout, étouffé, même si les autres vous touchent, vous ne sentez pas le contact. Vous devez devenir insensible, vous devez devenir dur, fermé.

Si vous êtes trop dans la foule, vous aurez besoin d'espace. Si vous allez dans l'Himalaya, si vous vous déplacez dans le désert, vous aurez un espace infini, mais soudain, après quelques jours, lorsque le besoin d'espace et de liberté sera comblé, vous aurez envie de revenir dans le monde.

La vie devrait être un rythme entre les opposés. C'est pourquoi je dis : restez dans la maison, restez au marché, et devenez un sannyasin. Passez parfois dans le monde solitaire, puis revenez au marché. Il doit y avoir un rythme entre la méditation et le marché. Ainsi, vous serez nourri par les deux. Vous vous épanouirez davantage. Vous atteindrez l'abondance de vie.

Le deuxième type de relation est la communion. La communication est de la tête. La communion est celle du cœur. Vous ne dites pas grand-chose, vous pensez beaucoup. Deux amoureux assis l'un à côté de l'autre et se tenant la main - ils ne disent pas grand-chose, ils veulent dire beaucoup. D'ordinaire, on dit beaucoup, mais on ne veut pas dire grand-chose.

Deux amoureux, juste assis, rien à dire en fait, qu'y a-t-il à dire ? L'amour est suffisant quand il est là ; rien d'autre n'a besoin d'être dit - se fondre profondément l'un dans l'autre, perdre leurs frontières, devenir une partie et un membre de l'autre, juste être silencieux, sentir, sensible, alerte, se fondre, à ce moment-là, parler serait une perturbation, dire quelque chose ne serait pas une communication, ce serait une entrave, un obstacle. Le silence est suffisant, il les englobe tous les deux, ils deviennent tous les deux une partie d'un silence plus profond, un silence plus élevé. Ce silence prend possession. C'est la communion, de cœur à cœur. C'est l'amour.

Et puis il y en a une troisième pour laquelle il n'existe pas de nom parce qu'elle est si rare : l'être à l'être.

La communication : de tête à tête ; la communion : de cœur à cœur ; et puis il y a un troisième phénomène pour lequel il n'existe pas de mot, parce qu'il est si rare - après des siècles, parfois une ou deux personnes y parviennent - l'être à l'être. Même le silence est une perturbation.

À ce moment-là, la musique du silence est un bruit. Le vide absolu est nécessaire.

Cela a dû arriver quand Bouddha a donné la fleur à Mahakashyap.

Bouddha est arrivé un jour avec une fleur dans sa main. Les gens attendaient et il ne parlait pas - il regardait la fleur, et il continuait à regarder la fleur. Les minutes passaient, il devenait lourd, dur. Le temps semblait infini - et cela ne s'était jamais produit auparavant. Une demi-heure passa, une heure entière passa. Les gens se sentaient agités maintenant. Qu'est-il arrivé à Bouddha ? Puis un moine inconnu - inconnu jusqu'à ce moment-là, un certain Mahakashyap, se mit à rire.

Bouddha l'a appelé, lui a donné la fleur et a dit à l'assistance : Tout ce qui peut être dit, je vous l'ai donné, et ce qui ne peut être dit, je le donne à Mahakashyap.

Ce jour-là, ce matin-là, deux êtres se sont rencontrés. Ce n'était pas tête à tête, ni cœur à cœur, c'était être à être.

Le Maître ne peut transférer ses clés qu'à partir d'un contact qui est être et être. Depuis des siècles, les bouddhistes se demandent : Qu'a-t-on donné à Mahakashyap ? C'est devenu un koan au Japon :

Qu'est-ce qui a été transféré ? Qu'est-ce que Bouddha a donné à Mahakashyap que Mahakashyap a donné à quelqu'un d'autre et qui a ensuite été transmis ? Puis Bodhidharma est allé en Chine à la recherche de quelqu'un à qui donner la même chose. Il l'a donnée à Hui-neng. Cela a continué - une chaîne, d'être en être.

Cela se produit dans un état de samadhi.

Donc - la communication ordinaire ; puis la communion de l'amour, et enfin l'union de l'être. Ce sont les trois phénomènes. Lorsque vous devenez un disciple, vous devez atteindre le second - cœur à cœur ; si vous êtes un étudiant - le premier. Il y a peu d'étudiants ici, qui écoutent de la tête à la tête. Quelques-uns sont des disciples qui écoutent de cœur à cœur. Et j'espère qu'un jour quelqu'un écoutera d'être à être, sera un Mahakashyap à qui je pourrai donner ma fleur, afin qu'elle puisse être portée de siècle en siècle.

Question 5 :

BEAUCOUP DISENT QUE VOS TECHNIQUES DE MÉDITATION SONT DANGEREUSES CAR ELLES PEUVENT LIBÉRER PLUS D'ÉNERGIE QUE NOUS NE POUVONS EN GÉRER. ET VOUS AVEZ SOUVENT DIT QUE LA FOLIE ET L'ILLUMINATION SONT ÉGALEMENT POSSIBLES SUR LE CHEMIN SPIRITUEL.

POUVEZ-VOUS NOUS EN DIRE PLUS SUR LA FOLIE ET COMMENT L'ÉVITER ?

Si vous essayez de l'éviter, vous serez en danger, car tout ce qui est évité reste toujours comme une gueule de bois.

La folie doit être vécue, pas évitée. Si vous l'évitez, elle restera une partie de votre inconscient.

Si vous l'évitez, vous ne serez pas en mesure de rencontrer votre être total, une partie sera toujours supprimée.

La folie doit être traversée de part en part. Vous devez la traverser. La peur est là - la peur n'est pas celle de la folie, rappelez-vous, la peur est celle d'être identifié. La folie ne peut rien faire. Si vous restez non-identifié, alerte, vous pouvez en profiter, c'est une belle expérience. Cela arrive autour de vous, cela ne vous arrive jamais. Mais si vous vous identifiez, alors il y a un danger.

C'est ce que je disais hier. Sur la troisième couche, la couche du chaos, la possibilité de la folie est là - si vous vous identifiez. Donc avant de s'identifier, il faut apprendre la conscience. Et toutes mes techniques de méditation sont telles qu'elles vous apprennent deux choses : une : être conscient, et une autre : être chaotique. Elles créent le chaos en vous, et simultanément elles créent la conscience en vous, elles ont une sécurité intégrée. Donc n'ayez pas peur. Et de toute façon, je suis là !

Vous traversez la folie, en restant vigilant. Ne dis jamais : Je suis fou. Si la folie arrive, dis-le simplement :

La folie est là, je suis un témoin. Cela suffira. Bientôt tout se calmera, vous avez passé la couche - comment l'éviter ? Elle est là, juste sur le chemin. Si vous essayez de l'éviter, vous vous accrocherez à la deuxième couche, celle des jeux et des rôles. Et, effrayé par la troisième couche, le chaos, vous vous y accrocherez de plus en plus. Il ne faut pas avoir peur ! Apprenez à être conscient, c'est tout ; apprenez à être attentif.

Commencez par de petites choses - mangez, mais mangez avec vigilance. Marchez, mais marchez avec conscience. Parlez aux gens, mais parlez avec conscience. Écoutez-moi, mais restez toujours conscient que vous écoutez. Ne vous y perdez pas. Apprenez simplement à être conscient, et alors la folie pourra être libérée. Et vous l'apprécierez - rien de tel ! C'est une tempête, mais un grand phénomène.

Lorsque le chaos s'installe en vous, cela signifie que tout se déplace vers la source originelle - les règles et règlements créés par l'homme sont perdus. Les jeux de la société disparaissent, toutes les définitions sont vides de sens. Vous vous déplacez dans l'indéfini, sans carte. C'est une belle expérience, une expérience de l'inconnu. Mais dangereuse ! Si vous vous perdez, vous devenez fou.

C'est pourquoi j'insiste sur le fait qu'avant d'entrer dans la troisième couche, il faut choisir un Maître. N'entrez jamais seul. Il doit y avoir quelqu'un qui peut vous faire sortir de votre identification ; qui, si vous vous perdez, peut vous tirer du pétrin. Mais il faut passer par là.

Et mes techniques de méditation SONT dangereuses. En fait, il ne peut y avoir de techniques de méditation qui ne soient pas dangereuses. Si elles ne sont pas dangereuses, ce ne sont pas des techniques de méditation, ce sont des astuces. Tout comme la Méditation Transcendantale de Maharishi Mahesh Yogi. Ce sont des astuces mentales. Juste pour se consoler. Aucun danger. Tout au plus, ils peuvent vous donner un bon sommeil, c'est tout. Si vous manquez, vous ne manquez rien, vous restez le même. Si vous atteignez, vous atteignez un bon sommeil, c'est tout. Aucun danger n'est impliqué. C'est pourquoi la MT a eu un tel impact universel ; les gens sont tellement attirés par elle parce qu'elle est si impuissante, elle ne fait rien, c'est juste comme la médecine homéopathique. Les homéopathes disent que leurs médicaments sont tels que s'ils aident, ils aident - sinon ils ne font jamais de mal. La MT est homéopathique.

Mais ce que je dis est allopathique. C'est du poison. Jouez prudemment. Ça aide énormément, ça peut aussi nuire. Et c'est le critère : Ce qui aide peut aussi nuire. Si une chose ne peut pas nuire, elle ne peut pas non plus aider. Les deux sont toujours possibles. C'est dangereux parce que c'est puissant. Si une chose n'est pas dangereuse, cela signifie qu'elle est impuissante, qu'elle n'a pas de pouvoir.

Oui, ils sont dangereux. Avant de décider d'y entrer, réfléchissez-y à deux fois. Et n'entrez pas dans mes méditations en tant qu'étudiants - cela peut être dangereux. Entrez en tant que disciples. N'entrez pas dans mes méditations par curiosité.

Non, la curiosité peut vous conduire à des dangers. Si vous êtes vraiment prêt, prêt à affronter la folie, alors seulement vous êtes le bienvenu. Sinon - restez normal. Accrochez-vous à la deuxième couche et à la première couche. Au moins, vous n'êtes pas en danger. Vous n'atteindrez rien, mais vous ne perdrez rien non plus. Vous pouvez gâcher votre vie facilement, avec confort. Vous pouvez vivre confortablement, et vous pouvez mourir confortablement.

Avec moi, il y a du danger. Si tu réussis avec moi, tu peux vivre énormément. Si tu échoues, tu deviens fou.

Mais vous ne pouvez échouer que si vous ne m'écoutez pas. Si vous m'écoutez, il n'y a aucun doute.

Je ne parle pas de quelque chose de théorique. Ce que je dis, je l'ai fait, je l'ai traversé, je sais ce qui est possible, ce qui ne l'est pas, ce qui peut arriver, ce qui peut mal se passer.

Je connais chaque centimètre du territoire, donc si quelque chose ne va pas, cela signifie seulement que vous ne m'avez pas écouté.

Si vous m'écoutez, si vous me faites confiance, rien ne peut aller mal ; c'est ainsi que la confiance, une confiance profonde et l'abandon sont nécessaires.

Dur et doux

LAO TSEU DIT :
À LA NAISSANCE, L'HOMME EST TENDRE ET FAIBLE ; À LA MORT, IL EST DUR ET RIGIDE.

QUAND LES CHOSES ET LES PLANTES SONT VIVANTES, ELLES SONT DOUCES ET SOUPLES ; QUAND ELLES SONT MORTES, ELLES SONT CASSANTES ET SÈCHES. DONC LA DURETÉ ET LA RIGIDITÉ SONT LES COMPAGNONS DE LA MORT, ET LA DOUCEUR ET LA GENTILLESSE SONT LES COMPAGNONS DE LA VIE.

PAR CONSÉQUENT, LORSQU'UNE ARMÉE EST ENTÊTÉE, ELLE PERD LA BATAILLE. LORSQU'UN ARBRE EST DUR, IL EST ABATTU. LES GRANDS ET LES FORTS ONT LEUR PLACE EN DESSOUS. LES DOUX ET LES FAIBLES ONT LEUR PLACE AU SOMMET.

La vie est une rivière, un flux, un continuum, sans début ni fin. Elle ne va pas quelque part, elle est toujours là. Elle ne va pas de quelque part à quelque part d'autre, elle vient toujours d'ici à ici. Le seul moment de la vie est maintenant, et le seul endroit est ici.

Il n'y a pas de lutte pour atteindre, il n'y a rien à atteindre. Il n'y a pas de lutte pour conquérir, il n'y a rien à conquérir. Il n'y a pas d'effort pour protéger, car il n'y a rien dont il faut se protéger. Seule la vie existe, seule, absolument seule, belle dans sa solitude, majestueuse dans sa solitude.

Vous pouvez vivre la vie de deux manières : vous pouvez vous couler avec elle - alors vous êtes aussi majestueux, vous avez une grâce, la grâce de la non-violence, pas de conflit, pas de lutte, alors vous avez une beauté, enfantine, florale, douce, délicate, non corrompue. Si vous vous coulez dans la vie, vous êtes religieux. C'est ce que signifie la religion pour Lao Tseu - ou pour moi.

D'ordinaire, la religion signifie un combat avec la vie - pour Dieu. D'ordinaire, cela signifie : Dieu est le but, la vie doit être niée - et combattue ; la vie doit être sacrifiée et Dieu doit être atteint. Cette religion ordinaire n'est pas une religion. Cette religion ordinaire est juste une partie de l'esprit violent et agressif ordinaire.

Il n'y a pas de Dieu au-delà de la vie ; la vie est Dieu. Si vous reniez la vie, vous reniez Dieu, si vous sacrifiez la vie, vous sacrifiez Dieu. Dans tous les sacrifices, seul Dieu est sacrifié.

Gurdjieff avait l'habitude de dire - cela semble paradoxal mais c'est vrai - que toutes les religions sont contre Dieu.

Si la vie est Dieu, alors nier, renoncer, se sacrifier, c'est aller contre Dieu.

Mais il semble que Gurdjieff ne connaissait pas beaucoup Lao Tseu. Ou même s'il avait connu Lao Tseu, il aurait dit la même chose, car Lao Tseu ne semble pas être ordinairement religieux. Il ressemble plus à un poète, un musicien, un artiste, un créateur, qu'à un théologien, un prêtre, un prédicateur, un philosophe. Il est si ordinaire que vous ne pouvez pas penser qu'il est religieux. Mais être religieux, c'est être si extraordinairement ordinaire dans la vie que la partie n'est pas contre le tout, mais la partie coule avec le tout.

Être religieux, c'est ne pas être séparé du flux. Être irréligieux, c'est avoir son propre esprit, dans un effort pour gagner, pour conquérir, pour atteindre quelque chose. Si vous avez un but, vous êtes irréligieux. Si vous pensez au lendemain, vous avez déjà manqué la religion. La religion n'a pas de lendemain. C'est pourquoi Jésus dit : Ne pensez pas au lendemain ; regardez les lis dans les champs, ils fleurissent MAINTENANT.

Tout ce qui est, est MAINTENANT, tout ce qui est vivant est MAINTENANT vivant. Maintenant est le seul temps, la seule éternité.

Il y a deux possibilités. Vous pouvez vous battre avec la vie, vous pouvez avoir vos objectifs privés contre la vie - et tous les objectifs sont privés, tous les objectifs sont personnels, vous essayez d'imposer un modèle à la vie, quelque chose qui vous est propre ; vous essayez d'entraîner la vie à vous suivre, et vous n'êtes qu'une partie minuscule, infinitésimale, si petite, si atomique, et vous essayez d'entraîner l'univers entier avec vous. Bien sûr, vous êtes voué à la défaite. Vous êtes condamné à perdre votre grâce, vous êtes condamné à devenir dur.

Se battre crée de la dureté. Il suffit de penser à se battre pour qu'une dureté subtile se forme autour de vous ; il suffit de penser à résister pour qu'une croûte se forme autour de vous et vous couvre comme un cocon.

L'idée même que vous avez un certain but fait de vous une île, vous ne faites plus partie du vaste continent de la vie. Et lorsque vous êtes séparé de la vie, vous êtes comme un arbre qui est séparé de la terre. Il peut vivre un peu de la nourriture du passé, mais en réalité il se meurt. L'arbre a besoin de racines, l'arbre a besoin d'être dans la terre, d'être uni, d'en faire partie.

Vous devez vous joindre au continent de la vie, en faire partie, être enraciné en elle. Lorsque vous êtes enraciné dans la vie, vous êtes doux - parce que vous n'avez pas peur.

La peur crée la dureté. La peur crée l'idée de sécurité, la peur crée l'idée de se protéger.

Et rien ne tue comme la peur, car dans l'idée même de la peur, vous êtes séparé de la terre, déraciné.

Alors vous vivez sur le passé - c'est pourquoi vous pensez tant au passé. Ce n'est pas une coïncidence. L'esprit pense continuellement soit au passé, soit à l'avenir. Pourquoi penser autant au passé ? Le passé est parti ! Il ne peut être récupéré. Le passé est mort ! Pourquoi continuez-vous à penser au passé qui n'est plus et sur lequel on ne peut rien faire ? Vous ne pouvez pas le vivre, vous ne pouvez pas être dedans. Mais il peut détruire votre moment présent.

Mais il doit y avoir une cause profonde à cela - la cause profonde est que vous combattez le tout. En luttant contre le tout, contre la rivière de la vie, vous êtes déraciné. Vous êtes devenu minuscule, un phénomène en forme de capsule, fermé sur vous-même. Vous êtes devenu un individu, vous ne faites plus partie du BRAHMA, de l'univers en expansion, du vaste. Non, vous n'en faites plus partie, vous devez vivre comme un avare sur votre nourriture passée, c'est pourquoi le mental continue à penser au passé.

Et vous devez vous tirer d'une manière ou d'une autre pour être prêt à vous battre - c'est pourquoi vous continuez à penser à l'avenir : l'avenir vous donne de l'espoir, le passé vous nourrit, et juste entre les deux se trouve l'éternité, la vie même, qui vous manque. Entre le passé et l'avenir, tu meurs, tu ne vis pas.

Il existe une autre façon d'être - en fait, la seule façon d'être, car cette façon n'est pas la façon d'être, la façon de se battre n'est pas la façon d'être.

L'autre façon est de s'écouler avec la rivière, de s'écouler si ensemble avec elle que vous ne sentez même pas la séparation - que vous êtes séparés et que vous vous écoulez avec elle. Non, vous en faites partie, et pas seulement partie, vous êtes immergé en elle, vous êtes devenu la rivière, il n'y a pas de séparation. Lorsque vous ne vous battez pas, vous devenez la vie. Quand vous ne vous battez pas, vous êtes devenu le vaste, l'infini. Lorsque vous ne vous battez pas, cet état en Orient est connu sous le nom de reddition ; confiance, ce que nous avons appelé SHRADDHA ; faire confiance à la vie, ne pas faire confiance à votre esprit individuel, mais faire confiance au tout. Ne pas faire confiance à la partie, mais au tout. Ne pas faire confiance à l'esprit, mais à l'existence.

Abandonné, vous devenez soudainement doux, parce qu'alors il n'y a pas besoin d'être dur, vous ne vous battez pas, il n'y a pas d'inimitié, il n'y a pas besoin de protéger, il n'y a pas de besoin d'être en sécurité, vous êtes déjà fusionné avec la vie.

Et la vie est sûre, seuls les egos individuels ne sont pas sûrs, ils ont besoin de protection, ils ont besoin de sécurité, ils ont besoin d'armures autour d'eux ; ils ont peur, ils tremblent continuellement. Alors comment pouvez-vous vivre ? Vous vivez dans l'angoisse et l'anxiété. Vous ne vivez pas. Vous perdez tout plaisir, la joie pure d'être ici - et c'est une joie pure. Il n'y a pas de cause à cela. Elle surgit simplement parce que vous êtes. Elle jaillit simplement en vous parce que vous êtes. Une fois que vous êtes ouvert, que vous coulez avec la vie, vous bouillonnez de joie continuellement. Sans aucune raison ! Vous commencez simplement à ressentir que d'ÊTRE, c'est être heureux.

C'est pourquoi les Hindous ont appelé l'ultime : SATCHITANANDA. Cela signifie être, c'est être heureux.

Être vrai, c'est être heureux. Il n'y a pas d'autre façon d'être. Si vous êtes malheureux, cela montre seulement que vous avez perdu le contact avec l'être. Être malheureux signifie que, d'une manière ou d'une autre, vous êtes déraciné de la terre, que vous vous êtes séparé de la rivière, que vous êtes devenu un bloc gelé, un glaçon, flottant dans la rivière, mais pas avec elle ; se battre, même essayer de remonter le courant - l'ego veut toujours remonter le courant, parce que partout où il y a un défi, l'ego se sent bien. L'ego est toujours à la recherche d'un combat. Si vous ne trouvez personne pour se battre, vous vous sentirez très malheureux. Il faut quelqu'un pour se battre. En vous battant, vous vous sentez bien, vous ÊTES.

Mais c'est une façon très in d'être. Une façon pathologique, une façon névrotique d'être. La névrose, c'est se battre avec la rivière. Si vous vous battez, vous devenez dur. Si tu te bats, tu t'entoures d'un mur mort. Bien sûr, votre propre être est mort. Vous perdez la douceur, la lucidité, la grâce, la gentillesse. Alors vous n'êtes que traînant, pas vivant.

Lao Tseu est pour la reddition. Il dit : Abandonnez-vous à la vie. Laissez la vie vous diriger, n'essayez pas de la diriger. N'essayez pas de manipuler et de contrôler la vie, laissez la vie vous manipuler et vous contrôler. Laissez la vie vous posséder. Vous vous rendez simplement ! Vous dites simplement : Je ne le suis pas. Vous donnez le pouvoir total à la vie, et vous êtes avec elle. Difficile, car l'ego dit : Alors que suis-je ? Abandonné, je ne suis plus.

Mais quand l'ego n'est pas, en fait, pour la première fois, vous êtes. Pour la première fois, vous n'êtes pas le fini, vous êtes l'infini. Pour la première fois, vous n'êtes pas le corps, l'incarné, vous êtes le non-incarné, le vaste, qui continue à s'étendre ; sans commencement, sans fin.

Mais l'ego ne le sait pas. L'ego a peur. Il dit : Qu'est-ce que tu fais, tu te perds ?

Alors vous serez perdu, vous ne serez personne. Si vous écoutez l'ego, l'ego vous mettra encore et encore sur un chemin névrotique, le chemin d'être quelqu'un. Et plus vous devenez quelqu'un, plus la vie disparaît de vous.

Regardez les gens qui ont réussi dans le monde, qui sont devenus quelqu'un, dont les noms se trouvent dans le Who's Who ? Regardez-les, observez-les, vous verrez qu'ils vivent une vie factice ! Ils ne sont que des masques, rien à l'intérieur, des hommes creux, empaillés peut-être, mais pas vivants. Vide.

Observez les personnes qui ont réussi dans le monde, qui sont devenues des personnes : présidents, premiers ministres, personnes riches, très riches, qui ont atteint tout ce qui peut être atteint dans le monde.

Regardez-les, touchez-les, regardez-les, vous sentirez la mort. Vous n'y trouverez pas de cœurs palpitants.

Peut-être que le cœur bat toujours, mais le battement est mécanique. Le battement a perdu sa poésie. Ils vous regardent, mais leurs yeux sont ternes.

L'éclat de la vie n'est pas là. Ils vous serrent la main, mais dans leurs mains, vous ne sentez rien couler, vous ne sentez aucun échange d'énergie, vous ne voyez aucune chaleur vous accueillir. Une main morte. Un poids que vous y trouverez, un amour que vous ne trouverez pas.

Regardez autour d'eux : ils vivent en enfer. Ils ont réussi, ils sont devenus quelqu'un, et maintenant seul l'enfer les entoure. Vous êtes sur le même chemin si vous essayez d'être quelqu'un.

Lao Tseu dit : Ne sois personne, et alors tu auras une vie infinie qui coule en toi.

Pour le flux de la vie, être quelqu'un devient un blocage ; être personne - un grand vide ; il permet tout. Les nuages peuvent se déplacer, les étoiles peuvent se déplacer en elle. Et rien ne le perturbe. Et vous n'avez rien à perdre, car tout ce qui peut être perdu, vous l'avez déjà abandonné.

Dans un tel état d'être, on est toujours jeune. Le corps, bien sûr, vieillit, mais le noyau le plus profond de votre être reste jeune, frais. Il ne vieillit jamais, il n'est jamais mort.

Et Lao Tseu dit : C'est la façon d'être vraiment religieux. Flottez avec Tao, bougez avec Tao, ne créez pas de buts et de fins privés, le tout sait mieux, vous êtes simplement avec lui. Le tout vous a créé, le tout respire en vous, le tout vit en vous, pourquoi vous donnez vous la peine ? Laissez la responsabilité à l'ensemble. Vous allez simplement là où il vous mène.

Vous n'essayez pas de forcer et de planifier, et vous ne demandez pas d'objectifs précis parce qu'alors il y aura de la frustration, et vous deviendrez dur, et vous manquerez une occasion d'être vivant. Et c'est là le but - si vous permettez la vie, plus de vie se produit, et si vous vous permettez d'être vivant, encore plus de vie se produit.

Jésus poursuit en disant : Viens à moi, et je te montrerai le chemin de la vie infinie. La vie en abondance. La vie qui déborde, qui inonde.

Mais nous vivons comme des mendiants, nous aurions pu être comme des empereurs. Personne d'autre n'est responsable. Votre habileté à être vous-même, à vous accrocher à l'ego, est la cause entière de votre misère.

Maintenant les sutras.

À LA NAISSANCE DE L'HOMME, IL EST TENDRE ET FAIBLE ; regardez un petit bébé qui vient de naître. Il n'a aucune croûte autour de lui : vulnérable, ouvert, doux. La vie dans sa pureté. Il n'en sera pas ainsi longtemps, bientôt des personnalités commenceront à se développer autour de lui, il sera encagé, emprisonné par la société, les parents, les écoles, les universités ; bientôt la vie deviendra un phénomène lointain. Il sera plutôt un prisonnier. La vie continuera à battre quelque part au fond de lui, mais même lui ne sera pas capable d'en entendre le battement.

Mais quand un enfant naît - regardez-le. Encore et encore, le miracle se produit. La vie continue à vous montrer le chemin, comment être, la vie continue à vous dire que la vie se renouvelle chaque jour.

Les vieux hommes meurent. De nouveaux petits bébés naissent. Quel est le but de tout cela ? Il est très clair que la vie ne croit pas à la vieillesse. En fait, si la vie était dirigée par des économistes, cela semblerait être très peu économique, un gaspillage. Un vieil homme formé, expérimenté dans les modes de vie et le monde, puis quand il est prêt et quand il pense être devenu sage, la mort prend le dessus - et remplace le vieil homme par un petit bébé sans aucune connaissance, sans aucune sagesse, absolument frais, une tabula rasa - tout doit être réécrit. Si vous demandez aux économistes, ils vous diront : C'est insensé ! Dieu doit d'abord consulter les économistes - que fait-il ? Du gaspillage, du pur gaspillage ! Un homme formé de quatre-vingts ans meurt et un bébé non formé le remplace - cela devrait être juste autrement, alors ce sera plus économique.

Mais la vie ne croit pas à l'économie - et c'est bien qu'elle n'y croit pas, sinon le monde entier serait devenu un grand cimetière. Elle croit à la vie, pas à l'économie. Elle continue à remplacer les vieilles personnes par des nouvelles, les personnes mortes par des jeunes, les personnes dures par des personnes douces - l'indication est claire : la vie aime la douceur. Parce qu'à travers un être doux, la vie peut couler facilement.

LORS DE LA NAISSANCE DE L'HOMME, IL EST TENDRE ET FAIBLE ; Et Lao Tseu insiste également sur le second point, à savoir que la vie ne croit pas à la force. La faiblesse a une beauté en elle, parce qu'elle est tendre et douce. Une tempête arrive, les grands arbres tombent - ils sont forts ; et les petites plantes - elles se plient simplement ; et puis la tempête passe et elles sont de nouveau souriantes et fleuries.

En fait, la tempête les a juste rafraîchis, elle a enlevé leur poussière, c'est tout. Ils sont plus vivants, plus jeunes, plus frais, et la tempête leur a donné un bon bain. Et les vieux arbres - très forts, ils sont tombés, parce qu'ils ont résisté, ils ne voulaient pas plier, ils étaient très égoïstes.

Lao Tseu dit : La vie aime les faibles. Et c'est le sens des paroles de Jésus : Heureux les doux, car ils hériteront de la terre ; Heureux les pauvres, les pauvres en esprit ; Heureux ceux qui pleurent, car ils seront consolés.

Le christianisme continue à manquer le sens des paroles de Jésus, parce que ces paroles sont du Lao Tseu.

S'ils ne sont pas liés à Lao Tseu, ils ne peuvent être interprétés correctement. Tout l'enseignement de Jésus est : Sois vivant et sois faible. C'est pourquoi il dit que si quelqu'un te frappe au visage, donne-lui aussi l'autre côté. Si quelqu'un prend votre manteau, donnez-lui aussi votre chemise. Et si quelqu'un te force à marcher avec lui pendant un kilomètre, fais-le pendant deux kilomètres. Il dit d'être faible - Heureux les doux.

Qu'y a-t-il dans la faiblesse qui soit béni ? Parce que d'habitude, les soi-disant leaders du monde, les enseignants du monde, continuent à dire : Soyez forts. Et ce Lao Tseu et ce Jésus, ils disent : Soyez faibles.

La faiblesse a quelque chose en elle - parce qu'elle n'est pas dure. Pour être fort, il faut être dur. Pour être dur, il faut s'écouler contre la vie. Si vous voulez être fort, vous devez vous battre contre le flux, alors seulement vous deviendrez fort, il n'y a pas d'autre moyen de devenir fort. Si vous voulez devenir fort, remontez le courant. Plus la rivière vous pousse contre elle, plus vous devenez fort.

Pour être faible, coule avec la rivière ; où qu'elle aille, va avec elle. S'écouler avec la rivière... si la rivière te dit de m'accompagner pendant un kilomètre, va pendant deux kilomètres, si la rivière prend ton manteau, donne aussi ta chemise, et si la rivière te gifle sur une joue, donne l'autre.

La faiblesse a une certaine beauté. Cette beauté est celle de la grâce, la beauté est celle de la non-violence, AHIMSA, cette beauté est celle de l'amour, du pardon, la beauté est celle de l'absence de conflit. Et à moins que Lao Tseu ne soit bien compris, et que l'humanité ne commence à ressentir pour Lao Tseu, l'humanité ne peut pas vivre en paix.

Si l'on vous apprend à être forts, vous êtes condamnés à vous battre, les guerres continueront. Tous les dirigeants politiques du monde continuent de dire qu'ils aiment la paix - et ils se préparent tous à la guerre. Ils disent qu'ils défendent la paix - et ils continuent tous à accumuler des armements. Ils parlent de paix - et ils se préparent à la guerre. Et ils disent tous qu'ils doivent se préparer à la guerre parce qu'ils ont peur de l'autre ; et l'autre dit la même chose. Tout cela semble tellement stupide et idiot.

La Chine a peur de l'Inde, l'Inde a peur de la Chine. Pourquoi ne voyez-vous pas le problème ? La Russie a peur de l'Amérique, l'Amérique a peur de la Russie. Ils parlent tous les deux de paix et ils continuent à préparer la guerre. Et bien sûr, ce que vous préparez arrive.

Votre discours sur la paix n'est que de la foutaise. Votre discours sur la paix n'est rien d'autre qu'une guerre froide. En fait, les politiciens ont besoin de temps pour se préparer : pendant ce temps, ils parlent de paix pour avoir suffisamment de temps pour se préparer. Pendant des siècles, l'humanité n'a connu que deux périodes : la guerre, la période de guerre et la période de préparation à la guerre - ce sont les deux seules périodes ; toute l'histoire semble n'être que névrose.

Mais il en sera ainsi parce que la force est louée, l'ego est loué. Si deux personnes se battent sur la route, l'une est plus forte, l'autre est faible, la plus faible est tombée et la plus forte est assise sur sa poitrine, qui appréciez-vous ? Vous appréciez celui qui est devenu un conquérant ? Alors vous êtes violent. Alors vous êtes pour la guerre. Alors vous êtes un fauteur de guerre. Alors vous êtes très dangereux et névrosé. Ou bien appréciez-vous celui qui est faible ?

Mais personne n'apprécie les faibles, personne ne veut être ASSOCIÉ aux faibles, car au fond de soi, on aimerait aussi être fort. Quand on apprécie le fort, on se dit : Oui, c'est mon idéal, je voudrais aussi être comme lui. Si la force est louée, alors la violence est louée. Si la force est louée, alors la mort est louée, car toute force tue - tue l'autre et vous tue aussi. La force est à la fois meurtrière et suicidaire.

Faiblesse, le mot même semble être une condamnation. Mais qu'est-ce que la faiblesse ? Une fleur est faible. Un rocher à côté de la fleur est très fort. Aimeriez-vous être comme un rocher ? Ou aimeriez-vous être comme une fleur ? Une fleur est faible, souviens-toi, très faible. Juste un petit vent fort, et la fleur disparaît. Les pétales tomberont sur la terre. Une fleur est un miracle ; c'est un miracle que la fleur existe - si faible, si douce ! Cela semble impossible. Comment est-ce possible ? Les roches semblent aller bien, elles existent, elles ont leur arithmétique pour exister, mais la fleur ? Elle semble ne pas être du tout soutenue, mais pourtant une fleur existe. C'est ça le miracle.

Aimeriez-vous être comme une fleur ? Si tu le demandes au fond de toi, ton ego te répondra : Sois comme un rocher. Et même si tu insistes, parce qu'un rocher est laid, alors l'ego te dira : même si tu veux être une fleur, sois une fleur en plastique. Sois au moins fort ! Les vents ne te dérangeront pas, les pluies ne te détruiront pas, et tu pourras rester pour toujours et à jamais.

Une vraie fleur vient le matin, rit un instant, répand son parfum - et s'en va. Une fleur irréelle, une fleur en plastique, peut rester pour toujours et à jamais.

Mais c'est irréel, et c'est fort parce que c'est irréel. La réalité est douce et faible. Et plus la réalité est élevée, plus elle est douce.

Vous ne pouvez pas comprendre Dieu parce que vos esprits comprennent la logique des pierres. Vous ne comprenez pas la logique d'une fleur. Votre esprit peut comprendre les mathématiques, vous n'avez pas ce sens esthétique pour ressentir les fleurs.

Seul un esprit poétique peut comprendre la possibilité de Dieu, car Dieu est le plus faible, le plus doux. C'est pourquoi il est le plus élevé. C'est la fleur ultime. Il fleurit, mais il ne fleurit que pendant une fraction de seconde. Cette fraction de seconde s'appelle LE PRÉSENT.

Si vous manquez ce moment - et c'est un si petit moment que vous devez être très intensément attentif, alors seulement vous pourrez le voir, sinon vous le manquerez. Il est toujours en train de fleurir, à chaque instant, mais vous ne pouvez pas le voir, votre esprit est encombré par le passé et le futur - et le présent est un phénomène si étroit. juste un battement de paupières et il est parti.

Dans ce moment étroit, Dieu fleurit - c'est le plus haut, l'ultime.

Mais très faible, très doux, il doit l'être. C'est l'apogée, le dernier crescendo, au-delà duquel rien n'existe.

Vous ne pourrez comprendre Dieu que lorsque vous comprendrez la logique de la douceur et de la faiblesse. Si vous essayez d'être forts : conquérants, combattants, guerriers, alors vous vivrez dans un monde entouré de rochers, et non de fleurs, et Dieu sera un phénomène lointain. Il ne vous sera pas possible de détecter Dieu où que ce soit dans la vie.

QUAND L'HOMME NAÎT, IL EST TENDRE ET FAIBLE ;. À LA MORT, IL EST DUR ET RAIDE.

Cela devrait donc faire partie de votre vie : restez doux, tendre et faible, n'essayez pas d'être dur et rigide, car c'est ainsi que vous rapprochez de plus en plus votre propre mort.

La mort viendra un jour - ce n'est pas la question. La mort n'est pas la peur, la mort n'est pas le problème, mais si vous êtes en vie dans une personnalité semblable à la mort - voilà le problème. La mort en elle-même est très douce, plus douce que la vie, très tendre ; vous pouvez entendre les sons de la vie, mais vous ne pouvez pas entendre les sons de la mort. Lorsque la mort arrive, elle est si douce que vous ne pouvez pas savoir, même une seconde avant, qu'elle arrive. Et elle est si faible, si tendre. Cette mort n'est pas le problème. La mort que vous vivez en ce moment, c'est ça le problème.

La mort avant la mort est le problème, vivre une vie morte, c'est ça le problème. Dur. Fermé. Leibnitz a un terme pour cela, il l'appelle MONAD. Monade signifie : enfermé dans une telle prison, dans une telle capsule, qu'il n'y a pas de fenêtre, même pour regarder dehors, ou pour que l'extérieur regarde dedans. Une monade est une cellule absolument fermée et sans fenêtre.

MONAD vient de la même racine que monopole, monastère, moine et monogamie ; il signifie être totalement seul. Un moine est une personne qui vit seule. Un monastère est un lieu où l'on vit seul.

Lorsque vous êtes complètement fermé, dans une cellule morte, vous êtes dans un monastère. Vous vivez seul dans une grotte, vous ne pouvez pas atteindre les autres, les autres ne peuvent pas vous atteindre. Vous êtes complètement fermé. C'est la mort qui est raide.

Et puis vous êtes malheureux, et puis vous essayez de trouver des moyens de ne pas être malheureux.

Vous continuez à créer de la misère en étant raide, dur, et ensuite vous continuez à chercher des méthodes pour ne pas être misérable.

En fait, si vous comprenez le phénomène qui vous a rendu malheureux, vous pouvez le laisser tomber immédiatement. Soyez simplement doux, fluide. Soyez comme un enfant, et gardez toujours la pureté et la douceur de l'enfance. Ne perdez pas le contact avec elle et vous serez surpris un jour de découvrir que l'enfant que vous étiez cinquante ans auparavant est toujours vivant en vous.

Si vous savez comment établir des contacts avec elle, vous redevenez soudainement un enfant ; l'enfant n'est jamais perdu car CELA EST VOTRE VIE. Il reste là ; ce n'est pas que l'enfant meurt et que vous deveniez jeune, puis la jeunesse meurt, puis vous devenez vieux, non ! Des couches sur des couches s'accumulent mais le noyau le plus profond reste le même, l'enfant que vous êtes né est toujours là en vous ; de nombreuses couches se sont accumulées autour de lui - si vous pénétrez ces couches, soudain l'enfant explose en vous ; cette explosion, je l'ai appelée l'extase.

Jésus dit : Si vous ne devenez pas comme des enfants, vous n'entrerez pas dans le royaume de Dieu. Voilà ce qu'il veut dire : c'est tout ce dont je parle. Si vous pénétrez dans votre coquille dure, dans la côte dure, dans les murs qui vous entourent, dans les nombreuses couches, soudain l'enfant explosera en vous, vous regarderez à nouveau le monde avec ces yeux innocents d'enfant. Ensuite, il y a Dieu.

Dieu n'est pas un concept très philosophique : c'est ce monde regardé à travers les yeux d'un enfant. Le même monde - ces fleurs, ces arbres, ce ciel - et vous, le même monde prend soudain une nouvelle qualité d'être divin lorsque vous le regardez avec les yeux d'un enfant. Seul un cœur pur, doux et tendre est nécessaire. Dieu n'est pas absent, c'est VOUS qui êtes absent. Dieu n'est pas absent, c'est VOUS qui l'êtes.

QUAND L'HOMME NAÎT, IL EST FRÊLE ET FAIBLE : À LA MORT, IL EST DUR ET RIGIDE. QUAND LES CHOSES ET LES PLANTES SONT VIVANTES, ELLES SONT DOUCES ET SOUPLES ; QUAND ELLES SONT MORTES, ELLES SONT CASSANTES ET SÈCHES.

Apprendre. La vie enseigne par de nombreux moyens. La vie nous indique le chemin à suivre.

C'EST POURQUOI LA DURETÉ ET LA RAIDEUR SONT LES COMPAGNONS DE LA MORT, ET LA DOUCEUR ET LA GENTILLESSE SONT LES COMPAGNONS DE LA VIE.

Si tu veux être plus vivant, abondamment vivant, alors cherche des compagnons de vie : la douceur, la mollesse.

Tout ce qui vous encombre vous rend dur. Vivez de manière à ce que chaque instant soit libre du moment passé.

Votre situation actuelle est la suivante : vous avez une grande maison avec de nombreuses pièces ; dans toutes les pièces il y a des puzzles, toute la maison est remplie de puzzles - sur les tables, sur les chaises, sur les lits, sur les sols, suspendus aux plafonds - partout, des puzzles ; et vous n'avez pas réussi à en résoudre un seul. Vous essayez d'en résoudre un ; sentant qu'il est difficile à résoudre, vous passez à un autre puzzle ; mais le premier est suspendu à votre tête ; non seulement cela, mais vous en emportez quelques parties pour les travailler plus tard. Ensuite, vous essayez de résoudre un autre puzzle, mais vous ne pouvez pas le résoudre parce que vous êtes vous-même dérouté. Puis vous passez à une autre pièce, et ainsi vous continuez à tourner en rond. Vous êtes encombré d'énigmes non résolues et, à la fin, vous êtes complètement névrosé. Pas un seul point de la vie n'est résolu et des milliers d'énigmes vous entourent. Elles font des ravages, elles vous tuent.

Ne gardez jamais les choses du passé - elles ne sont plus là ! Débarrassez-vous-en à chaque instant ! Résolu ou non résolu.

Maintenant, on ne peut plus rien y faire. Laissez tomber. Et n'emportez pas de pièces parce que ces pièces ne vous permettront pas de résoudre de nouveaux problèmes qui Vivez ce moment, vivez ce moment aussi totalement que possible, et soudain vous vous rendrez compte que si vous le vivez totalement, il est résolu. Il n'y a pas besoin de le résoudre. La vie n'est pas un problème, c'est un mystère à vivre.

Si vous le vivez totalement, il est résolu, et vous en sortez beau, enrichi, avec de nouveaux trésors de votre être ouverts, mais rien qui ne traîne. Ensuite, vous vous déplacez dans un autre moment avec cette fraîcheur, cette totalité, cette intensité, de sorte qu'un autre moment est vécu - et résolu.

Ne continuez jamais à accumuler des moments non vécus autour de vous, sinon vous deviendrez dur.

Vous ne pouvez rester doux que si vous ne portez rien du passé. Pourquoi les enfants sont-ils doux ? Ils ne portent rien. Leur façon de faire est celle du sage. Si un enfant est en colère, il est en colère. À ce moment-là, il ne se soucie pas de ce que Bouddha dit sur la colère, il ne se soucie pas de ce que Mahavir a enseigné sur la colère :

Ne soyez pas en colère - il devient vraiment en colère. Il est si intensément en colère que cette intensité même devient belle. Regardez un enfant quand il est vraiment en colère : tout son corps - un si petit corps, si doux, si tendre - palpite d'une telle colère, les yeux sont rouges, le visage est rouge, il saute, il crie, comme s'il allait détruire le monde entier. Une explosion d'énergie.

Et l'instant d'après, la colère a disparu, et il joue, et regardez son visage - vous ne pouvez pas croire que ce visage était en colère un instant auparavant. Tout sourire ! Si beau, si heureux.

C'est ainsi qu'il faut vivre. Un moment, soyez-y, mais soyez-y si totalement qu'il ne reste rien à être à un autre moment. L'enfant vit le moment de la colère, puis il se déplace. Lorsqu'une meilleure éducation sera possible dans le monde, nous n'apprendrons pas aux enfants à NE PAS être en colère, nous leur apprendrons à être en colère, mais TOTALEMENT en colère, et à ne pas la porter. La colère en elle-même n'est pas mauvaise, mais la porter, l'accumuler, est dangereux.

Les éclairs de colère sont beaux, en fait nécessaires, ils donnent un ton à la vie. Ils rendent la vie plus salée.

Sinon, vous vous sentirez plus flasque, vous n'aurez pas de tonus. C'est un bon exercice en soi, et si l'on peut y être totalement et en sortir totalement, sans égratignures, il n'y a rien de mal à cela. Et une personne qui peut être totalement en colère peut être totalement heureuse, peut être totalement aimante, parce que la question n'est pas de savoir si vous êtes en colère, heureux ou aimant ; la seule chose que vous apprenez de toutes les expériences est d'être total.

Si on ne vous permet pas d'être en colère, vous devenez incomplet. Vous vivez l'instant partiellement, les autres parties restent suspendues dans votre esprit. Alors vous souriez, mais votre sourire n'est pas pur, il est corrompu, parce que la colère y est accrochée. Vos lèvres sourient mais elles sont empoisonnées, la colère n'est pas partie, le passé n'a pas disparu, vous n'êtes pas complètement libre d'être ici et maintenant, le passé a une ombre sur vous.

Et cela continue encore et encore. Vous devenez perplexe. La vie entière devient une gueule de bois. Alors vous ne pouvez plus rien vivre : vous ne pouvez plus aimer, vous ne pouvez plus prier, vous ne pouvez plus méditer. Les gens viennent me voir et me disent : Lorsque nous méditons, des millions de pensées surgissent soudainement ; d'ordinaire, ces pensées ne surgissent pas, mais lorsque nous méditons, elles surgissent.

Pourquoi cela se produit-il ? Des expériences incomplètes ; lorsque vous méditez, vous êtes inoccupé ; elles vous sautent toutes dessus : Vous êtes inoccupé - au moins résolvez-nous ! complétez-nous ! accomplissez-nous ! Vous ne faites rien, la méditation c'est ne rien faire, rester assis ici. Faites quelque chose ! Cette colère est là, accomplis-la ! Cet amour est là, accomplis-le ! Ce désir est là - fais quelque chose !

Lorsque vous êtes occupé, vous êtes tellement occupé qu'ils vous entourent tous mais ne deviennent jamais le centre de votre attention. Mais lorsque vous méditez, ils essaient tous d'attirer votre attention : NOUS SOMMES INCOMPLETS. Ce sont les fantômes de votre passé.

Vivez pleinement chaque instant. Et vivez avec conscience afin de ne pas porter le passé : Et c'est facile, il suffit d'un peu de conscience. Rien d'autre n'est nécessaire. Ne vivez pas dans le sommeil, comme un robot. Soyez un peu plus conscient, et vous pourrez voir.

Et alors vous deviendrez doux comme un enfant, souple comme une nouvelle plante qui germe, et cette qualité peut être portée jusqu'au moment même de la mort, jusqu'au dernier moment de la mort si vous restez souple. Si vous restez souple, jeune, frais - la mort arrive, mais elle ne vous arrive pas. Parce que vous portez la vie en vous, la mort ne peut pas arriver. Seuls les gens qui sont déjà morts meurent. Les gens qui sont restés en vie regardent la mort se produire ; le corps meurt, l'esprit meurt, mais pas eux, ils restent en dehors, transcendantaux.

DONC QUAND UNE ARMÉE EST ENTÊTÉE, ELLE PERD LA BATAILLE.

Lao Tseu semble absurde. Il dit que lorsqu'une armée est têtue, elle perd la bataille, et vous pensez que lorsque vous êtes têtu, vous gagnez.

QUAND UN ARBRE EST DUR, IL EST ABATTU. LES GRANDS ET LES FORTS ONT LEUR PLACE EN DESSOUS. LES DOUX ET LES FAIBLES DOIVENT ÊTRE AU SOMMET.

Les racines sont dures, leur place est en dessous. Les fleurs sont douces, leur place est au sommet.

Et ce sera la bonne structure de la société - si les gens qui sont forts appartiennent aux racines et les gens qui sont mous appartiennent au sommet. Les poètes et les peintres devraient appartenir au sommet. Les saints et les sages devraient appartenir au sommet le plus élevé. Les soldats, les politiciens, les hommes d'affaires devraient appartenir au dessous, ils ne devraient pas appartenir au sommet. Le monde entier est sens dessus dessous, parce que les gens durs essaient d'être au sommet.

C'est comme si les racines étaient devenues des politiciens et qu'elles essayaient de monter au sommet de l'arbre et de forcer les fleurs à aller vers les racines, vers le sous-sol.

Lorsque le monde était plus équilibré - par exemple en Inde, les brahmanes étaient au sommet. Nous les avions placés au sommet - Brahmanes signifie sages : ceux qui ont connu le Brahma. Il ne s'agit pas d'une caste. Cela n'a rien à voir avec la naissance, cela a quelque chose à voir avec la résurrection intérieure. Ceux qui ont connu l'ultime, ce sont les brahmanes, ils appartiennent au sommet, ils étaient les fleurs.

Même les rois, les empereurs très puissants, devaient venir se prosterner à leurs pieds. C'était la bonne manière !

Un roi, aussi fort et aussi grand soit-il, reste un roi. L'homme du monde est toujours névrosé, il est toujours en quête d'ambition et d'ego - il doit s'incliner.

Il arriva que Bouddha vienne dans une ville, et le roi de la ville hésitait un peu à aller le recevoir.

Le premier ministre du roi lui a dit : Tu dois partir. Le premier ministre était un très vieil homme sage. Le roi a dit : Cela semble inutile. C'est un mendiant. Laissez-le venir ! A quoi bon aller jusqu'à la limite de mon royaume pour le recevoir ? Je suis un roi, et c'est un mendiant.

L'ancien premier ministre du roi a écrit sa démission immédiatement. Il a dit : Prends ma démission, car si tu es tombé si bas, je ne peux pas rester ici. Vous devez vous rappeler que vous êtes et qu'il a renoncé aux royaumes. Il n'a rien. Vous avez un grand empire, ET IL N'A RIEN. Il appartient au sommet. Et vous devez aller vous prosterner, sinon prenez ma démission.

Je ne peux pas être ici dans ce palais avec vous. C'est impossible pour moi. Le roi a dû partir.

Lorsqu'il s'est prosterné devant Bouddha, ce dernier lui aurait répondu : Ce n'était pas nécessaire. J'ai entendu dire que vous étiez réticent à venir - ce n'était pas nécessaire, car lorsqu'on est réticent, même si on vient, on ne vient pas. Et le respect ne peut être forcé. Soit vous comprenez, soit vous ne comprenez pas. Ce n'était pas nécessaire ! Je venais moi-même et je suis un mendiant. Et vous êtes un empereur.

Mais maintenant, le roi a commencé à pleurer et pleurer. Il avait compris.

En Orient, les brahmanes étaient au sommet. Cela devrait être la bonne façon de structurer une société. Maintenant, partout dans le monde, les politiciens ont atteint le sommet. D'où la misère, et le chaos, il doit en être ainsi. Le sommet est devenu trop lourd. Seules les fleurs devraient être au sommet : les sages, les poètes, les mystiques, pas les politiciens.

LES GRANDS ET LES FORTS ONT LEUR PLACE EN DESSOUS. LES DOUX ET LES FAIBLES ONT LEUR PLACE AU SOMMET.

Lao Tseu dit que si tu veux être au sommet, sois doux et faible. Sois si faible et si doux, si mou, comme l'herbe, et pas fort comme les grands arbres.

Lao Tseu a un intérêt profond pour tout ce qui est inutile. Il dit qu'être inutile, c'est être protégé. Être utile est dangereux, car si vous êtes utile, quelqu'un va vous utiliser, vous serez exploité. Si vous êtes fort, vous serez enrôlé de force dans l'armée.

Lao Tseu se déplaçait, traversant un village avec ses disciples. Il vit un homme avec un bossu. Il dit à ses disciples : Allez voir ce bossu et demandez-lui comment il se sent, car j'ai entendu dire que la ville a eu des problèmes. Le roi a forcé tous les jeunes hommes et les hommes forts à s'engager dans l'armée.

Ils sont allés voir le bossu et l'ont interrogé. Le bossu répondit : Je suis heureux ! A cause de mon dos, on ne m'a pas forcé. Je suis inutile. C'est comme ça que je suis sauvé. Ils firent leur rapport. Lao Tseu leur a dit : Maintenant, souvenez-vous. Soyez inutiles. Sinon vous deviendrez du fourrage dans la guerre.

Une fois, en traversant une forêt, ils sont passés sous un grand arbre : mille charrettes à bœufs auraient pu se reposer en dessous. Toute la forêt était en train d'être coupée, des milliers de charpentiers y travaillaient. Lao Tseu dit : Demande ce qui s'est passé. Pourquoi n'ont-ils pas coupé ce grand arbre ?

Les disciples y sont allés, ils se sont renseignés ; le charpentier a dit : Cet arbre est absolument inutile. Les branches ne sont pas droites, on ne peut pas en faire des meubles ; et quand on le brûle, il en sort tellement de fumée qu'on ne peut pas s'en servir comme combustible. Et les feuilles sont si amères que même les animaux ne sont pas prêts à les manger. C'est donc inutile. C'est pourquoi nous ne l'avons pas coupé.

On dit que Lao Tseu a commencé à rire et a dit à ses disciples : Soyez comme cet arbre, inutile. Alors personne ne te coupera. Et regarde cet arbre, comme il est devenu grand, juste en étant inutile !

La vie peut être envisagée de deux façons. Soit on la considère comme utilitaire - une chose doit servir à quelque chose d'autre ; la vie devient alors un moyen, et une fin doit être atteinte. Ou bien la vie peut être considérée comme une jouissance, et non comme une utilité. Dans ce cas, ce moment est tout, il n'y a pas de but, pas de finalité.

Je lisais un poème l'autre jour. Un de ses vers m'a profondément frappé. Un vers de ce poème dit :

UN POÈME NE DOIT PAS SIGNIFIER, MAIS ÊTRE.

J'ai adoré. La vie ne devrait pas signifier, la vie devrait être. Une fin en soi. N'aller nulle part. Apprécier l'ici et le maintenant. Célébrer. C'est seulement alors que vous pouvez être doux. Si vous essayez d'être utile, vous deviendrez dur. Si vous essayez d'atteindre quelque chose, vous deviendrez dur. Si vous essayez de vous battre, vous deviendrez dur. Abandonnez-vous. Soyez doux et tendre. Et permettez au flux de la vie de vous emmener là où il vous emmène. Laissez le but de l'ensemble être votre but. Ne cherchez pas de but personnel. Soyez simplement une partie, et une beauté et une grâce infinies se produisent.

Essayez de le ressentir - ce que je dis ; ce n'est pas une question de compréhension, ce n'est pas une question de capacité intellectuelle. Ressentez ce que je dis. Imprégnez-vous de ce que je dis. Laissez-le être là avec vous. Permettez-lui de s'installer au plus profond de votre être : La vie ne devrait pas signifier, la vie devrait être.

Et puis soudain, vous êtes doux. Toute dureté s'en va, disparaît, fond. Le bébé est redécouvert, vous êtes redevenu un enfant, ces yeux transparents de l'enfance sont à nouveau disponibles.

Vous pouvez regarder et alors cette verdure est totalement différente, et les chants des oiseaux sont totalement différents.

Alors l'ensemble a une signification totalement différente. Il n'a pas de sens, il a une signification. Le sens est lié à l'utilité, la signification au plaisir.

Délectez-vous-en et vous serez doux. Coulez avec la rivière. Devenez la rivière.

C'est juste une blague

Question 1 :

VOUS NOUS DITES ENCORE ET ENCORE DE NE PAS DÉSIRER L'ILLUMINATION ET POURTANT VOUS NOUS RAPPELEZ ENCORE ET ENCORE À QUEL POINT NOS VIES SONT PAUVRES ET SANS INTÉRÊT, ET VOUS NOUS DITES À QUEL POINT L'ILLUMINATION EST BÉATE ET RICHE.

COMMENT ÉVITER DE PRÉFÉRER LA FÉLICITÉ AUX DÉCHETS ?

La préférence est le plus grand problème. Si vous préférez, vous ratez. Si vous préférez la félicité aux déchets, votre concept de la félicité est déjà un déchet. Si vous ne préférez pas, si vous restez vigilant et non préférant, dans une profonde conscience sans choix, même les déchets eux-mêmes deviennent de la béatitude. Les déchets et la félicité ne sont pas deux choses. Si tu préfères, tout est déchet. Si vous ne préférez pas - tout devient béatitude.

Ce monde et le nirvana ne sont pas deux choses différentes. Ce monde existe grâce à votre choix. Si le choix disparaît, le monde disparaît. Soudain, il y a l'illumination et rien d'autre.

Il est juste en face de vos yeux. Préférez, et vous le manquerez, car la préférence signifie que le mental est entré. Le choix est le mental. Lorsque vous dites : Je choisis ceci et je ne choisis pas cela, vous avez déjà divisé le monde en deux ; la dualité est entrée. Maintenant, le non-duel est perdu, l'un est perdu, l'unité n'est plus là. Si vous ne choisissez pas, la dualité disparaît parce qu'elle EST à cause de votre choix ; vous la soutenez par votre choix, c'est pourquoi elle existe. Si vous ne la soutenez pas par votre choix, elle a disparu. Déjà, il n'y a rien à choisir et personne à choisir.

L'illumination n'est pas quelque chose que vous devez choisir. Lorsqu'il n'y a pas de choix, ce qui reste EST l'illumination.

Je comprends votre difficulté, car le choix revient sans cesse. Vous pouvez même choisir de ne pas choisir ; si j'insiste sur le fait que l'absence de choix est la porte, vous pouvez commencer à le choisir - mais alors vous avez manqué, vous n'avez pas pu me comprendre. Il n'y a rien à faire, il suffit d'une compréhension tacite.

Juste en m'écoutant, si vous le comprenez, c'est déjà fait. Il n'y a rien d'autre à faire.

Ne demandez pas comment. Essayez simplement de comprendre ce que je dis : N'apportez pas le désir. Laissez la compréhension être claire.

Quand vous dites : CECI EST MAUVAIS, vous avez nié une partie de l'existence comme étant mauvaise. Maintenant, vous ne pouvez jamais être le tout - et l'illumination appartient au tout ! C'est un épanouissement du tout. Une partie ne peut pas être éclairée, seulement le tout. Si vous dites : C'EST BON ET C'EST MAUVAIS, et C'EST CE QUE JE CHOIS ET C'EST CE QUE JE REJETTE, qui fait ces rejets, ces choix ? Le moi, l'ego, divise l'existence comme une épée, la coupe en deux. Si vous la comprenez, vous ne divisez pas. Dans une existence non divisée, rien ne manque. Vous vous mettez soudainement à danser. C'est arrivé.

Vous nous dites encore et encore de ne pas désirer l'illumination - Oui. Parce que le désir est l'esclavage. Les soi-disant religions ont enseigné aux gens à désirer l'illumination. Elles ont créé beaucoup de confusion. Je ne fais rien, je ne fais que dissiper toute la confusion qui a été mise dans votre esprit. Elles disent : Ne désirez pas le monde, ne désirez pas les objets du monde, ne désirez pas l'argent, ne désirez pas le pouvoir, le prestige - désirez Dieu, désirez l'illumination, désirez le ciel, désirez la vertu. Mais lorsque vous désirez la vertu, lorsque vous désirez Dieu, rien n'a changé en vous. Seul l'objet du désir a changé. Le désir est resté le même. D'abord vous désiriez l'argent, maintenant vous désirez Dieu. L'objet a changé, vous avez maintenant un objet d'un autre monde, mais avez-vous subi une quelconque transformation ? Vous désirez toujours.

La nature du désir est la même, elle ne dépend pas de l'objet. Dieu ou l'argent ne fait aucune différence. Vous désirez - c'est la chose.

Parce que dans le désir, vous avez avancé dans le futur. Dans le désir, vous avez déjà manqué le moment présent. Le désir signifie que vous n'êtes pas ici et maintenant. L'esprit est parti ailleurs. Et comment pouvez-vous apprécier ce qui se passe maintenant, quand l'esprit est ailleurs ? Comment pouvez-vous vous réjouir de ce qui se déverse déjà sur vous lorsque l'esprit n'est pas là ? La vie continue à vous inonder, Dieu continue à vous entourer, mais votre esprit est ailleurs - dans le futur, dans un résultat, dans un désir.

C'est comme ça qu'on rate !

Le désir vous permet de vous déplacer dans le nulle part ; et vous êtes toujours ici, votre existence concrète est toujours dans le présent. Mais le désir aide à créer d'autres mondes qui ne sont pas.

Regardez un homme qui désire de l'argent. Il a dix mille roupies - il ne peut pas en profiter parce qu'il désire dix lakhs de roupies. Il est malheureux. Ces dix mille roupies ne le rendent pas riche. Il est malheureux. Ces dix lakhs qu'il désire le rendent pauvre. Il ne pourra en profiter que lorsque les dix lakhs seront là.

Mais, pensez-vous qu'il va apprécier ? Lorsque dix lakhs sont là, l'esprit doit avoir bougé à nouveau, parce que l'esprit a appris le truc de comment bouger : de dix mille à dix lakhs, de dix lakhs à dix crore ! La proportion, la distance, restera la même. Au moment où il atteint dix lakhs, l'esprit désire déjà dix crore.

Il ne peut pas profiter de dix lakhs, il n'est pas riche à cause d'eux, il est pauvre à cause de dix crore.

Vous commencez à méditer, vous ne pouvez pas profiter de ce qui vous arrive, votre esprit pense à l'illumination. Et je vous le dis, même s'il était possible que l'illumination se produise - ce qui n'est pas possible - vous ne seriez pas en mesure d'en profiter. Votre esprit se dirigerait vers une autre illumination GRANDE. C'est la nature du désir - continuer à se déplacer. Si Dieu était là, debout devant vous, vous seriez déjà passé à un autre grand Dieu - ce Dieu ne fera pas l'affaire. Il ne suffit pas.

Non satisfaisant.

Il faut comprendre le fonctionnement de l'esprit, c'est tout. Une compréhension tacite du fonctionnement de l'esprit - et soudain vous vous mettez à rire ; toute l'astuce est comprise.

Ensuite, il ne s'agit pas de changer d'objet, mais simplement de laisser tomber le désir - et quand je dis "laisser tomber le désir", ne vous méprenez pas. Je ne veux pas dire que VOUS l'abandonnez. Quand la compréhension tacite est là, elle tombe. Soudain, vous comprenez l'essentiel : la vie est ICI, et le désir est LÀ. Vous voyez l'essentiel - et le désir disparaît. C'est juste une ligne de fumée autour de vous, rien de substantiel. Vous n'avez même pas besoin de le pousser. Vous comprenez - il a disparu.

Non pas que vous abandonniez le désir, parce que je sais, comment pouvez-vous l'abandonner ? On ne peut l'abandonner que si on lui substitue un autre désir. Si je dis : Abandonnez le désir de l'argent car alors vous pourrez atteindre Dieu ! - tu peux l'abandonner, parce que je te donne un autre objet à désirer. Vous pouvez laisser tomber l'ancien - parce qu'avec l'ancien, vous êtes déjà frustré et fatigué. Maintenant, ce nouvel objet va aider le désir pendant quelques jours ; ensuite, vous pouvez le laisser tomber à nouveau.

Les objets peuvent être abandonnés si le désir est permis. L'esprit ne s'inquiète pas des objets. Lorsque vous laissez tomber le désir, l'esprit disparaît. L'esprit désire, l'esprit n'est pas une entité. L'esprit n'est pas quelque chose qui existe, l'esprit est juste un processus - de désir. Vous désirez ? - L'esprit est là. Vous ne désirez pas ? - L'esprit n'est pas là. Et quand l'esprit n'est pas là, l'illumination est là.

Je ne vous dis donc pas de FAIRE QUELQUE CHOSE pour elle, non. Je dis simplement : regardez-le, regardez-le de manière détendue.

Et ça fera l'affaire.

Mais en m'écoutant, tu commences à être avide. Tu commences à ressentir : Comme c'est beau d'être éclairé ! Comme c'est beau de connaître la vérité ! Comme c'est beau de réaliser Dieu ! Vous commencez à vous sentir avide - attention à l'avidité, sinon Dieu deviendra un objet, et tous les objets appartiennent au monde. Il n'y a pas d'objet dans l'autre monde. Tous les objets appartiennent au marché. Il n'y a pas d'autres objets qui ne soient pas des marchandises sur le marché, parce que tout ce qui peut aider votre désir, vous aide à être dans ces déchets, à être dans ce cauchemar.

Alors n'essayez pas de faire quelque chose. Je ne dis pas d'arrêter de désirer, je dis simplement de comprendre le processus du désir. Dès que vous aurez compris, vous verrez qu'il est tombé.

... ET POURTANT, VOUS NOUS RAPPELEZ SANS CESSE À QUEL POINT NOS VIES SONT PAUVRES ET INSIGNIFIANTES. Je dois vous le rappeler parce que c'est ainsi. Vos vies SONT des déchets.

Et il existe une façon d'être qui est extrêmement heureuse. Je dois vous rappeler encore et encore que la façon dont vous vivez n'est pas une façon de vivre, c'est une façon de mourir. Vous êtes simplement en train de vous tuer.

Et je dois vous rappeler qu'il existe un chemin où rien d'autre que la félicité infinie n'existe.

Mais je ne dis pas cela pour créer. une préférence. Je ne dis pas cela pour créer un choix, je ne dis pas de laisser ceci et de choisir cela, de laisser tomber ceci et d'essayer d'atteindre cela - non, je ne dis pas cela. Je dis simplement que l'esprit de réalisation crée des déchets, et que l'esprit de non-réalisation est bienheureux. Donc, si vous commencez à faire des efforts pour atteindre cet état de béatitude, vous montrerez que vous ne m'avez pas compris.

Cela s'est toujours produit : Bouddha, Jésus, Lao Tseu - n'ont jamais été compris ; les gens ne les ont jamais compris. Ils étaient profondément incompris. Tout ce qu'ils disaient était pris d'une manière totalement différente. Ils disaient quelque chose d'autre, d'absolument différent ; ils parlaient depuis une autre dimension.

Ensuite, les gens créent des groupes d'adeptes, des organisations, des méthodes, et ils continuent à faire mille et une choses - en passant à côté de l'essentiel.

Et le but est très simple. Il ne faut pas de connaissances, pas beaucoup d'intelligence, juste une pureté, un regard innocent.

Alors regardez-moi ; et ce que je dis - écoutez-le, comme vous écoutez la musique. La musique ne signifie pas grand-chose, en fait elle ne SIGNIFIE rien du tout - elle ne fait que sonner. Mais la musique vous donne quelque chose de l'inconnu.

Écoutez-moi comme si vous écoutiez de la musique, une dimension différente ; n'essayez pas de m'interpréter, ne me traduisez pas dans votre esprit, écoutez simplement. Essayez d'être plus alerte, pas d'être plus intelligent. Essayez d'être plus conscient, afin de ne rien manquer. Et un jour - et ce jour est imprévisible, personne ne peut dire quand - vous serez à l'écoute. Et soudain, la nuit disparaît. Elle n'a jamais été là. Elle était juste illusoire.

Quand le Bouddha a atteint la perfection, on lui a demandé : Qu'as-tu atteint ? Il répondit : Rien. Je n'ai rien atteint. Je suis seulement parvenu à comprendre que ce que je cherchais avait toujours été en moi. Le chercheur était le recherché. Je n'ai rien atteint. J'ai seulement RECONNU.

Je suis seulement arrivé à une prise de conscience, à un réveil. J'ai regardé en moi-même, et il ne manquait rien. Tout était parfait depuis le tout début.

Dans cette existence, rien n'est imparfait. L'imperfection n'est pas possible car le tout est tellement parfait, incomparablement parfait. Seul le parfait peut sortir du parfait, alors comment l'imperfection est-elle possible ? Cela doit être parce que vous vous êtes trompés.

Quelque part, vous avez créé la notion d'imperfection, sinon personne n'est imparfait. Vous êtes des Bouddhas ! Vous pouvez savoir, ne pas savoir, c'est à vous de choisir : savoir ou ne pas savoir.

Mais votre réalité est la réalité d'un Bouddha. Dieux anonymes. Ne sachant pas, ne se connaissant pas eux-mêmes, mais tous des dieux. Endormis profondément peut-être, mais un dieu reste un dieu, endormi ou éveillé. Alors quand je vous dis, et je dois vous dire, et insister encore et encore, qu'il y a une façon d'être où chaque moment est une félicité infinie, où chaque moment est extatique, et que vous vivez dans des déchets - s'il vous plaît, ne créez pas de désir, parce que le désir crée des déchets.

Comprends la chose, et laisse le désir te glisser des mains.

Tout à coup - et c'est toujours soudain, sans aucun processus graduel - on est réveillé. Le matin est arrivé. Vous êtes de retour chez vous.

Vous demandez comment on peut éviter de préférer la félicité aux déchets. Vous devez éviter, sinon vous allez créer des déchets.

C'est difficile, je sais. Je comprends votre difficulté, car la mienne était autrefois la même. Mais comme je comprends votre difficulté, essayez de comprendre ce que je dis. La même difficulté a été la mienne ; et je sais combien il est impossible de ne pas créer un désir pour Dieu, combien il est impossible, quand on comprend que quelque chose est beau, bienheureux, de ne pas le désirer. Mais vous finirez par en sentir l'utilité. Parce que chaque fois que vous la désirez, elle vous manque. Alors tu devras comprendre qu'en désirant, tu rates.

Cela ne vient que par l'expérience. Vous tomberez souvent. Mais ne vous découragez pas. Relève-toi et continue. Vous tomberez souvent et vous commencerez à désirer. C'est si subtil que vous pouvez même penser que vous n'avez pas choisi, que vous n'avez pas préféré, et que vous avez préféré.

Mais plus vous êtes vigilant, un jour ou l'autre cela arrivera. Cela m'est arrivé, et j'étais dans la même situation, et la difficulté était la même pour moi

- comment ne pas désirer ce qui est bienheureux. Comment simplement NE PAS désirer, et rester sans désir, sans préférer quoi que ce soit à quoi que ce soit d'autre, juste être, sans aucune préférence. Je sais, c'est presque impossible - mais cela arrive. Les impossibles arrivent. Ce sont les vrais miracles.

C'est arrivé. Et donc je sais que cela va vous arriver. Persistez. Ne vous laissez pas décourager par les erreurs et les fautes. Relève-toi, fais un autre essai. C'est un tâtonnement dans l'obscurité. Mais la porte est là, alors si vous continuez à tâtonner suffisamment, vous tomberez sur la porte.

C'est pourquoi la religion ne pourra jamais devenir une science - jamais ! Elle restera toujours un tâtonnement. Tout au plus peut-elle être un art, et un art si subtil qu'il ne peut être enseigné. J'insiste donc auprès de vous : continuez à tâtonner.

Un jour, ça arrive. Comment cela arrive, pourquoi cela arrive, reste un mystère. En fait, personne n'a jamais été capable de dire exactement COMMENT cela se produit. Si quelqu'un peut dire comment cela se produit, une science peut être créée. Alors vous connaissez la technique. Vous pouvez alors faire un certain acte, et cela se produit.

Cela s'est produit des millions de fois, mais il n'y a pas de causalité, donc vous ne pouvez pas déterminer comment cela se produit. Il peut être causé. Chaque fois que cela se produit, c'est unique ! Chaque fois que cela se produit, c'est d'une manière tellement nouvelle que cela ne s'est jamais produit auparavant. Et cela ne se reproduira plus jamais de cette manière. Parce que chaque individu est si différent, si unique, si individuel, que l'événement va être différent. Je ne cesse de vous le rappeler, ne commencez pas à le désirer. Laissez-le se produire - ne le désirez pas. En désirant, vous devenez actif, agressif. En permettant, vous attendez simplement, dans une profonde réceptivité. Attendre l'invité, debout devant votre porte..... Rien ne peut être fait ! Quand l'invité viendra, il viendra ! Vous devez être prêt à recevoir, c'est tout.

Ne pas désirer crée la réceptivité. Désirer vous rend agressif. Le désir vous rend actif, le non-désir vous rend inactif - c'est ce que Lao Tseu dit par WU-WEI, l'action par l'inaction, faire les choses en ne les faisant pas.

Ne désirez pas - et ça arrive. Désirez - et vous avez manqué. Ne préférez pas, et il est là. Cherchez - et vous cherchez à l'infini, et vous ne l'atteignez jamais.

Une profonde réceptivité.

C'est le mécanisme du désir : si vous désirez, toute votre énergie devient active, agressive - elle bouge, elle devient masculine. Si vous ne désirez pas, la même énergie devient réceptive, elle ne sort pas, elle ne va nulle part, elle attend simplement, elle attend profondément, elle devient féminine. D'où l'insistance de Lao Tseu sur l'énergie féminine.

Le monde est la manifestation de l'énergie masculine. Et l'illumination, l'autre monde, l'autre rive, est la manifestation de l'énergie féminine.

Attendez comme un bien-aimé. Et à tout moment, cela peut arriver - vous serez surpris ! Chaque fois que cela arrive, tous ceux à qui cela arrive sont surpris - surpris par le fait qu'ils ne faisaient rien et que c'est arrivé. Stupéfait ! On ne peut pas le croire ! Incroyablement vrai ! C'est absurde ! Parce que lorsqu'il faisait tout, cela n'arrivait pas, cela ne se produisait pas, et maintenant il ne faisait rien - et soudain, c'est là !

Dans le non-faire, votre énergie est dans un profond repos. Elle devient pure, tranquille.

Dieu a toujours été devant vous - juste devant vos yeux. Mais vos yeux sont agités par le désir. Laissez le désir s'en aller, les yeux ne vacillent plus, vous êtes tranquille, calme, tranquille - soudain il est là, révélé.

Question 2 :

ON RACONTE QUE ST. FRANCIS D'ASSISI POUVAIT PARLER AUX OISEAUX ET QU'ILS L'ÉCOUTAIENT. EST-CE DE LA PRIÈRE ? J'AIMERAIS VOUS ENTENDRE PARLER UN PEU PLUS DE LA PRIÈRE.

Je vous ai parlé de quatre plans : sexe, amour, prière, méditation.

Le sexe est la rencontre de deux corps - la rencontre la plus superficielle. L'amour est la rencontre des esprits - plus profonde que le sexe, mais pourtant pas très profonde. La prière est la rencontre des êtres, mais encore, deux restent deux : rencontre très profonde, en profondeur, rencontre jusqu'à la profondeur, mais encore deux restent deux. La méditation est la rencontre ultime - les deux disparaissent. Il n'en reste qu'un.

Saint François parlant aux oiseaux est en prière. De cœur à cœur. Les oiseaux ne peuvent pas comprendre l'esprit, l'esprit est humain, mais ils ont le cœur. Si vous pouvez parler avec le cœur, ils peuvent comprendre. La compréhension sera celle du cœur, rappelez-vous, pas celle de l'esprit. Si vous essayez avec l'esprit, il n'y aura pas de communication avec les oiseaux, avec les animaux - pas de communication, parce qu'ils n'ont pas l'esprit humain, l'esprit est un phénomène humain. Mais ils ont un cœur profond, un phénomène de sentiment.

Si tu ressens quelque chose pour eux, tu peux parler. Tu peux parler aux arbres, et ils t'écouteront. Vous pouvez parler aux rochers, et ils écouteront. Et si vous êtes vraiment un homme de cœur, ils vous répondront, car alors vous pourrez aussi écouter.

Si vous allez parler aux arbres et que vous ne savez pas s'ils vous écoutent ou non, cela montre que vous avez parlé avec votre tête. Vous aurez l'air idiot en leur parlant. Vous regarderez si quelqu'un vous écoute ou pas. Si quelqu'un passe, vous vous arrêtez. Vous savez que c'est stupide - comment les oiseaux peuvent-ils comprendre ? comment les arbres peuvent-ils comprendre ? Mais si vous parlez avec le cœur, non seulement ils comprennent, mais ils répondent. Le cœur a un mode de communication différent, c'est une communication énergétique que, dit-on, de nombreux saints dans le monde - Saint François d'Assise est le plus célèbre - possèdent.

Aujourd'hui, c'est devenu une vérité scientifique ; de nombreux chercheurs dans le monde entier travaillent et de nombreux faits sont apparus : on dit maintenant que les plantes ont une sensibilité très profonde, plus profonde que celle de l'humanité, parce que la sensibilité humaine est perturbée par le mental, l'intellect. L'homme a complètement oublié comment ressentir ; même quand il dit "je ressens", en fait il pense qu'il ressent.

Les gens viennent me voir et me disent : Nous sommes amoureux. Et si j'insiste : "Vraiment, vous êtes amoureux ?", ils haussent les épaules et disent : Eh bien, nous pensons que nous sommes amoureux. Or le sentiment n'est pas direct, il passe par la tête ; et quand il passe par la tête, il est confus. Il ne jaillit pas du cœur.

Mais maintenant, les chercheurs scientifiques ont découvert que non seulement les oiseaux, mais aussi les plantes, et même les métaux, ont une sensibilité, et ils ressentent - et ils ressentent énormément. Et ils émettent des messages que vous ne pouvez peut-être pas capter, mais les scientifiques ont créé des instruments qui peuvent détecter les messages qu'ils émettent. S'ils ont peur, ils commencent à trembler. Il se peut que vous ne puissiez pas voir ces tremblements, ils sont très subtils. Lorsque le vent ne souffle pas, les détecteurs montrent que la plante à l'intérieur tremble beaucoup. Quand elles sont heureuses, elles sont extatiques, les instruments montrent que les plantes sont extatiques. Lorsqu'elles souffrent, qu'elles ont peur, qu'elles sont remplies de colère, de rage - toutes sortes de sentiments peuvent maintenant être détectés.

Quelque chose de très profond est arrivé à l'homme ; une blessure, un accident - il a perdu le contact avec les sentiments.

Si vous parlez aux arbres, aux oiseaux, aux animaux, suffisamment longtemps, et que vous ne vous sentez pas stupide, parce que le mental interviendra et dira que c'est stupide ; si vous n'écoutez pas le mental, que vous le contournez et que vous vous connectez directement, une énorme énergie de sentiment sera libérée en vous. Vous deviendrez une toute nouvelle sorte d'être. Vous n'aviez jamais su que ces façons d'être étaient possibles.

Vous deviendrez sensible - sensible à la douleur et au plaisir. C'est pourquoi l'humanité a arrêté le fonctionnement du sentiment : parce que lorsque vous devenez sensible au plaisir, vous devenez également sensible à la douleur. Plus vous pouvez vous sentir heureux, plus vous pouvez aussi vous sentir malheureux.

Cette peur, celle de devenir très malheureux, vous a fermé, a aidé l'esprit humain à créer des barrières pour que vous ne puissiez pas ressentir. Lorsque vous ne pouvez pas ressentir, les deux voies sont fermées : vous ne pouvez pas devenir malheureux, vous ne pouvez pas devenir heureux.

Mais essayez ! C'est une prière. Parce que c'est du cœur à cœur. Essayez d'abord avec des êtres humains - juste avec votre propre enfant, asseyez-vous en silence avec l'enfant. Permettez-lui de ressentir. Ne faites pas intervenir l'esprit. Asseyez-vous avec votre femme, ou avec votre ami, ou avec votre mari, en vous tenant la main dans une pièce sombre, sans rien faire, en essayant simplement de vous sentir mutuellement. Au début, ce sera difficile, mais petit à petit, vous aurez un mécanisme différent qui fonctionnera en vous, vous commencerez à SENTIR.

Près d'un tiers des personnes, c'est-à-dire trente-trois pour cent des personnes, peuvent ranimer leur cœur très facilement.

Elle n'est pas morte chez eux. Pour les autres, cela peut être difficile.

Un tiers des personnes sont orientées vers le corps, un tiers vers le cœur et un tiers vers la tête.

Ceux qui sont orientés vers le cœur, trente-trois pour cent, peuvent raviver la prière très facilement. Ceux qui sont orientés vers la tête, il leur sera difficile d'avoir un quelconque sentiment. Pour eux, la prière n'existe pas.

Bouddha lui-même, et Mahavir, sont des personnes orientées vers la tête. C'est pourquoi la prière ne faisait pas partie de leurs religions. Ils n'ont pas enseigné la prière. C'étaient des personnes intelligentes, bien formées intellectuellement, logiquement. Ils ont développé la méditation mais ils n'ont pas parlé de la prière.

La prière n'existe pas dans le jaïnisme, elle ne peut pas exister. Elle existe dans l'Islam - Mahomet est une personne orientée vers le cœur, il a une qualité différente. Elle existe dans le christianisme - Jésus est une personne orientée vers le cœur. Elle existe dans l'hindouisme, mais pas dans le bouddhisme ou le jaïnisme, rien de tel que la prière.

Et un tiers des gens sont orientés vers le corps. Ils sont les CHARWAKAS potentiels. Pour eux, pas de prière, pas de méditation - seulement l'indulgence, seulement l'indulgence dans le corps, c'est leur seule façon d'être heureux, leur seule façon d'être.

Donc si vous êtes une personne de cœur, si vous ressentez plus que vous ne pensez, si la musique vous donne de profonds remous, si la poésie vous touche, si la beauté vous entoure et que vous pouvez la ressentir, alors la prière est pour vous - vous devez passer par la prière.

Ensuite, commencez à parler aux oiseaux et aux arbres - et au ciel, cela vous aidera. Mais n'en faites pas une discussion de l'esprit, laissez-les parler de cœur à cœur. Être en relation.

C'est pourquoi les gens du cœur pensent à Dieu comme à un père ou à un bien-aimé ; une relation quelconque. Les personnes orientées vers la tête sont toujours en train de rire - quelle absurdité vous dites ! Dieu, le père ? Alors où est la mère ? Ils en font toujours une blague parce qu'ils ne peuvent pas comprendre. Pour eux, Dieu est la vérité. Pour les gens du cœur, Dieu est amour. Et pour les gens du corps, le monde est Dieu : leur argent, leur maison, leur voiture, leur pouvoir, leur prestige.

Un homme qui est orienté vers le corps a besoin d'un type de religion différent. En fait, ce n'est que récemment qu'en Occident, en particulier en

Amérique, une nouvelle sorte de travail a commencé pour l'homme orienté vers le corps. Ce travail porte sur la sensibilité corporelle. De nombreux groupes de formation à la sensibilité travaillent. Une nouvelle sorte de religion est en train de naître - pour la première fois.

Dans le passé, il y a eu deux types de religion : orientée vers la méditation - Bouddha et Mahavir ; orientée vers la prière - Mahomet, Jésus, Krishna et Ram, mais il n'y a jamais eu de religion orientée vers le corps.

Il y a eu des gens orientés vers le corps, mais ils ont toujours dit qu'il n'y avait pas de religion, parce qu'ils refusaient la prière, ils refusaient la méditation. Ce sont les épicuriens, les CHARWAKAS, les athées qui disent qu'il n'y a pas de Dieu, que ce corps et cette vie sont tout. Mais ils n'ont jamais créé de religion.

Pour la première fois en Amérique, une nouvelle approche visant à pénétrer dans le noyau le plus profond de la vie est en train de s'imposer, et c'est l'entraînement à la sensibilité corporelle. C'est bien, c'est beau, parce qu'il y a des gens orientés vers le corps, ils ont besoin d'un autre type de religion. Elles ont besoin d'une religion qui permette à leur corps de fonctionner d'une manière religieuse. Pour ces personnes, le tantra peut être très utile. Pour ces personnes, la prière et la méditation ne seront pas utiles. Mais il doit y avoir un moyen d'aller du corps vers Dieu, c'est nécessaire, car Dieu est venu dans le corps ; le corps doit avoir un moyen d'atteindre Dieu.

Ce sont les trois types de religions. Vous devez découvrir à quel type vous appartenez. Et ce n'est pas très difficile ; si vous observez pendant trois semaines de façon continue et de différentes manières, vous pouvez en avoir l'intuition.

Si vous êtes orienté vers le corps, ne vous découragez pas, il y a des moyens d'atteindre Dieu à travers le corps, car le corps appartient aussi à Dieu, vous pouvez l'atteindre à travers lui. Si vous vous sentez orienté vers le cœur, alors la prière. Si vous vous sentez orienté vers l'intellect, alors la méditation.

Mais mes méditations sont différentes d'une certaine manière. J'ai essayé de concevoir des méthodes qui peuvent être utilisées par les trois types. Une grande partie du corps est utilisée dans ces méditations. Beaucoup de cœur. Et beaucoup d'intelligence. Les trois sont réunis, et ils fonctionnent sur différentes personnes d'une manière différente.

Si une personne orientée vers le corps vient me voir, elle aime immédiatement les méthodes - mais elle aime les parties actives, et elle vient me voir et dit : Merveilleux, les parties actives sont merveilleuses, mais quand je dois rester debout en silence - alors il n'y a rien. Il se sent très sain grâce à elles ; il se sent plus enraciné dans le corps.

Si une personne orientée vers le cœur vient me voir, la partie cathartique devient plus importante pour elle ; le cœur est libéré, soulagé de ses fardeaux, et il commence à fonctionner d'une nouvelle manière.

Et quand un troisième type, celui qui appartient à l'intelligence, arrive, il aime les dernières parties quand il est juste assis ou debout en silence, quand cela devient de la méditation.

Corps, cœur, esprit - toutes mes méditations se déroulent de la même manière : elles partent du corps, passent par le cœur, atteignent l'esprit - et vont même au-delà.

À travers le corps, vous pouvez entrer en relation avec l'existence. Vous pouvez aller à la mer et prendre plaisir à nager dedans - mais devenez simplement le corps ; sans sentiment, sans pensée, juste en étant "du corps". Allongez-vous sur le sable et laissez votre corps sentir le sable, sa fraîcheur, sa texture. Courir - je viens de lire un très beau livre, ZEN OF RUNNING, qui s'adresse aux personnes orientées vers le corps.

Un homme a découvert qu'en courant, il n'y a pas besoin de méditer, la méditation se produit simplement en courant. Il doit être absolument orienté vers le corps. Personne n'a jamais pensé que la méditation était possible en courant - mais je le sais, j'aimais moi-même courir. Cela arrive.

Si vous continuez à courir, si vous courez vite, la pensée s'arrête, parce que la pensée ne peut pas continuer quand vous courez très vite.

Pour penser, il faut une chaise confortable, c'est pourquoi nous appelons les penseurs des philosophes en fauteuil ; ils s'assoient et se détendent sur une chaise, le corps complètement détendu, puis toute l'énergie se déplace dans l'esprit.

Si vous courez, alors toute l'énergie se déplace dans le corps, alors il n'y a aucune possibilité pour l'esprit de penser. Et quand vous courez vite, vous respirez profondément, vous expirez profondément, vous devenez juste le corps. Il arrive un moment où vous ÊTES le corps, rien d'autre. À ce moment-là, vous ne faites qu'un avec l'univers car il n'y a pas de division. L'air qui passe devant vous et votre corps ne font plus qu'un.

Un rythme profond se produit.

C'est pourquoi les jeux ont toujours été si attrayants pour les gens. Et l'athlétisme. Et c'est pourquoi les enfants aiment tant danser, courir, sauter ; ce sont des corps ! L'esprit n'est pas encore développé.

Si vous avez l'impression d'être ce type de corps, alors la course à pied peut être très belle pour vous : une course de quatre, cinq miles tous les jours. Et faites-en une méditation. Cela vous transformera complètement.

Mais si vous sentez que vous êtes une personne de cœur, alors la prière sera nécessaire. Parlez aux oiseaux, essayez d'avoir une communion. Regardez ! Attendez simplement, asseyez-vous en silence avec une profonde prière pour qu'ils viennent à vous, et ils commenceront à venir de plus en plus. De plus en plus, ils s'assiéront sur vos épaules.

Acceptez-les. Parlez aux arbres, aux pierres, mais faites en sorte que ce soit une discussion de cœur, émotionnelle. Pleurez, pleurez et riez.

Les larmes peuvent être plus priantes que les mots, et les rires peuvent être plus priants que les mots, car ils viennent du fond du cœur.

Pas besoin de verbaliser - ressentez simplement. Embrassez l'arbre et sentez-le, comme si vous ne faisiez qu'un avec lui.

Et bientôt vous sentirez que la sève ne coule pas seulement dans l'arbre, elle a commencé à couler en vous. Et votre cœur ne bat pas seulement en vous ; au fond de l'arbre, il y a une réponse. Il faut le faire pour le sentir.

Mais si vous avez l'impression d'être un troisième type, alors la méditation est faite pour vous. Courir ne vous aidera pas. Alors vous devrez vous asseoir comme Bouddha, en silence, assis sans rien faire. S'asseoir si profondément que même penser ressemble à faire. Et vous les laissez tomber. Pendant quelques jours, les pensées vont continuer, mais si vous continuez à vous asseoir, à les regarder, sans jugement pour ou contre, elles cessent de vous rendre visite. Elles s'arrêtent de temps en temps, il y a des trous, des intervalles. Dans ces intervalles, vous aurez des aperçus de votre être.

Ces aperçus peuvent être obtenus à partir du corps, du cœur ou de la tête. Toutes les possibilités sont là parce que votre être est dans les trois et pourtant au-delà des trois.

Il est à la même distance des trois points - et c'est le quatrième point ; c'est pourquoi en Orient on l'appelle TURIYA, le quatrième.

Vous pouvez l'approcher de n'importe où. Donc, quand quelqu'un vient me voir et me dit : "Je ne crois pas en Dieu", je lui réponds : Ne t'inquiète pas. Croyez-vous en votre corps ? Cela fera l'affaire. Parce que le corps appartient à Dieu.

Et je ne vois pas qu'il y ait une quelconque possibilité du quatrième type. Il n'y en a pas.

La religion devient universelle, accessible à tous. Où que vous soyez, la porte est ouverte ; et AUCUNE PORTE N'EST fermée. Dans le passé, la tendance a été de nier l'autre - si Bouddha pense que par la méditation, un état d'esprit de non-pensée, on atteint, alors il niera la possibilité du cœur. La possibilité du corps a TOUJOURS été niée.

Je ne nie rien. Je vous regarde - où que vous soyez, vous êtes en relation avec Dieu. Il y a une possibilité, une porte qui s'ouvre exactement là où vous vous trouvez. Personne ne peut être hors de cette possibilité. Tout le monde peut commencer à travailler en lui-même. Aucune croyance n'est nécessaire ; tel que vous êtes, vous êtes accepté.

C'est pourquoi il devient un peu difficile pour les gens de me comprendre, parce que je continue à accepter. Je n'ai ni condamnation ni rejet. Parce que je vois que Dieu vous accepte, alors qui suis-je pour vous rejeter ? Il continue à respirer en vous, il continue à vivre en vous ; vous pouvez être un alcoolique ou un drogué et il ne vous a pas encore quitté, alors qui suis-je pour vous dire que vous n'êtes pas accepté ?

Vous pouvez être un voleur, vous pouvez être immortel, mais à mon avis, Dieu est devenu un voleur en vous, c'est tout.

Entre le voleur et le Dieu, il doit y avoir un pont, sinon comment pouvez-vous exister ? Et vous avez existé magnifiquement. Il doit donc y avoir un moyen - il faut le trouver, c'est tout.

Personne n'est rejeté, et tout le monde a la possibilité de se développer. Vous devez découvrir votre type ; et si vous ne pouvez pas découvrir votre type, cela ne doit pas non plus devenir un souci. Cela signifie que vous pouvez faire une technique synthétique de méditation, dans laquelle le corps, le cœur et l'esprit sont tous impliqués.

Mais commencez à ressentir, à être. Commencez sur cette voie. Ne vous contentez pas d'écouter, car cela peut devenir une dépendance ; vous pouvez en profiter et l'oublier. Alors les mots qui seraient devenus une transformation ne seront plus qu'une petite information.

Question 3 :

VOUS AVEZ DIT QUE NOUS DEVRIONS NOUS ABANDONNER À VOUS. EST-CE UN DISPOSITIF POUR NOUS EMPÊCHER DE "POUSSER LA RIVIÈRE" ? POURRIONS-NOUS NOUS ABANDONNER À UN ROCHER, UN ARBRE OU UNE FLEUR ET OBTENIR LE MÊME RÉSULTAT ?

OU EST-CE QU'IL Y A QUELQUE CHOSE DE DIFFÉRENT DANS LE FAIT DE S'ABANDONNER À UNE PERSONNE ÉCLAIRÉE ?

Il n'y en a pas. L'abandon est la clé, pas à qui ou à quoi vous vous abandonnez. Ce n'est pas pertinent. Abandonnez-vous à un rocher. Bien sûr, ce sera difficile. Si vous ne pouvez pas vous soumettre à un Bouddha, il vous sera très difficile de vous soumettre à un rocher.

Alors n'essayez pas de vous tromper, c'est tout. Si tu peux t'abandonner à un rocher, c'est absolument parfait.

Parce que partout où vous vous abandonnez, soudainement par votre abandon vous découvrez le Bouddha là. Le rocher devient un Bouddha. C'est ainsi que les rochers ont été vénérés pendant des siècles.

Les images de pierre ont été vénérées pendant des siècles. À la Mecque, ils ont vénéré un rocher ; aucun autre rocher n'a été autant embrassé. Des millions et des millions de personnes ont touché avec un amour profond le KA'BAH, le rocher de la Mecque.

C'est l'un des plus grands temples sur terre, aucun temple ne peut rivaliser. Mais ce rocher n'est un rocher que pour vous, pas pour un mahométan. Pour un mahométan, tout ce qui est divin est représenté dans ce rocher.

Quand tu t'abandonnes à quelque chose, cette chose devient un Bouddha.

Mais il sera difficile de se rendre à un rocher. D'une certaine manière, il semblera facile de s'y soumettre parce qu'un caillou n'est qu'un caillou, vous pouvez jouer avec lui, vous pouvez vous y soumettre quand vous voulez, et quand vous ne voulez pas, vous pouvez le jeter. Ou bien votre ego n'est pas blessé en vous abandonnant à un rocher, parce qu'un rocher est juste mort, vous pouvez faire ce que vous voulez avec le rocher. Si vous vous abandonnez à un être illuminé, ce sera très difficile parce que - que se passe-t-il ? L'une des choses les plus grandes et les plus impossibles est en train de se produire - l'ego s'abandonne à un non-ego. C'est très difficile. L'ego peut même se rendre à un autre ego ; ce n'est pas très difficile parce qu'ils appartiennent au même plan et à la même dimension, et leur arithmétique est la même. Mais s'abandonner à un non-ego, c'est très difficile.

Mais en ce qui me concerne, l'abandon est la clé. Abandonnez-vous partout où vous le pouvez. Et si vous vous abandonnez, dans cet abandon, votre ego disparaît. Et c'est là l'essentiel !

Ce n'est qu'un artifice ; quand je vous dis : Abandonnez-vous à moi. Il ne s'agit pas de s'abandonner à moi. En fait, il n'y a personne que l'on puisse vraiment montrer du doigt et dire qu'il est mc. Quand je vous dis : Soumettez-vous à moi, je vous dis simplement de vous soumettre.

Faites-le partout où vous le pouvez, et le résultat sera le même ; parce que le résultat n'est pas lié à l'objet, le résultat est lié à votre abandon. La qualité de l'abandon vous change.

Question 4 :

VOUS APPRÉCIEZ LES OISEAUX PENDANT LE DISCOURS ? LES OISEAUX VOUS APPRÉCIENT-ILS ?

Bien sûr, je les apprécie, et eux aussi m'apprécient - mais pas le discours. Parce qu'ils ne sont pas aussi stupides. Pour apprécier un discours, il faut de la stupidité humaine. Ils m'apprécient, je les apprécie. Mais le discours est sans intérêt pour eux. Juste un bruit. Et ce n'est pas très musical. Ils savent mieux. Ils font mieux.

Seuls les êtres humains sont accros aux mots. Si je deviens silencieux, les oiseaux ne me quitteront pas - vous me quitterez. En fait, si je me tais et que vous me quittez, d'autres oiseaux viendront. A cause de vous, l'endroit est bondé.

Question 5 :

J'AVAIS L'HABITUDE DE SORTIR DES DISCOURS DU MATIN EN ME SENTANT INSPIRÉE ET REVIGORÉE. MAINTENANT, JE SUIS GÉNÉRALEMENT ÉPUISÉE. JE VEUX ÊTRE SEULE ET JE

RENTRE À LA MAISON ET JE DORS PENDANT QUELQUES HEURES. POURQUOI ?

Vous devez avoir utilisé les discours comme des drogues. Sinon, pourquoi vous sentiriez-vous inspiré et revigoré ? Vous devez les avoir utilisés comme des accessoires, des drogues, des activateurs.

Je n'essaie pas de vous inspirer ici, car toute inspiration, si elle est vraiment une inspiration, doit venir de votre noyau le plus profond. Comment pourrait-elle venir de l'extérieur ? Comment pouvez-vous dire que vous êtes inspiré par quelqu'un ? Tout cela semble contradictoire. L'inspiration ne peut pas venir de l'extérieur, sinon ce ne serait pas une inspiration. L'inspiration doit bouillonner dans votre être.

Si cela vient de l'extérieur, alors c'est une drogue. Dans ce cas, vous n'êtes pas concerné, mais comme c'est le cas pour toutes les drogues, vous allez bientôt en devenir dépendant et vous ne serez plus affecté. Vous aurez alors besoin de plus de doses.

Et alors le même médicament qui vous inspirait au début, et vous donnait de l'énergie, s'avérera être un drainage de votre énergie.

N'utilisez pas mes conférences comme des drogues. Il n'est pas nécessaire d'être inspiré, il suffit de devenir plus alerte. En m'écoutant, vous devriez devenir de plus en plus alerte, conscient.

Si vous ne devenez pas alerte et conscient, alors au début, pendant quelques jours, tout sera beau - la période de lune de miel : et puis, alors vous le SAVEZ. Puis, de plus en plus, vous commencez à vous sentir épuisé.

Vous allez voir un film. Le jour suivant, vous allez voir le même film ; le troisième jour encore - et vous serez épuisé. Le premier jour, vous étiez si inspiré et vous vous sentiez si bien, si plein d'énergie, le jour suivant, vous savez que c'est la même chose ; le troisième jour - maintenant c'est devenu un ennui. Quoi que je dise, même si les mots diffèrent, je continue à dire la même chose chaque jour.

Si vous ne devenez pas alerte rapidement, vous serez vidé de votre énergie. Mon énergie est la même. Utilise-la comme tremplin, ne l'utilise pas comme intoxicant. Utilisez-moi pour devenir vous-même. Ne deviens pas dépendant de moi, sinon cela se produira.

Cela a toujours été le cas pour Bouddha, pour Mahavir, pour Lao Tseu ; cela a toujours été un problème.

Quand les gens viennent, au début, leur désir est brûlant, leur ambition est élevée. Ils pensent : "Maintenant, il va se passer quelque chose". Puis ils écoutent, puis ils deviennent avides, mais ensuite ils sentent, de plus en plus, que rien ne se passe ; ils continuent à écouter et rien ne se passe ; ils continuent à écouter et à accumuler des informations et rien ne se passe. Ils deviennent alors ennuyeux. La période de lune de miel est alors terminée.

Maintenant, la vie de mariage terne s'installe ; la même femme, le même mari, le même MAITRE, le même disciple - les choses s'installent. Mais rappelez-vous, c'est seulement quand les choses s'installent que les vraies choses commencent.

La lune de miel n'est pas une image fidèle d'une relation. C'est trop exagéré. N'y croyez pas. Laissez passer quelques semaines, et s'il y a de l'amour, la vraie relation commencera - avec la vie ordinaire, avec des choses ordinaires, et avec la même personne tous les jours. Si l'amour est là, l'intimité grandira ; si l'amour n'est pas là, l'excitation disparaît, la lune de miel est terminée, le mariage est fini.

En fait, la lune de miel n'est même pas terminée que les gens commencent à penser à divorcer. Ils ne divorceront peut-être pas - c'est une autre chose, mais au fond d'eux-mêmes, quand la nouveauté se fait désirer, l'excitation disparaît, on commence à ressentir : Qu'est-ce qu'il y a maintenant ?

Le véritable amour est connu seulement après la lune de miel. Lorsque vous venez à moi, au début vous êtes enchanté - avec la nouveauté ; inspiré, excité - quelque chose va se passer. Et quand vous restez là pendant une longue période, chaque jour en m'écoutant, et que les choses s'installent, alors seulement la vraie disciple commence.

Alors il n'y a pas d'excitation, et alors seulement, l'intimité se développe.

Mais cette intimité ne se développera que si vous en prenez conscience.

Entre vous et moi, la conscience doit circuler. Sinon, vous commencerez bientôt à vous sentir somnolent, épuisé, vous commencerez à partir, à aller voir quelqu'un d'autre, un autre gourou, un autre ashram - et là encore, le même cycle recommencera : vous serez excité au début, puis vous vous ennuierez.

Je sais, beaucoup d'entre vous sont allés voir d'autres gourous auparavant, je ne suis pas le premier. Il y a des gens qui ont été voir au moins dix gourous. Ils ont parcouru le monde entier. Ils ont été avec Maharishi Mahesh Yogi, ils ont été avec Prabhupada, ils ont été avec des groupes Gurdjieff, ils ont été à Arica, avec Oscar, ils ont été dans de nombreux groupes de rencontre, groupes de croissance, EST, et des milliers de choses - ils ont tout essayé. Maintenant, ils sont venus me voir. Vous pouvez répéter le même cycle à nouveau. Vous pouvez évoluer dans un cercle vicieux. Maintenant, lorsque vous venez à moi, abandonnez le vieux schéma, sinon vous pouvez continuer encore et encore - et pendant de nombreuses vies, vous avez dû continuer de cette façon.

Laissez tomber ! L'excitation n'est pas la chose, l'intimité l'est. La lune de miel est inutile. Le vrai truc, c'est de s'installer.

Grandissez en conscience ! Je n'essaie pas de vous inspirer, car toute inspiration est insensée. Les personnes qui inspirent les autres essaient de les forcer à atteindre certains idéaux. Je n'essaie pas de vous forcer vers un quelconque idéal. Je n'essaie pas de vous transformer en quelque chose que vous n'êtes pas. Qu'est-ce que cette question de l'inspiration ? Et je ne vais pas vous sacrifier à quoi que ce soit. Je ne vais pas faire de vous des martyrs. Je ne suis pas un politicien ! Vous êtes le but pour moi. Vous devez vous découvrir, c'est tout, vous ne devez pas être quelque chose d'autre ! Vous devez juste devenir plus alerte.

Donc si vous êtes lié à moi par excitation, cette relation ne va pas durer très longtemps. Tôt ou tard, vous en sortirez.

J'AVAIS L'HABITUDE DE SORTIR DES DISCOURS DU MATIN EN ME SENTANT INSPIRÉ ET REVIGORÉ. MAINTENANT, JE SUIS GÉNÉRALEMENT ÉPUISÉ.

C'est bien que maintenant tu sois vidé. Tu faisais quelque chose de mal. Je ne suis pas une drogue, tu m'utilisais comme une drogue. Maintenant, ne m'utilise pas comme une drogue et bientôt tu verras que le sentiment d'être vidé a disparu.

Utilisez-moi comme un tremplin vers une conscience de plus en plus élevée. Je ne vous dis pas quelque chose, je suis en train d'ÊTRE quelque chose pour vous. N'écoutez pas mes mots, ils ne sont que des jouets. Écoute-moi dans un profond silence, dans une profonde conscience.

Soyez en relation avec moi. Et que cette relation ne soit pas une relation ordinaire de maître à disciple, car cela, vous l'avez fait de nombreuses fois.

Cette fois, qu'elle soit vraiment authentique, non pas d'excitation, mais d'intimité, d'amour profond.

Bientôt, le sentiment d'être vidé disparaîtra. Et vous ne serez pas inspiré, vous ne vous sentirez pas revigoré, vous vous sentirez juste vous-même. Exactement comme vous êtes. Vous ne devez pas vous sentir plus grand que votre taille réelle, car comment peut-on continuer à se sentir ainsi ? Un jour, il faudra revenir à la taille réelle. Vous devez vous sentir tel que vous êtes.

Question 6 :

JE FANTASME SOUVENT SUR VOUS. JE M'IMAGINE EN TRAIN DE PARLER AVEC VOUS, DE ME PROMENER, DE PRENDRE LE THÉ ET D'AUTRES SITUATIONS. CELA ME DONNE UN SENTIMENT DE PROXIMITÉ AVEC VOUS ET C'EST RÉCONFORTANT. MAIS PARFOIS, JE M'INQUIÈTE : PEUT-ÊTRE SUIS-JE EN TRAIN DE RENFORCER UN AUTRE RÊVE ET NE DEVRAIS-JE PAS ME LAISSER ALLER. DOIS-JE CONSIDÉRER CES IMAGES COMME DES RÊVES SANS INTÉRÊT OU PEUVENT-ELLES M'AIDER À RESSENTIR MA CONNEXION AVEC TOI ?

Non, ils ne peuvent pas être utiles. En fait, ils ne te permettront jamais d'être lié à moi. Parce que ton rêve sera toujours entre toi et moi.

Laissez tomber tous ces fantasmes. Ne vous y livrez pas. Parce que l'imagination peut devenir très dangereuse.

Je le croise tous les jours.

Une sannyasin de l'Himalaya était ici à l'ashram. Elle m'a dit que je lui avais dit en rêve qu'elle devait rester ici et ne pas rentrer chez elle. J'ai essayé de lui expliquer que je ne lui ai rien dit dans son rêve, mais elle n'a pas voulu m'écouter. Ses rêves sont plus réels que moi. Elle ne veut pas m'écouter ! Elle m'a dit : Non. Je sais que vous me l'avez dit. Je lui dis que je ne lui ai pas dit, mais je suis loin - son propre rêve est plus proche d'elle. Elle est restée ici pendant trois ou quatre mois, puis un jour elle est venue et m'a dit : Maintenant tu m'as dit de partir - de rentrer à la maison. J'ai répété que je ne t'avais rien dit, que tu n'avais pas besoin de partir, que tu devais rester ici ! Mais elle ne voulait pas écouter. Elle est partie.

Elle est revenue ; cette fois, elle est complètement folle, il n'y a aucune possibilité de communication avec elle. Impossible, car ses propres rêves sont devenus si réels que je suis très loin - elle ne peut pas m'écouter. Et elle continue à dire que tout ce qu'elle fait, elle le fait d'après moi.

Ne permettez donc pas de tels fantasmes dès le début, ils sont dangereux. Si vous vous promenez avec moi, le danger est que lorsque vous viendrez me voir, le rêve vous accompagnera également. Et si vous avez été trop souvent avec moi dans vos rêves, de proche en proche, ce rêve sera entre moi et vous et deviendra un obstacle, une entrave. Il sera impossible d'établir un rapport, vous pourrez devenir fou.

Laissez tomber immédiatement. Ne vous y livrez pas, c'est dangereux. Tant que je suis ici, il n'y a pas besoin de se livrer à de tels rêves. Pourquoi ne pas me regarder ?

Mais l'esprit est très délicat, car si vous me regardez, vous devrez changer. Mais dans ton rêve, quoi que tu veuilles que je te dise, je ne peux te dire que cela, rien d'autre. Je ne suis pas libre dans ton rêve.

Rappelez-vous toujours que, qu'il s'agisse d'un rêve nocturne ou diurne, dans votre rêve vous êtes le rêveur, vous êtes le rêve. Si vous rêvez que vous vous déplacez en voiture, rapidement, qu'une autre voiture arrive, qu'il y a des collines et des montagnes et qu'il y a un accident, rappelez-vous que vous êtes le rêveur, vous êtes l'homme assis dans la voiture, vous êtes la voiture, vous êtes la route, vous êtes les collines, vous êtes l'autre voiture qui arrive et vous êtes l'accident, parce qu'il n'y a personne d'autre que vous. Tout votre rêve, c'est vous.

Ne vous laissez pas aller aux rêves. Je suis là pour vous aider à sortir de votre sommeil. Et si vous créez des rêves, vous vous enfoncerez plus profondément dans le sommeil, car tout rêve a besoin de sommeil. Le rêve ne peut se produire sans la qualité du sommeil qui vous entoure. Donc plus vous vivez dans les rêves, plus une somnolence vous entourera. Elle deviendra votre aura. Vous vous déplacerez sur la route les yeux ouverts, mais au fond de vous, vous serez complètement endormi, complètement endormi dans votre rêve. Il faut le briser. Le rêve doit être brisé. La qualité du sommeil doit être modifiée. Vous devez devenir alerte et conscient.

Question 7 :

POUVEZ-VOUS NOUS PARLER DU NOM QUE VOUS NOUS DONNEZ ? CELA SIGNIFIE-T-IL NOTRE DEVENIR ?

OU NOTRE NATURE PROFONDE ? DEVONS-NOUS NOUS IDENTIFIER À ELLE ? OU C'EST JUSTE UNE BLAGUE ?

C'est juste une blague. Ne vous identifiez pas à elle, car vous êtes les SANS NOM. Vous n'avez pas de nom.

Vous n'avez pas d'identité. Je te donne un nouveau nom pour que l'ancien soit brisé, mais souviens-toi que le nouveau nom est aussi un nom, et bientôt il deviendra vieux. Ne vous identifiez donc pas à lui. Utilisez-le comme une étiquette - il est nécessaire, il a une certaine utilité, mais ne vous identifiez pas trop à lui. Vous n'êtes pas le nom.

Le nom est nécessaire, il a une fonction sociale, mais aucune réalité intérieure. Rester sans nom.

Question 8 :

COMMENT PUIS-JE FAIRE LA DIFFÉRENCE ENTRE LE TOUT QUI SE DÉPLACE À TRAVERS MOI COMME UNE PARTIE ET MOI QUI ME DÉPLACE SÉPARÉMENT COMME UNE PARTIE ?

Il n'y aura aucune difficulté. Lorsque le tout se déplacera à travers vous, vous ne serez pas là. Il n'y aura pas besoin de faire la moindre distinction - vous ne serez pas là. Vous serez un vaste vide.

Mais quand vous êtes là, alors vous vous déplacez comme une unité séparée. Lorsque le tout se déplace en vous, vous n'êtes pas là. Si vous êtes là, rappelez-vous que le tout ne se déplace pas en vous, vous vous déplacez contre le tout. Vous combattez le tout, vous résistez.

Vous ne pouvez vous sentir que lorsque vous vous déplacez à contre-courant. Si vous vous déplacez avec la rivière, vous ne pouvez pas vous sentir. Vous sentirez la rivière, mais pas vous-même. Et tôt ou tard, vous deviendrez la rivière.

Rien de plus faible que l'eau

LAO TSEU DIT :
IL N'Y A RIEN DE PLUS FAIBLE QUE L'EAU, MAIS PERSONNE NE LUI EST SUPÉRIEUR POUR SURMONTER LES DIFFICULTÉS, POUR LESQUELLES IL N'Y A PAS DE SUBSTITUT.

QUE LA FAIBLESSE L'EMPORTE SUR LA FORCE ET LA DOUCEUR SUR LA RIGIDITÉ,

QUE PERSONNE NE CONNAÎT, QUE PERSONNE NE PEUT METTRE EN PRATIQUE.

C'EST POURQUOI LE SAGE DIT : CELUI QUI REÇOIT EN LUI LA CALOMNIE DU MONDE EST LE CONSERVATEUR DE L'ÉTAT.

QUI PORTE LUI-MÊME LES PÉCHÉS DU MONDE EST LE ROI DU MONDE.

LES MOTS DROITS SEMBLENT TORDUS.

Il est dit que Dieu a créé Adam mais qu'Adam était mort. Puis Dieu a soufflé en lui et il est devenu vivant.

La même histoire est racontée dans de nombreux mythes de la création dans le monde entier : chrétiens, hindous, juifs et bien d'autres.

L'histoire semble être très significative. La signification est que lorsque vous respirez VOUS ne respirez pas, Dieu respire en vous. Le tout respire en vous. Cela doit être compris très profondément parce que toute la méthode du Tao, toute la science du Yoga, dépend de la respiration.

Comme il s'agit de la dernière conférence sur Lao Tseu, je voudrais vous dire tout ce qu'il y a à savoir sur le système afin que vous puissiez, si vous le souhaitez, vous y plonger, ne pas vous contenter d'y penser, mais faire corps avec lui.

Le souffle est la chose la plus importante. C'est avec lui que la vie commence et c'est avec lui qu'elle se termine. C'est la chose la plus mystérieuse ; sans elle, il n'y a pas de vie possible.

La vie semble n'être que l'ombre du souffle. Lorsque le souffle disparaît, la vie disparaît. Il faut donc comprendre ce phénomène de la respiration.

Chaque enfant qui naît n'est pas vraiment vivant tant qu'il ne respire pas. Il lui reste très peu de temps. S'il respire après la naissance, la vie entre dans ces quelques instants. S'il ne respire pas, il restera mort.

Ces premiers moments de la vie sont les plus importants. Les médecins, les parents, tous s'inquiètent à la naissance d'un enfant. Va-t-il respirer ? va-t-il pleurer ? et la respiration va-t-elle commencer ? Ou restera-t-il mort ? Encore une fois, comme dans tous les mythes créés, dans chaque homme Adam renaît.

L'enfant ne peut pas respirer tout seul. S'attendre à cela est impossible car l'enfant ne sait pas comment respirer, personne ne lui a appris. Ce sera son premier acte, DONC CE NE PEUT PAS ÊTRE SON ACTE.

Laissez-moi le répéter : Ce sera son premier acte et le plus significatif - c'est pourquoi ce ne peut être son acte. Si Dieu le fait - ok ; si Dieu n'est pas disposé - fini.

Le tout doit respirer en lui, c'est pourquoi ces quelques instants sont pleins de suspense, de doute, d'appréhension, de peur - car les deux possibilités sont encore ouvertes. L'enfant peut rester mort. Dans ce cas, rien ne peut être fait. L'enfant ne peut rien faire, les parents ne peuvent rien faire, les médecins ne peuvent rien faire ; l'humanité est impuissante. C'est à l'ensemble de l'humanité que revient la tâche.

Seule la prière permet de le faire. Nous ne pouvons qu'attendre dans la prière profonde. Si le tout se déplace dans l'enfant, l'enfant devient vivant, sinon non.

Cette première respiration est prise par le tout. Et si la première respiration est prise par le tout, alors tout le reste, qui dépend de la respiration, ne peut être votre acte. Si vous pensez que vous respirez, alors vous avez fait un très mauvais pas. Et à cause de ce faux pas, l'ego sera créé. L'ego est une accumulation d'ignorance.

Vous avez manqué. Vous n'avez pas respiré, le tout a respiré en vous, mais vous l'avez pris comme si vous respiriez.

Le premier acte de respiration vous relie au tout, vous fait un avec le tout, et tout ce qui suit ne sera pas votre activité ; tout ce qui va se passer après ce premier souffle jusqu'à votre mort, jusqu'au dernier souffle, sera l'activité du tout. Le tout vivra en vous.

Vous pouvez penser que vous faites toutes ces choses - alors vous vivez dans l'ignorance. Si vous prenez conscience que le tout fait tout, que vous êtes possédé par le tout, respiré par lui, que vous n'êtes qu'un bambou creux, une flûte, que le son vient du tout, que la vie entière vient de lui, alors vous vivez une vie d'illumination.

C'est la seule différence entre l'ignorance et l'illumination. Un pas dans l'erreur, ça : c'est moi qui l'ai fait - et tout le voyage est raté. Un pas dans la bonne direction : le tout s'est fait en moi, je ne suis pas celui qui fait, je ne suis que le champ de son jeu, une flûte de ses chansons, un roseau, rien de plus, un vide dans lequel il coule, se déplace, vit - alors vous vivez une vie totalement différente, une vie de lumière et de félicité.

C'est le premier acte, ce souffle. Il y a encore beaucoup de choses à comprendre à son sujet.

Si la vie commence avec la respiration, et la mort aussi, et que tout se situe entre ces deux-là, alors le yoga, le tao, le tantra, et toutes les sciences de l'alchimie intérieure, ne peuvent négliger la respiration.

Le yoga l'appelle PRANA. Ce mot est beau... Le yoga appelle la respiration PRANA. PRANA signifie l'ELAN VITAL, la vitalité même de votre être.

Ce n'est pas seulement de l'air qui va et vient dans vos poumons. Le yoga dit que l'air n'est que la couche extérieure.

La vitalité est cachée au fond de cette couche.

La respiration a donc deux parties. Une : le corps de la respiration, composé d'oxygène, d'azote et ainsi de suite, et, deux, l'esprit de la respiration, composé de vitalité, Dieu lui-même.

C'est comme si - votre corps est là, et vous, votre conscience, est cachée au fond de votre corps.

Le corps est une protection, un véhicule. Le corps est le véhicule visible pour le non-visible vous. Et il en va de même pour chaque respiration. Le souffle lui-même n'est que la couche extérieure ; la vie elle-même est cachée au plus profond de lui.

Une fois que vous avez découvert que dans la respiration se cache Dieu lui-même, vous avez appris à vous connaître. C'est pourquoi il y a tant d'insistance et tant de recherche dans le yoga, le tao et le tantra sur la respiration. Si vous continuez simplement à respirer en pensant que ce n'est que de l'air qui entre et qui sort, vous ne serez jamais capable d'en pénétrer le mystère. Et vous resterez complètement inconscient de vous-même. Vous resterez alors enraciné dans le corps. Vous ne serez jamais en mesure de connaître ce qui va au-delà du corps, ce qui est à l'intérieur mais pourtant au-delà, ce qui est caché dans le corps mais qui n'est pas entravé par le corps, qui n'est pas limité par le corps. Un au-delà à l'intérieur.

Dans chaque souffle, la vie est à découvrir.

Le yoga appelle ces méthodes PRANAYAMA. Le mot PRANAYAMA signifie expansion de la vie. Il faut étendre la vie à l'infini à chaque respiration.

Le Bouddha a appelé ses propres méthodes de découverte du cœur le plus intime de la respiration ANAPANA-SATI yoga : le yoga, la science, de l'inspiration et de l'expiration ; et le Bouddha a dit qu'aucun autre yoga n'était nécessaire. Si vous pouvez observer profondément votre propre respiration, et l'observer si méditativement que tout ce qui est caché dans la respiration ne reste pas caché mais devient révélé, vous finirez par tout savoir.

Ça a l'air simple, c'est difficile.

Le Bouddha a dit à ses moines : Assis, marchant, debout, quoi que vous fassiez, continuez à faire ces choses, mais laissez votre conscience être consciente de l'inspiration et de l'expiration. Continuez à regarder votre propre souffle - un jour, en martelant continuellement le souffle, le temple s'ouvre.

Le Dieu est caché dans le temple de la respiration. Soudain, un jour, vous prenez conscience que ce n'est pas seulement de l'air. Si pour vous, ce n'est que de l'air, vous avez un esprit scientifique mais vous n'avez pas la conscience qui peut en révéler le noyau le plus profond. Alors vous pouvez analyser et arriver à savoir combien d'oxygène est nécessaire, combien d'hydrogène, combien d'azote, combien de dioxyde de carbone, et vous pouvez continuer à jouer avec le corps de la respiration - mais vous avez manqué le VRAI phénomène le plus intime.

C'est pourquoi, si un homme est mort, vous pouvez lui donner, lui pomper, la bonne proportion d'oxygène, mais il ne sera pas vivant.

À moins que Dieu n'y souffle, à moins qu'il ne contienne la conscience la plus intime de l'ensemble, c'est un souffle mort. L'oxygène passera à travers les poumons - rien ne se passera.

La respiration est la première action - et ce n'est pas votre action.

La deuxième action est la soif. Cela aussi n'est pas votre action. Que faites-vous pour avoir soif ? Si cela arrive, cela arrive ; si cela n'arrive pas, cela n'arrive pas. Pouvez-vous ESSAYER d'avoir soif ? C'est impossible !

Cela se passe au plus profond de vous. Dieu respire en vous, Dieu a soif en vous - ou c'est le tout qui le fait ; quand je dis Dieu, je veux dire le tout. La partie n'est qu'une partie.

Une fois que l'enfant a pris sa première respiration, le deuxième phénomène va apparaître en lui - et maintenant il va y avoir une chaîne, et toute la chaîne doit être comprise.

La soif se manifestera. Puis la faim apparaîtra. Puis il y aura un besoin d'activité physique. Puis le sexe apparaîtra. Ensuite, il y aura un besoin d'activité mentale. Puis l'amour surgira. Ensuite, il y aura un besoin d'activité esthétique : poésie, peinture, musique..... Ce sont huit activités. Et puis la neuvième, la dernière, surgit : le besoin d'une activité spirituelle - la méditation, SAMADHI.

Et c'est là toute la beauté du phénomène : le neuvième est à nouveau le premier, car le neuvième prête à nouveau attention à la respiration. Le cercle est complet. Le premier est la respiration, le neuvième est à nouveau la respiration ; c'est pourquoi aucune science spirituelle ne peut négliger la respiration. Même Dieu peut être négligé - le bouddhisme ne croit pas en Dieu, ne croit pas en l'âme - cela peut être négligé ; mais la respiration ne peut pas être négligée.

Les mahométans et les chrétiens peuvent avoir des conceptions différentes de Dieu, les hindous aussi, les jaïns... mais personne ne peut négliger la respiration. La respiration est la première et la respiration sera la dernière.

L'activité spirituelle revient au premier souffle, à la pureté originelle.

Maintenant, je voudrais discuter de tous ces phénomènes, car c'est toute votre vie.

Le premier est le souffle, le deuxième la soif, le troisième la faim. Il y a des gens qui finissent au troisième, qui pensent : manger, boire, s'amuser, c'est tout et tout. Leur vie n'est pas complète, elles ne peuvent pas se sentir épanouies parce que le cercle n'est pas complet. La plénitude signifie que vous avez bouclé le cercle, que le dernier élément s'est joint au premier - alors il y a plénitude.

Les personnes que vous trouvez épanouies sont un cercle, pas une ligne. Une ligne est toujours incomplète. Tous les désirs se déplacent en ligne, c'est pourquoi aucun désir ne peut jamais être complet, car aucun désir ne se déplace en cercle. Il est linéaire. Il se déplace toujours, mais il est toujours incomplet.

Où que vous vous arrêtiez - dix mille roupies ou dix millions de roupies, cela ne fait aucune différence ; où que vous vous arrêtiez, vous êtes suspendu. La chose n'est pas complète ; il manque quelque chose. Vous pouvez devenir riche, vous pouvez devenir très puissant, mais vous ne serez pas satisfait. Le contentement n'existe que lorsque votre énergie vitale devient un cercle.

Avez-vous observé comment l'existence entière se déplace en cercle ? Les saisons tournent en rond, les étoiles tournent en rond, les soleils et les planètes tournent en rond, tout tourne en rond, comme une roue ? Dans la vie, dans l'existence, rien n'est linéaire. Tout est circulaire. Et si vous voulez vivre une vie d'ensemble, vous devez suivre les voies de l'ensemble : bouger comme les saisons, bouger comme les étoiles. Devenez un cercle.

Quand je dis devenir un cercle, je veux dire revenir à la source originale.

Souffle, soif, faim - ce sont les trois premières étapes. Si vous ne vous déplacez que jusqu'à la troisième, vous n'êtes pas entré dans le temple, vous êtes sur les marches.

Le quatrième est l'activité physique. Il y a des gens qui vont jusqu'au quatrième. Pour eux, l'activité physique devient une sorte de méditation.

En fait, tout peut devenir une sorte de méditation, car en toute chose il y a deux dimensions - tout comme dans le premier souffle : l'extérieur et l'intérieur.

C'est pourquoi le jeûne a été utilisé. Jeûner, c'est essayer de découvrir dans la faim l'autre dimension. Jeûner, c'est s'efforcer d'entrer dans le désir de la faim et d'apprendre à la connaître ; le divin. C'est pourquoi le jeûne est devenu si important dans tant de religions. Il peut vous donner un aperçu.

Si vous jeûnez longtemps, vous pouvez l'entrevoir. Mais je n'y suis pas favorable car vous ne faites pas le tour complet. Vous sautez, vous ne vous déplacez pas avec grâce. Du troisième, de la faim, vous essayez d'atteindre le premier. Ce sera un petit cercle, pas la boussole entière de la vie. Il ne sera pas très complet. Il ne sera pas très riche.

C'est pourquoi vous trouverez toujours un peu stupides les personnes qui ont atteint une quelconque spiritualité en jeûnant.

Ayant vécu parmi les moines Jaina pendant de nombreuses années, j'ai été soudainement surpris : Je n'avais jamais rencontré d'homme vraiment intelligent. Ils avaient tous l'air stupides.

La raison est profonde. La raison est la suivante : ils ont dépendu du jeûne. Ils essaient de trouver un raccourci. Méfiez-vous des raccourcis. La vie n'aime pas les raccourcis, car alors vous pouvez aller à la source sans grandir. Si vous corrompez, vous ne grandissez pas. De la faim vous pouvez sauter - c'est-à-dire sans connaître toute la complexité de la vie, la vie sexuelle, l'amour, l'activité esthétique. Vous restez appauvri.

Ce que je dis est un fait - vous pouvez aller voir les moines Jaina ; ce sont des gens purs, mais stupides.

Personne ne peut rien dire contre leur pureté. Ils sont purs, ils sont sincères, ils sont sérieux, mais ils ont choisi un raccourci. Ils ont essayé de corrompre l'existence et d'atteindre la maison avant leur heure. On peut y arriver, mais on y arrivera sans grandir, sans maturité. Vous trouverez en eux une certaine forme d'infantilisme. La pureté, mais pas l'illumination.

Le quatrième est l'activité physique. Vous pouvez passer du quatrième au quatrième - de n'importe quel point, vous pouvez passer à la source, vous pouvez abandonner le voyage du cercle total.

L'activité physique a été utilisée par le hatha yoga. Le hatha yoga en a fait une science totale : comment se déplacer par l'activité physique, par la force physique pure, vers la source.

Les hatha yogis sont des gens puissants, ils ont le contrôle de leur corps - personne ne peut prétendre à un tel contrôle. Ils peuvent rester allongés sous la terre pendant des mois, voire des années.

Un fakir en Egypte est resté sous terre pendant quarante ans. Les gens qui l'avaient enterré sont tous morts.

Et il leur avait dit : Après quarante ans, vous devrez ouvrir mon tombeau, briser le sceau et ouvrir la porte de ma chambre souterraine. Et après quarante ans, je reviendrai - vivant.

Les gens qui le connaissaient de près ou de loin sont morts. En fait, il a été oublié. C'est juste une coïncidence que quelqu'un ait fait des recherches dans les vieux journaux et qu'il y ait trouvé la nouvelle.

En 1880, il a été enterré. Et en 1920, il a été découvert. La tombe a été ouverte - il était vivant. Et il a vécu trois ans de plus après cela ; et il était en parfaite santé.

On connaît de nombreux cas de fakirs et de hatha yogis : ils peuvent prendre n'importe quelle sorte de poison et celui-ci ne se mélange pas dans leur système. Le poison passe dans leur estomac et ils le rejettent dans l'urine, mais il ne se mélange nulle part. Des photographies aux rayons X ont été prises et il semble miraculeux que le poison passe sans se mélanger à quoi que ce soit dans le corps. Il semble y avoir une protection subtile autour du sang.

Par pure volonté, par pure force physique, les hatha yogis ont atteint beaucoup de choses. Mais rien de la spiritualité, rien de la croissance réelle. Si vous regardez leur visage, vous les trouverez presque morts. Si vous regardez dans leurs yeux, vous ne trouverez pas la moindre lueur d'intelligence, de compréhension.

L'activité physique peut aussi parfois vous donner un sentiment, un aperçu. En courant vite, complètement absorbé par la course, de sorte que toute l'énergie est devenue course, on peut soudain avoir des aperçus de l'être originel. Magnifique. C'est pourquoi tant de gens sont attirés par l'athlétisme. Il donne des aperçus.

On rapporte que les personnes se trouvant sur le front de la guerre parviennent parfois à entrevoir l'origine. C'est peut-être l'une des causes de l'attrait de la guerre, car dans la violence, dans la violence profonde, votre capacité physique est utilisée au maximum. Et lorsque la capacité physique est utilisée au maximum, on se détend soudainement - on revient à l'état initial. On devient comme un enfant.

Cela a été mon expérience avec de nombreux soldats. J'ai de nombreux adeptes dans l'armée. Ce sont des gens innocents - plus innocents que les gens qui sont sur le marché, plus innocents que les hommes d'affaires, une qualité enfantine est en eux parce qu'ils font tellement d'activité physique que toute l'énergie est absorbée, ils ne peuvent pas être rusés. Même les généraux sont enfantins, simples. C'est pourquoi les soldats peuvent suivre n'importe quel type d'ordre - même des ordres stupides. Si vous leur dites de sauter et de mourir, ils mourront, parce qu'ils ont été formés pour suivre ; ils n'y réfléchiront pas à deux fois. Ils sont comme des enfants.

Mais encore une fois, le cercle n'est pas complet. Vous avez sauté du milieu.

Après la quatrième, il y a la cinquième, le sexe. Si vous allez vraiment loin dans le sexe, vous aurez des aperçus de satori, de samadhi. Juste entre l'activité physique et le sexe, le demi-cercle est complet - c'est pourquoi le sexe est si important. Entre l'activité physique et le sexe, le cercle est à moitié complet.

Et il y a plus de danger maintenant parce qu'on peut prendre le sexe comme le total, comme le tout, comme le but. Il peut vous donner quelques aperçus. Si le sexe se produit vraiment, si vous le permettez, si vous êtes possédé par lui, de sorte que vous ne le FAITES pas, vous êtes possédé par lui, l'énergie fait quelque chose, vous n'êtes tout au plus qu'un spectateur, alors il se produit un orgasme, un état de béatitude profonde. C'est dangereux parce que vous pouvez le prendre pour le but. Beaucoup de gens l'ont confondu avec le but.

Très peu de gens s'accrochent à la deuxième étape - la soif, très peu de gens ; il y a eu quelques sectes dans le monde qui ont essayé de rester assoiffées pendant de longues périodes, en particulier dans les déserts. Il y a eu quelques sectes de moines qui ont essayé de rester assoiffés, tout comme le jeûne, pour établir un pont en ligne directe avec la source originelle, pour se replier.

Plus souvent que cela, la faim a été utilisée. Dans toutes les religions du monde, il existe des tendances, des sectes qui utilisent le jeûne.

L'activité physique est également utilisée encore plus que la faim.

Quelques jours auparavant, je lisais un article sur une nouvelle formation qui, chaque jour, devient de plus en plus attrayante en Amérique : EST. Cet homme, le fondateur de l'EST, Erhardt, oblige les gens pendant quatre ou cinq jours à rester assis pendant des heures - douze heures, quatorze heures, seize heures, vous n'avez même pas le droit d'aller aux toilettes ; vous devez rester assis ; vous n'avez le droit d'aller aux toilettes qu'à certains moments - pendant six heures, vous aurez accumulé de l'urine dans la vessie. C'est de la volonté pure, c'est douloureux, mais vous vous êtes retenu - c'est une sorte de hatha yoga - pendant dix heures, douze heures, et puis soudain, vous êtes autorisé à aller aux toilettes. La vessie se détend, et vous avez une belle sensation agréable dans tout le corps, à l'intérieur et à l'extérieur. C'est un vieux truc. Les hatha yogis ont pratiqué de nombreuses astuces de ce genre. Vous pouvez en avoir un aperçu.

Si vous jeûnez, vous devez utiliser la volonté. Si vous faites trop d'activité physique, vous devez utiliser la volonté. Gurdjieff utilisait beaucoup l'activité physique. Il disait aux gens : Continuez à travailler pendant douze heures jusqu'à ce que vous tombiez - non pas que vous vous arrêtiez, vous tombez, vous ne pouvez plus rien faire, VOUS VOUS VOYEZ CHUTER ; vous ne pouvez rien faire, les jambes ne bougent pas, elles vacillent, et vous êtes juste un observateur et vous ne pouvez rien faire parce que vous avez fait tout ce qui pouvait être fait et vous tombez sur le sol. Cette chute donne un bel aperçu.

Chaque fois que - c'est la règle - chaque fois que vous êtes pris en possession par le tout et que votre ego ne fonctionne plus, le tout fonctionne - vous éprouvez un beau sentiment ; mais ces beaux sentiments ne sont pas les buts. Ce sont des jouets avec lesquels on peut jouer, des chocolats - rien de plus ; des chocolats sur le chemin de la spiritualité. Appréciez-les mais ne vous y accrochez pas, ils ne peuvent pas être de la nourriture, ils ne sont pas nourrissants.

Le cinquième est le plus dangereux parce que le plus potentiel. Le Tantra a utilisé le cinquième pour combler le fossé. Du sexe au samadhi, le fossé peut être comblé très facilement. Mais il n'est toujours pas complet.

Si vous allez au-delà du sexe, un autre type d'activité naît en vous. L'intelligence. Une sorte de génie est libéré. Vous pouvez l'observer. Les gens qui sont profondément intelligents, vous trouverez toujours des célibataires.

La raison en est que toute leur énergie a été absorbée par leur activité mentale. Ils atteignent l'orgasme par le biais de leur esprit. C'est pourquoi, tout au long de l'histoire, les personnes qui ont atteint une grande activité mentale sont toujours célibataires. Ou même s'ils ne sont pas célibataires, ils ne sont pas très intéressés par le sexe.

Mais ça aussi c'est une erreur. Pas besoin de laisser tomber le sexe. Utilisez tout ce que Dieu vous a donné. Mais continuez. Faites-en une étape pour aller plus loin.

Si vous allez au-delà du sexe, pour la première fois, votre intelligence commence à bien fonctionner. Tu as une grande perspicacité dans les choses. Beaucoup de gens s'accrochent à cet état. Ils deviennent théologiens, philosophes, penseurs, scientifiques, et ils pensent que le but est atteint. Le but n'est pas encore atteint.

Si vous allez au-delà du sixième - l'activité mentale - alors l'amour naît. Alors ton cœur commence à fonctionner.

La même énergie est en mouvement. La même énergie qui a pris la première respiration, qui avait faim, qui avait soif, qui est devenue sexuelle, qui est devenue mentale, devient maintenant l'énergie du cœur. L'amour surgit. Mais l'amour n'est pas non plus le but.

Vous pouvez rester amoureux, c'est un beau phénomène, et vous êtes allé assez loin - c'est la septième étape. Encore un peu et la boucle sera bouclée.

Les gens qui sont du cœur vous regarderont comme étant très évolués : Saint François d'Assi, et d'autres - ils vous sembleront très très évolués, vous aurez une sensation différente de leur être, leur qualité sera différente. Si vous vous approchez d'eux, vous sentirez une force magnétique ; ils auront un champ d'énergie, ils peuvent vous attirer. Près d'eux, votre propre cœur commence à fonctionner. Des personnes très évoluées - mais l'évolution n'est pas encore terminée.

Si vous allez au-delà de l'amour, alors la véritable activité esthétique commence. La poésie naît alors dans votre être. Vous avez alors pour la première fois la capacité de ressentir la musique. Alors, pour la première fois, vous regardez autour de vous et la beauté de la nature se révèle. Puis vous écoutez l'harmonie de l'univers, la symphonie des étoiles. Puis tout commence à devenir de plus en plus beau. Des couches et des couches de beauté sont révélées. Vos yeux ont une force de pénétration. Où que tu regardes, tu vas en profondeur. Même dans les rochers, tu sens les fleurs s'épanouir. Mais cela aussi n'est pas la fin. Beaucoup s'accrochent à cela, et la tentation est grande, car ce n'est que la dernière étape. Le but est juste en face de vous. Et il arrive toujours que lorsque le but est juste devant vous, vous vous détendez, avec le sentiment d'être arrivé. Mais si VOUS ne devenez pas le but, vous n'êtes pas arrivé. Le temple peut être juste en face de vous, mais si vous ne devenez pas un avec le dieu du temple, vous n'êtes pas arrivé.

Ces gens, des esthètes, deviennent de grands mystiques. Ils parlent de la beauté de Dieu, ils sont devenus des Bauls, des fous de Dieu, des soufis..... C'est la dernière étape. Un pas de plus - et ce pas est le spirituel.

Cette neuvième étape est à nouveau la première, le cercle est complet. De nouveau, vous commencez à respirer, mais pas comme un enfant, comme un sage.

Un enfant respire inconsciemment. Il ne sait pas ce qui se passe. Dieu est entré en lui mais il ne le sait pas, il n'a pas entendu les pas ; il était si profondément endormi dans le ventre de sa mère, si profondément dans l'obscurité, il n'a rien vu. Comment aurait-il pu voir ? Il n'était même pas vivant, il était inconscient.

Un enfant respire dans l'inconscience. Un sage respire consciemment. Il est à nouveau un enfant, une renaissance s'est produite. Maintenant il respire mais il est conscient. C'est ANAPANA-SATI YOGA BUDDHA. C'est la voie du Tao : comment respirer consciemment.

On observe. On se détend en soi et on regarde, on regarde la respiration, on la suit, moment après moment : entrée, sortie ; et il se passe de belles choses. Lorsque vous suivez la respiration, vous devenez immédiatement calme et tranquille. La tranquillité est telle que vous ne l'avez jamais connue auparavant.

Regardez simplement. Si vous observez votre respiration, ne serait-ce que quelques secondes, vous sentirez que vous vous installez quelque part. Un centrage se produit.

La respiration diminue. Puis il y a un vide, la respiration s'arrête - un très petit intervalle. Dans cet intervalle, il n'y a pas de respiration, seulement vous êtes, seulement l'observateur est - rien à observer. À ce moment-là, vous vous connaissez soudainement.

Ce sont les techniques du Vigyana Bhairava Tantra. LE LIVRE DES SECRETS. Ils ont été racontés à Parvati.

Puis, lorsque la respiration s'éteint, vous suivez à nouveau ; lorsque la respiration s'éteint, il y a à nouveau un vide - un vide très subtil - la respiration s'arrête. L'objet a disparu. Seule la conscience.

Seulement VOUS. Seulement le voyant, le témoin. Encore une fois, vous êtes soudainement exalté. Cela continue. De plus en plus, la respiration devient un phénomène extérieur. Vous savez que vous êtes, que la respiration continue ou s'arrête ne fait aucune différence. Puis vous venez à savoir que vous êtes éternel, sans mort.

Un tel homme, en mourant, verra que son souffle l'a quitté et sera conscient, le surveillant. Il mourra en regardant, et celui qui meurt en regardant, ne meurt jamais. Il a appris à connaître l'immortalité. Grâce à la respiration, il a découvert le principe vital de la vie. La respiration n'en était que la couche extérieure, l'enveloppe extérieure, maintenant il en a découvert le contenu. La respiration n'était que le contenant. Le cercle est complet. Et je suis pour le cercle entier.

C'est pourquoi, bien souvent, j'ai l'air d'être contre de nombreuses personnes religieuses. Parce qu'ils s'accrochent quelque part. C'est bien dans la mesure où ils vont, mais il faut aller jusqu'au bout. On devrait aller jusqu'au dernier point d'où il n'est plus possible d'aller plus loin.

Jésus dit : Si vous ne devenez pas comme des enfants, vous n'entrerez pas dans mon royaume de Dieu - je continue à le répéter encore et encore DANS DIFFÉRENTS SENS. Les gens comme Jésus ont des significations multiples dans leurs paroles. Si vous ne redevenez pas comme un enfant, si vous ne respirez pas d'une manière totalement différente, vous ne serez pas ressuscité, vous ne renaîtrez pas. Et cette renaissance est le but, le sens même, la signification de la vie. Si vous ne l'atteignez pas, vous passez à côté de quelque chose d'énorme - et c'est juste au coin de la rue.

Et je suis pour le cercle. Allez jusqu'au bout. Laissez le cercle avoir une fin naturelle. N'essayez pas de trouver un raccourci. Alors vous serez riche - riche comme Lao Tseu, riche comme Krishna, riche comme Bouddha. Sinon, vous pouvez aller quelque part au milieu, mais vous ne serez pas riche.

Ne soyez pas malin avec la vie, Vous ne pouvez pas être rusé avec la vie : tous les raccourcis sont rusés. Laisse la vie suivre son cours naturel. Vous la suivez, vous ne la forcez pas.

Et souviens-toi toujours que tout ce qui est fait est fait par l'ensemble, tu n'es pas celui qui fait. Si vous pouvez vous rappeler cela, alors le souffle est sa soif, sa faim, son sexe, son amour, tout ce qui arrive est sa mort. Et tu restes complètement pur et innocent en dehors de ça.

Le tout continue à faire, vous n'êtes pas celui qui fait. C'est l'abandon, l'abandon de l'ego : je ne suis pas celui qui fait. C'est tout le message de la Gita : Laisse l'ensemble faire, ne t'immisce pas parce que tu es la seule barrière. Si vous entrez, vous commettez un péché. C'est ma définition du péché : Si tu dis que je respire, c'est un péché. Si tu dis que j'aime, c'est un péché. Si tu dis IL respire, c'est la vertu. Si tu dis qu'IL aime, c'est la vertu. Et ce n'est pas seulement une parole, vous devez la ressentir dans sa totalité. Alors vous êtes déchargé.

Alors des ailes te poussent, tu peux voler. Alors la gravitation ne peut pas vous affecter. La gravitation ne peut affecter que l'ego.

Si c'est LUI qui agit, pourquoi s'inquiéter ? Alors vous n'êtes pas pressé d'arriver quelque part, alors vous n'avez pas de but privé, alors son but est le vôtre, et où qu'il aille, il a toujours raison car il ne peut y avoir de tort pour le tout. Le tout seul est.

C'est le cercle du Tao : du souffle, du souffle inconscient, au souffle conscient.

Et l'accent de Lao Tseu est continuellement mis sur le fait que vous pouvez vous détendre. C'est pourquoi il fait l'éloge des faibles et non des forts, car les forts ne peuvent pas se détendre. C'est pourquoi il fait l'éloge de l'eau et non des rochers, parce que l'eau coule, et l'eau n'a pas de forme propre.

Quelle que soit la forme donnée par l'ensemble, l'eau la prend. Elle ne porte pas son propre esprit. Si vous la mettez dans un verre, elle prend cette forme. Si vous la mettez dans une bouteille, elle prend cette forme. Elle ne résiste pas, elle ne dit pas : J'ai ma propre forme, que me faites-vous ? Ne me forcez pas à entrer dans cette bouteille ! Où que vous mettiez l'eau, elle bouge, prend la forme. Elle ne résiste pas. Elle est non-violente, non-agressive. Elle n'a pas d'esprit propre.

Mais une pierre ? Une pierre a son propre esprit. Si vous voulez la forcer, elle résistera. Vous devrez vous battre, vous devrez la couper, la combattre, il faudra beaucoup de combats - alors seulement vous pourrez lui donner une forme.

Elle a son propre esprit. L'eau n'a pas d'esprit. Ce sont des symboles.

Lao Tseu dit : Sois comme l'eau, ne sois pas comme un rocher, pour que tu puisses compléter le cercle. Bouge ! Si Dieu a faim en toi - mange ! Si Dieu a envie de dormir en toi - dors ! Si Dieu a envie d'aimer - aime ! Bougez avec Dieu, ne vous mettez pas en travers de son chemin. Laisse les choses, le tout, avoir son propre cours. Tu le suis simplement. Même dire de le suivre n'est pas bon, car même un suiveur a une certaine résistance. C'est pourquoi il dit que je suis pour le bas. Soyez simplement un avec lui.

Maintenant le sutra.

IL N'Y A RIEN DE PLUS FAIBLE QUE L'EAU, MAIS PERSONNE NE LUI EST SUPÉRIEUR POUR SURMONTER LES DIFFICULTÉS, POUR LESQUELLES IL N'Y A PAS DE SUBSTITUT.

Il est éperdument amoureux de l'eau. Toutes les qualités de l'eau ont des significations très symboliques pour Lao Tseu ; premièrement, elle est douce, elle n'a pas de forme propre.

Un homme doit être comme l'eau, sans forme, sans esprit, sans idéologie. Si vous êtes un hindou ou un mahométan, vous êtes comme un rocher. Si je vous demande : Qui êtes-vous ? et que vous haussez les épaules en disant : Je ne sais pas, je ne sais pas comment je peux être hindou ou comment je peux être mahométan - magnifique. Ce haussement d'épaules est magnifique. Vous n'avez pas d'idéologie, vous êtes comme de l'eau. Si vous êtes un communiste, un socialiste ou un fasciste, vous êtes comme un rocher. Les gens avec des idéologies sont morts. Ils ont une certaine croyance - une FORME. Et ils sont résistants. Une personne qui n'a aucune croyance, aucune idéologie, qui n'appartient à aucune église, coule - comme l'eau. Où qu'elle se déplace, quelle que soit la situation, elle réagit. Il réagit toujours dans le présent. Un homme d'idéologie n'est jamais dans le présent : il doit regarder l'idéologie - comment réagir ? Il réagit, il ne répond pas. Il a déjà un esprit.

Si vous posez une question à un communiste, la réponse est toute faite. Elle est déjà là. Il n'a pas besoin d'y réfléchir. En fait, il ne VOUS répond pas du tout. La réponse était déjà là avant que vous ne lui parliez. Il donne juste une réponse toute faite, un cliché. Il l'a appris par cœur. Ce n'est pas un phénomène conscient. Il n'est pas dans ce moment. Il répète comme un perroquet. Il peut répéter le Kapital ou le Coran - cela ne fait aucune différence.

Un homme qui est vraiment vivant est réactif. Il n'a pas de réponses. Lorsque la question se pose, il répond à la question - ET LA RÉPONSE EST CRÉE. En fait, il est tout aussi surpris de la réponse que vous le serez. Il ne l'a jamais su ! Parce qu'il n'y a jamais eu de situation comme celle-ci auparavant. Il est comme l'eau. L'eau est douce.

Deuxièmement, l'eau coule toujours vers le bas, vers le bas, en cherchant des endroits bas, des vallées.

Cela aussi est très très important pour Lao Tseu. Il dit : N'essayez jamais d'aller vers le haut, car alors il y a des combats, car tous vont vers le haut.

N'essayez jamais d'aller à New Delhi parce que tout le monde y va ; il va y avoir de la compétition, de la jalousie, des combats, des luttes. Allez dans la vallée où personne ne va. Ne soyez pas comme le feu, soyez comme l'eau.

Le feu se déplace vers le haut, l'eau se déplace "vers le bas", elle va toujours vers l'océan, l'endroit le plus bas du monde. Elle recherche le bas. Si elle peut trouver un endroit encore plus bas, elle commence immédiatement à se déplacer. Elle cherche toujours l'endroit le plus bas - pourquoi ? Parce que plus vous vous déplacez vers le bas, moins il y a de compétition, moins il y a de violence, moins il y a d'agression - et vous ne vous battez avec personne ; et si vous vous battez avec quelqu'un, une chose est certaine : vous ne pouvez pas vivre vous-même. Toute l'énergie devient lutte.

Les politiciens ne vivent jamais leur vie. Ils n'ont pas de temps, ils n'ont pas d'espace, ils n'ont pas d'énergie pour vivre leur vie. Ils sont toujours en train de se battre contre les autres. Ils finissent par se battre.

Un homme qui veut vivre, ne devrait jamais être un politicien. L'eau est très apolitique.

Soyez comme l'eau. Trouve l'endroit le plus bas où personne ne doit concourir, car personne ne veut y aller. Alors vous pouvez vous détendre. Alors vous pouvez être vous-même. Et c'est la gloire. Si tu peux être toi-même, tu deviendras un dieu.

Parce que vous êtes un dieu, il suffit de le découvrir. Vous l'avez déjà en vous, vous avez juste besoin de temps, d'espace, de détente, de loisirs pour pouvoir vous détendre sur une plage, vous allonger nu sous le soleil sur le sable - sans aucun souci au monde. Parce que vous n'êtes pas un briquet, vous n'êtes dans aucune compétition.

C'est le renoncement.

Non pas que vous alliez dans l'Himalaya - parce que ceux qui vont dans l'Himalaya, ils cherchent les sommets. Et même dans l'Himalaya, il y a beaucoup de concurrence. Les gourous sont en grande compétition :

Si quelqu'un a plus d'adeptes que vous, il y a des problèmes, ou si quelqu'un a construit un plus grand ashram que vous, alors il y a des problèmes. Même dans l'Himalaya, il y a de la politique.

Les sannyasins, les anciens sannyasins, sont vraiment des politiciens du spirituel. Ils vont plus haut.

Leur paradis est là, haut dans les cieux ! Et Lao Tseu dit : Mon paradis est là - bas, l'endroit le plus bas du monde, où je peux être moi-même, personne ne me dérange et je ne dérange personne.

C'est le renoncement. Vous pouvez vivre dans le monde, alors il n'y a aucun problème, si vous savez simplement ne pas être un compétiteur, parce que la compétition est pour l'ego. Pour l'être, pour votre être réel, aucune compétition n'est nécessaire ; vous êtes déjà cela, le plus élevé, alors pourquoi se soucier de la hauteur ?

Lao Tseu dit ceci : Seules les personnes inférieures, celles qui ont un complexe d'infériorité, essaient d'atteindre les sommets.

Tous les politiciens souffrent d'un complexe d'infériorité. Ils ont besoin d'un traitement, d'un traitement psychologique. Ils ont besoin d'un grand nettoyage. Ce sont des gens inférieurs - au fond d'eux-mêmes, ils souffrent d'infériorité. Pour cacher cette infériorité, ils se battent pour aller haut. Quand ils atteignent, ils deviennent premiers ministres et présidents, alors ils peuvent dire au monde : Qui dit que je suis inférieur ? Regardez ! Si j'étais inférieur, comment aurais-je pu atteindre de tels sommets ? Je suis supérieur.

Le désir de supériorité appartient à l'homme inférieur. Un homme supérieur ne s'en soucie pas. Un homme supérieur peut se permettre d'être inférieur - souvenez-vous de cela. Un homme supérieur peut se permettre d'être inférieur parce que cela ne fait aucune différence, il est tellement supérieur ; il EST supérieur, il est inutile de devenir président d'un pays. Cela n'ajoutera rien à sa stature ; au contraire, cela risque de le dégrader.

L'eau a cette qualité de s'abaisser. Et Lao Tseu dit :

IL N'Y A RIEN DE PLUS FAIBLE QUE L'EAU ET POURTANT PERSONNE NE LUI EST SUPÉRIEUR POUR VAINCRE LE DUR.

L'eau triomphe. Allez voir une chute d'eau. Les rochers sont si durs et l'eau si douce, mais les rochers disparaissent peu à peu. Ils sont déjà devenus des sables.

Les scientifiques disent que d'ici sept mille ans, les chutes du Niagara disparaîtront, car toutes les roches disparaîtront. L'eau coupe les rochers en permanence. Dans sept mille ans, il n'y aura plus de chutes parce qu'il n'y aura plus de rochers. Toute la piste vallonnée disparaîtra. Les rochers ne pouvaient pas le croire - comment cela se passe-t-il ! L'eau, si faible - et pourtant elle coupe profondément.

La faiblesse renferme aussi une force subtile. Et vous le savez aussi si vous êtes un peu observateur, vous pouvez voir dans la vie comment cela se passe.

La femme est faible, l'homme est dur, mais toujours la femme gagne et l'homme est vaincu. Toujours. Et même un grand homme comme Napoléon, et les gens comme ça, ils deviennent comme des enfants devant leurs femmes.

Joséphine, l'épouse de Napoléon, n'arrivait pas à croire comment cet homme pouvait gagner autant de batailles. Elle a écrit dans une lettre : C'est tout simplement incroyable, car ce Napoléon n'est rien ! La dernière bataille dans laquelle Napoléon a été vaincu, il l'a été à cause de Joséphine, car au moment où il quittait la maison, elle a dit Non ! Juste pour voir ce qu'il ferait. Et quand la femme a dit non, comment Napoléon pouvait-il partir ? Alors il a dû rester. Il a atteint le front avec une heure de retard. Parce qu'il avait toujours l'habitude de planifier toute la guerre de la journée, ce jour-là, il n'a pas pu la planifier, quelqu'un d'autre a dû la planifier - et il a été vaincu ce jour-là. Il était en retard - il n'avait jamais été en retard de sa vie, c'était la première fois. En fait, ce n'est pas Napoléon qui a été vaincu, c'est une femme qui a remporté la victoire ce jour-là. Elle a dit : Non, je dis, non !

Pourquoi les femmes deviennent-elles si puissantes ? La faiblesse est leur secret, elles sont faibles comme l'eau. Au début, tu dis : Que peuvent-elles faire ? Vous êtes comme des pierres. Mais à la fin, vous savez que vous êtes devenues comme des sables. Tous les maris se convertissent peu à peu en maris dominateurs. C'est naturel ! Si cela ne vous est pas arrivé, quelque chose ne va pas. Et il n'y a rien de mal à cela.

On dit, c'est une vieille histoire, qu'une fois Akbar a demandé à son sage, Birbal : Qu'en pensez-vous ? Parfois, je suis inquiet. Tous les gens de ma cour ont l'air dominés. N'y a-t-il pas un seul homme courageux ?

Birbal a dit : Difficile, mais nous allons essayer d'en trouver un.

Ils étaient tous des hommes courageux, capables de sacrifier leur vie en un instant si on le leur ordonnait. Leur bravoure n'était en aucun cas suspectée. Birbal a fait des arrangements ; il a dit : Demain venez décider que vous allez affirmer la vérité. Quiconque dit un mensonge va à la potence. Réfléchissez-y : le roi veut savoir la vérité, que vous ayez peur de votre femme ou non.

Ils sont tous venus. Le roi demanda : Ceux qui ont peur de leurs femmes doivent venir à droite, et ceux qui n'ont pas peur, seulement eux, doivent rester à gauche. Tous bougèrent, sauf un seul petit homme.

Même Akbar ne pouvait pas croire que cet homme qu'il n'avait jamais pensé pouvait être un homme courageux... Mais au moins, voyant qu'il y en avait un, il a dit : Je suis heureux car je pensais que pas un seul homme ne serait là. Cet homme a dit : Attends ! Ne te réjouis pas si vite. Quand je suis arrivé, ma femme m'a dit : Ne reste pas dans la foule ! C'est pour ça que je suis là.

C'est naturel - le principe féminin gagne. Et Lao Tseu est tout à fait en faveur du principe féminin. Pourquoi la femme gagne-t-elle ? Elle est si douce. En fait, elle ne se bat jamais, elle persuade. Elle ne se bat pas directement, son combat est très indirect et subtil. Si elle veut dire non, elle ne le dira pas directement, mais de mille et une façons, son être tout entier dira non. Dans sa façon de poser l'assiette, elle dira non, dans sa façon de bouger - son sari fera un bruit et dira non. Si vous aimez la femme, vous êtes vaincu.

Et il est bon que le dur soit vaincu et que le doux gagne, car c'est la seule possibilité pour Dieu de gagner dans le monde.

Le diable doit être comme la pierre. Dur. Dieu doit être doux. En fait, en Orient, nous n'avons jamais pensé à Dieu comme à un père, nous avons pensé à Dieu comme à une mère. Ce point de vue est magnifique : Dieu ne devrait pas être considéré comme un père parce qu'alors - le principe masculin est dur. Il faut le considérer comme une mère, un être féminin. Dieu la mère semble meilleur que Dieu le père parce que ses manières sont aussi très subtiles.

Il vous persuade de venir vers lui, il ne vous force jamais.

Y En Inde, nous avons fait l'image de Dieu dans la pierre. Cela ne devrait pas être fait. Pour compenser, nous allons mettre des fleurs devant elle. Une fleur est plus divine que la pierre. En fait, les images en pierre devraient disparaître du monde. Une fleur suffit ! Mettez la fleur - et cela devient un dieu. Dieu est comme un parfum, pas comme un parfum français, si fort et agressif, non, mais très subtil, silencieux, non agressif.

Ce n'est que parfois, lorsque l'on est accordé, que l'on le ressent ; il nous manque encore et encore. C'est la musique du silence.

IL N'Y A RIEN DE PLUS FAIBLE QUE L'EAU : MAIS PERSONNE NE LUI EST SUPÉRIEUR POUR VAINCRE LE DUR, POUR LEQUEL IL N'Y A PAS DE SUBSTITUT. QUE LA FAIBLESSE

L'EMPORTE SUR LA FORCE ET LA DOUCEUR SUR LA RIGIDITÉ, NUL NE LE SAIT, NUL NE PEUT LE METTRE EN PRATIQUE.

Il est très difficile de le SAVOIR. Le comprendre est possible, le connaître est difficile. La connaissance est trop grossière.

Si vous cherchez à le savoir, vous le raterez. Mais vous pouvez la comprendre - ce que j'appelle une compréhension tacite est possible. Si vous regardez la vie sans chercher à la connaître....

Il y a une différence. Si un scientifique vient dans ce jardin, il se déplacera de manière agressive, non pas qu'il soit agressif, mais il se déplacera de manière agressive. Ses yeux seront agressifs, il regardera les fleurs, les arbres, pour pénétrer leur secret, pour connaître leur nudité, pour savoir ce qu'ils sont. La science est comme un viol. Ce n'est pas comme l'amour. Il va couper, disséquer, il va essayer de pénétrer de force. jusqu'au secret.

Puis vient un poète, un peintre ou un musicien. Il se déplace, mais son mouvement est totalement différent. Il se déplace avec précaution, bien sûr - c'est une terre sainte, s'approcher d'une fleur, c'est s'approcher d'un temple, s'approcher d'un arbre vivant, c'est s'approcher de Dieu. C'est une terre sainte - il se déplace très prudemment, il est attentif, alerte, mais il ne viole pas, il ne saute pas et n'est pas agressif - il attend, attend avec une profonde réceptivité.

Si la plante doit donner quelque chose, elle est prête, elle le recevra avec une profonde gratitude ; mais si la plante n'est pas disposée, qu'il en soit ainsi. Alors rien ne peut être fait. Un musicien, un peintre, un danseur, un poète, attend dans la réceptivité : Si tu as quelque chose à me donner, si tu sens que j'en suis digne, la plante, alors je le recevrai avec une profonde gratitude ; mais si tu sens que je n'en suis pas digne, ce n'est pas grave. Rien ne peut être fait, je suis impuissant. Il attend comme un mendiant. Pas comme les mendiants indiens, car ils sont très agressifs, leur mendicité est très violente. Non, il mendie comme un mendiant si vous appelez Bouddha un mendiant - oui, nous l'avons appelé BHIKKHU, un mendiant, Mahavir aussi, ils étaient des mendiants d'une qualité totalement différente, d'une grandeur totalement différente.

Ils n'étaient pas agressifs - ils venaient chez vous, ils se tenaient devant votre maison, si vous donnez, c'est bon, ils sont reconnaissants ; si vous ne donnez pas, alors ils sont aussi reconnaissants. Leur gratitude ne diffère pas selon que vous donnez ou non. Ils vous remercient, ils prient pour vous, ils bougent !

Comme ça, comme un BHIKKHU, les mains écartées, le cœur ouvert, prêt à recevoir - mais pas à prendre, Alors la nature révèle son mystère.

Ce n'est pas une connaissance, la connaissance est un mot trop grossier. C'est une compréhension tacite. Cela ressemble plus à l'amour qu'à la connaissance. Vous aimez une personne, puis vous la connaissez. L'amour devient une sorte de connaissance. Rappelez-vous - une sorte de ; pas exactement. Cela ne peut pas être scientifique, mathématique, logique : une sorte de, une sorte de. Vous connaissez profondément, de COEUR à COEUR, mais vous ne pouvez pas dire que c'est une connaissance. Ce serait un mot trop imprudent. Vous savez parce que vous aimez.

Dit Lao Tseu : PERSONNE NE SAIT, PERSONNE NE PEUT METTRE EN PRATIQUE.

Personne ne le SAIT, personne ne peut le pratiquer, parce que la pratique d'une compréhension tacite aussi profonde est impossible. La pratique est grossière. Vous pouvez le vivre, vous ne pouvez pas le pratiquer. Vous pouvez la connaître en tant que compréhension, vous pouvez la vivre, vous ne pouvez pas la pratiquer. Un véritable homme de compréhension vit simplement sa compréhension, il ne la pratique pas.

Les gens me demandent : Quand est-ce que VOUS méditez ? Je ne médite pas. Je ne peux pas être aussi stupide ! Méditer, c'est s'entraîner. Comment pouvez-vous le pratiquer ? Vous pouvez l'être mais vous ne pouvez pas le pratiquer. Les gens me demandent : Comment faites-vous pour prier ? Je ne prie jamais. Je vis mes prières, je ne prie pas. La prière est ma façon de vivre, ma façon de vivre est ma prière. Ce n'est pas séparé.

Si vous comprenez, vous le vivez. Si vous savez, alors vous devez le pratiquer, car la connaissance ne se transforme pas. Vous savez quelque chose ? - alors l'esprit demande : Comment le faire maintenant ?

Toute connaissance finit par devenir une technologie, c'est pourquoi la science est devenue une technologie en Occident.

Toute connaissance devient finalement de la technologie, car en sachant, rien ne se passe. D'abord vous savez, ensuite vous demandez : comment le faire ?

Par exemple, Einstein a découvert la théorie de l'énergie atomique quelque part en 1905. La théorie était complète. Mais les scientifiques ont alors commencé à se demander : comment la mettre en pratique ? En abstraction, elle était complète, la théorie était absolument logique et prouvée en tant que théorie, mais comment la mettre en pratique ? Il a fallu quarante ans pour créer une bombe atomique et détruire Nagasaki, puis elle est devenue une technologie. Il a fallu quarante ans à la connaissance pour devenir une technologie. De nombreuses autres choses sont connues, mais il faudra du temps pour qu'elles deviennent de la technologie.

Toute science se réduit progressivement à la technologie. La religion ne devient jamais une technologie, ne peut pas le devenir, car elle n'est pas une connaissance. Vous comprenez.... la compréhension même se transforme ; vous êtes transfiguré, transmuté, vous n'êtes plus le même ! Vous voyez, vous observez, vous comprenez une certaine chose - cette chose même a changé votre qualité d'être. Maintenant vous vivez différemment. Aucune pratique n'est possible. La pratique des petites choses est possible, les grandes choses ne peuvent pas être pratiquées. La prière est une grande chose. L'amour est une grande chose - il ne peut y avoir de "savoir faire" à son sujet.

La méditation est la dernière, l'apogée. Dieu. Comment pouvez-vous pratiquer Dieu ? Vous pouvez devenir, mais vous ne pouvez pas le pratiquer. Et vous pouvez devenir parce que vous ÊTES déjà - juste un peu de compréhension..... Vous vous tenez dans l'obscurité ; juste un peu de lumière, une petite illumination, et tout change.

Lao Tseu dit que vous ne pouvez pas le savoir, vous ne pouvez pas le pratiquer, mais, le sage dit :

QUI REÇOIT SUR LUI LA CALOMNIE DU MONDE EST LE CONSERVATEUR DE L'ÉTAT.

Celui qui se déplace le plus bas est le sage, et qui prend sur lui toute la responsabilité de toute l'obscurité du monde, qui devient comme un Jésus - il préserve le monde. Le monde n'est pas préservé par les politiciens, ce sont des prétendants ; le monde est préservé par un très petit nombre de personnes qui ne sont peut-être même pas connues de vous, parce que même les connaître est difficile, elles vivent si ordinairement ; elles sont perdues au fond des bois du monde, vous ne les connaissez peut-être pas.

Il y a une histoire dans la Bible, une belle parabole. Il y avait une ville appelée Sodome. De cette ville vient le mot sodomie. Les gens étaient devenus très corrompus. Toutes sortes de perversions sexuelles étaient répandues. Les gens étaient homosexuels, les gens faisaient l'amour avec des animaux - toute la ville était pervertie. Dieu a décidé de détruire la ville. Mais il y avait une difficulté : il y avait un homme bon dans la ville. Si l'on ne parvenait pas à persuader l'homme de bien de quitter la ville, celle-ci ne pourrait pas être détruite.

Des anges ont été envoyés pour persuader le brave homme : S'il vous plaît, quittez la ville. Grâce à toi, la ville ne peut pas être détruite. Mais l'homme bon était difficile à persuader. Il disait : On a besoin de moi ici !

Où dois-je aller ? Ces gens sont malades, ces gens sont pervers, leur vie est misérable, ils vivent en enfer - on a besoin de moi ICI. Et je suis responsable de ces gens ! Parce qu'ils ne savent pas et que je sais - c'est pourquoi je suis responsable. Regardez ! dit-il. Parce qu'ils ne savent pas, comment pouvez-vous leur dire qu'ils sont responsables ? Ils font toutes sortes de choses sans le savoir. Ils sont complètement inconscients, ignorants, ils ne se souviennent pas de ce qu'ils font. Ils sont comme des ivrognes. Je suis le seul à savoir ce qui se passe, et si je pars, qui va les sauver ? Je suis responsable d'eux.

On raconte que le brave homme fut persuadé d'une manière très rusée. On lui dit : Il y a une autre ville, Gomorrhe, où les gens sont encore plus corrompus. Va-y, s'il te plaît. Et quand l'homme s'est rendu à Gomorrhe, Gomorrhe et Sodome ont toutes deux été détruites. Parce qu'il était juste au milieu.

Le monde est préservé par très peu de personnes, quelques personnes d'une pureté de cristal, d'une innocence d'enfant - mais elles se sentent responsables. Parce qu'ils sont conscients.

On dit que lorsque Bouddha a atteint le nirvana, la dernière demeure ultime, les portes ont été ouvertes, il y a eu une grande célébration, car des siècles et des siècles passent et une seule personne vient et entre dans ces portes. Mais Bouddha n'a pas voulu entrer. Il se tenait à la porte, le dos tourné à la porte.

Ils étaient inquiets, ils ont demandé : Pourquoi restez-vous là ? La porte est ouverte et nous vous attendions, et il y a beaucoup de célébration et de jubilation - Entrez ! Entre ! Sois un invité !

On rapporte que le Bouddha a dit : Comment puis-je entrer ? Le monde entier souffre. Je resterai ici jusqu'à ce que le dernier homme passe, entre dans l'ultime. Je devrai attendre - je serai le dernier, je me sens responsable. Je suis conscient, et ils ne sont pas conscients, donc ils ne peuvent pas être responsables, mais je suis responsable.

Plus vous êtes conscient, plus vous devenez responsable, plus vous ressentez, plus vous devenez une aide - non pas que vous commenciez à servir les gens, mais votre vie entière devient un service. Non pas que vous fassiez quelque chose pour eux par obligation. Non, vous accomplissez simplement votre propre conscience.

QUI PORTE LUI-MÊME LES PÉCHÉS DU MONDE EST LE ROI DU MONDE.

Ce sont les vrais rois, qui ne sont pas connus de l'histoire. L'histoire continue à parler de rois fictifs, de faux rois. L'histoire n'est pas encore devenue un phénomène vraiment authentique, sinon elle parlerait de Bouddha, de Lao Tseu, elle parlerait de Kabir, de Krishna et du Christ, elle parlerait de Mahomet et de Mahavir, elle ne parlerait pas de Napoléon, d'Hitler, de Mao Tsé-toung, de Staline, elle ne parlerait pas de ces gens.

Ces gens sont juste malicieux, ce sont des faiseurs de malheurs. Ils sont comme des maladies, ils doivent être éliminés. À cause d'eux, la terre est un enfer.

Mais l'histoire continue à parler d'eux, et chaque enfant est corrompu par l'histoire : elle parle de gens idiots, stupides, fous, névrosés, pervers, et ne parle pas de ceux qui sont parvenus à eux-mêmes. Ce sont eux les vrais rois du monde.

LES MOTS ÉTRANGES SEMBLENT TORDUS.

www.ingramcontent.com/pod-product-compliance
Lightning Source LLC
Chambersburg PA
CBHW021954120726
47992CB00001B/252